국민 생각+

민주주의 4.0 / 공존주의 1.0

국민생각+

민주주의 4.0
공존주의 1.0

권추호 지음

도서출판 다트앤

추천사

이윤구 (전 적십자사총재)

유사 이래로 우리나라는 수많은 외침을 받았으며, 그때마다 시련을 슬기롭게 극복해 나왔다. 그런데 지금 한반도는 그 어느때보다 다급한 위기와 함께 호기의 천운을 맞이하고 있다. 그러나 동북공정과 비록 핵개발을 위해 혈안이 되어 있는 북한의 현실은 통일 모델로서의 공존체제 수립을 절박하게 요구하고 있다고 하겠다. 왜냐하면 평화체제 창출 없이는 진정한 비핵과 개방은 불가능하기 때문이다. 가히 국가의 운명이 한치 앞도 가름할 수 없는 혼란의 위기에 서있으며, 이 위기로부터 한반도를 안전하게 탈출시킬 수 있는 명쾌한 해법을 그 누구도 제시하지 못하고 있는 실정이다.

천신만고 끝에 찾아 낸 광복의 기쁨도 뒤로하고, 양비론의 저급한 사유의 양식에 의해 절대가치를 수립해야할 종교조차도 좌익과 우익의 이념투쟁으로 변질되었다. 나라는 두 동강 나고 말았으며, 21C를 맞이한 지금도 저급한 이분법적 사고에 매몰되어, 국론분열과 정쟁으로 얼룩진 현실 앞에서 귀중한 시간을 허송하고 있음을 볼 때 가슴이 저미어 옴을 금할 수가 없다.

21C의 시대정신은 한 인간을 비유하여 볼 때 성인이 되면, 부모의 보호에서 벗어나 계약사회로 나아가는 부부의 시기이기 때문에, 제도적 법에 의한 치리治理를 받게 되는 시기이다. 따라서 21세기를 맞이한 인류에 대한 지도적 가르침은 부모의 절대적인 권위 하에 있는 것과도

같은 인물중심의 역사에서 탈피하여 '절대가치(양미론)' 에 의한 자력적 '부부중심 시대' 로의 대 전환을 요구하는 철학적 가치의 시간대이다.

그러니까 전환기는 교체기이기 때문에 어떤 일에 있어서, 한 쪽으로 치우치지 않고 조화롭게 소통시킬 수 있는 중용中庸의 지혜가 요구되는 시대라는 뜻이다. 그러므로 대전환을 위한 새 방법을 찾지 않으면 안 된다는 것이다. 그것이 바로 "제4의 이념이요, 공존의 철학" 인 '영靈철학과 공생정책' 이라는 새로운 패러다임이다.

다시 말해 철학에 기반 한 새로운 정책 조감도요, 콘텐츠로서, 인물중심에 의한 미완성기의 감성적 지도력의 폐단을 지양止揚하고, '심오한 철학적 이성' 과 '문화 및 종교적 이상을 논리적인 정책제도와 결합' 한 '새로운 철학 정치' 인 것이다. 저자는 이것을 '제3의 길' 또는 '민주주의 4.0 · 공존주의 1.0' 으로 표현하고 있다. 공감하지 않을 수 없다.

역사는 인간의 편리를 위하여 언제 까지나 한없이 기다려주지 않는다. 이제 우리도 이 땅의 주인으로 우뚝 서야할 때이다. 그리고 방종이 아닌 책임 있는 국민으로 사회통합과 남북통일을 이루어 '창조적 공존' 에 의한 '생활공동체사회' 를 새롭게 건설하지 않으면 안 된다.

이에 이 책이 '한반도 평화정착과 사회대통합' 을 위해, 우리를 진정한 주인으로 이끌어 줄 새 시대의 새 방법론이 될 것을 다시 한 번 더 인식認識하면서 이를 인도하고자 한다.

추천사

김동규 (전 고려대 교수)

20세기의 이데올로기 시대는 지나고 21세기의 정보화와 국제화 시대를 맞고 있는 인류사는 무한경쟁의 자본주의 시장경제에 의하여 각국 간에는 경제발전과 정보기술 개발에 매진하고 있다. 그러나 한반도는 아직도 역사적 유물로 사라져버린 좌 · 우의 이념 논쟁과 대립으로 긴장과 갈등을 벗어나지 못하고 있어 우리 민족의 미래를 어둡게 하고 있다.

이에 저자가 출간한 「국민생각+」와 「영靈철학」은 이러한 이념적 혼란 속의 우리들에게 자본주의적 가치관과 사회주의적 가치관이 본질적으로 안고 있는 부정적인 요인을 극복하고 새로운 하나의 가치관, 즉 새로운 '제3의 길' 을 추구하는데 한줄기 큰 빛을 던져주고 있어 매우 귀한 것으로 여겨진다.

사실 '제3의 이념' 에 관련된 것은 이미 1988년 갈브레이드(John K. Galbraith)와 멘쉬코프(S. Menshikov)간에 「자본주의 · 공산주의 그리고 공존」이라는 저서에 활발한 토론이 있었고, 1944년 기든스(A. Giddens)가 「좌파와 우파를 넘어서」라는 책으로 유사한 시사점을 주었다.

또한 '창조적 진화론' 의 개념도, 다윈의 전통적인 이론을 극복하려는 부단한 연구로 1985년 일본의 이마니시今西錦司에 의한 "주체성의 진화론" 그리고 미국의 굴드(S. J. Gould)의 "전 적응론" 등으로 제시되고 있지만, 본서에서 밝히고 있는 주요 개념의 하나인 '창조적 성장론' 은 전통적인 신학의 한계와 개념의 세밀한 분석을 통하여 우리의 사고의 깊이를 더해주고 있으며, 종래의 생물학적 기초 위에 철학적 신학의 직관력을 논리적으로 전개함은 가히 인간적 지혜를 초월하고 있다고 밖에 달리 표현할 수 가 없을 것이다.

그리고 '제3을 넘어선 새로운 제3의 이념' 이라 할 수 있는 '영철학' 을 기반으로 한 정책자료집 「민주주의4.0 · 공존주의 1.0」의 저자는 "인류의 역사는 창조적 성장(성장역사론)이라는 매커니즘을 갖고, 미완성에서 출발하여 완성된 사랑(용서 · 나눔 · 베품)을 찾아 나온 과정이며, 21C의 인류의 시대정신은 중간기인 청년 · 장년기, 즉 결혼기에 도달하였다. 따라서 정치도 새 시대에 맞는 새로운 정책모델이 있어야 함을 예리한 눈으로 지적한다. 또한 인간은 자유의지自由意志적 존재이기 때문에, 법에 의한 제도적 책임과 함께 수평적 사랑인 에로스적 사랑(보호 · 아낌)을 필요로 하는 법이다" 라고 했으며, 사회제도에 대해서도 "사회주의와 자본주의는 미완과 중간적 과정주의이요, 역사는 성장 완성의 목적적 세계인 이상 · 복지 · 공존사회를 향하여 나아갈 수밖에 없는 법이다" 라고 하면서 칼 마르크스의 사적 유물론의 한계를 적나라하게 지적 하였다.

복지국가건설의 지도적 이론가이며 복지경제학자인 G. 뮈르달은 그의 저서 「복지국가를 넘어서」에서 "역사는 맹목적인 숙명이 아니라 우리들의 책임이다. 복지국가정책은 오히려 훨씬 사회주의적 이며, 훨씬 마르크스적이라고 조차 말할 수 있다" 라고 했으며, 빌 게이츠와 빅셔 해서웨이의 회장인 워렌 버핏은 "자본주의는 빈곤문제를 해결할 수 없으며, 가난한 자의 입장에서 보면 시장경제는 제대로 굴러가지 않는다." 라고 하였다.

역사는 새로운 유형의 패러다임을 요구하며, 인류는 새로운 변화의 거센 파고를 넘지 않으면 안 된다.

「영철학」과 '블루오션 공생정책' 인 본 저서 「제3의 길(민주주의4.0 · 민주주의 4.0)」은 철학에 의한 새로운 나눔과 소통의 경제학을 창도 하였으며, 종교 · 정치 · 경제 및 신학 · 철학 · 과학의 경계를 소통 시키고 유유히 넘나들면서 서로를 마음껏 아우르고 있다.

따라서 본서는 모든 제諸 학문과 정책 또는 이념 상호간의 시스템 철학적 사고의 교류를 원활하게 하여, 초월적인 새로운 하나의 "창조적 공존국가" 를 이루는데 중요한 지침서가 될 것을 확신한다.

차례

제2부 **통합**

제4부 **유통과 금융개혁 & 제3의 길**

이끄는 글

한국 민주주의 4.0의 전주곡

01 역사해석의 다양성

UN미래포럼의 회장 제롬 글렌은 "대망을 꿈꾸는 자가 미래예측, 즉 미래예측기술을 모른다면 큰 지도자가 될 수 없다." 라고 했다. 따라서 정치제도의 변화 과정에 있어서 역사의 방향성을 올바르게 숙지하는 작업은 인생의 의의를 찾는 일 못지않게 중요한 일이기에 무엇 보다 우선 되어야 한다. 왜냐하면 역사의 방향성을 정확하게 파악하지 못하고 한 나라의 국가와 세계의 미래를 이야기한다는 것은 나침반 없이 항해하는 배와도 같기 때문이다.

다음의 글은 동국대학교 명예교수이자 민족화합운동연합 이사장인 주종환 교수께서 2008년 3월 26일자 경향신문에 기고하여 실린 내용을 간추려서 필자에게 보내온 내용이다. 마침 필자도 "식민지근대화론" 에 대한 역사인식의 해석방법을 두고 집필이 끝나가는 중이었는데 좋은 비교자료가 될 수 있겠다는 생각에서 옮긴다. 주종환 교수는 역사를 보는 안목이 남다른 분이시다. 하지만 필자와는 식민사관에 대한 접근방법에 다소 차이가 있다고 하겠다. 어떤 차이점이 있는지 비교분석해 보길 바란다.

그런데 필자는 이 글을 옮기면서 실제로 주 교수께서 주장하고자 했던 내용의 일부분과 제목의 일부분을 축약 또는 생략하려고 한다. 왜냐하면 이 책이 원래 목적 했던 궁극적인 의제가 아니었기도 했지만, 주제가 다소 자극적이지 않나하는 느낌이 솔직히 들었기 때문이다. 그리고 또한 필자는 다만 역사를 보는 관점의 차이를 말하고 싶었던 것일 뿐이었기 때문이다.

주 교수님의 논평에 앞서서 먼저 식민지근대화론의 해석자인 안병직의 수제자 이영훈 교수와 민족의 거성이었던 백범에 대해 간략하게 논하고 넘어가기로 한다. 이영훈 교수는 식민지근대화론에 있어서 다분히 단순한 인간적인 눈으로 관찰한 평범한 역사해석자이다. 지나온 역사에 대한 일반적인 반성의 시각인 셈이다. 그것도 지극히 인간적인 사고를 벗어나지 않은 범위 안에서 말이다. 더군다나 온 민족의 존경을 모으고 있는 백범 또한 마찬가지이다. 필자는 이 모두에 대해 안타까움을 느끼고 있다. 무슨 뜻이냐하면 "한국이 일본의 식민지 근대화 정책 덕택으로 오늘과 같이 잘 살게 되었다" 고 보는 안병직-이영훈 교수나, "38선을 베고 죽는 한이 있어도 분단된 조국을 볼 수 없다" 고 외치셨던 김구 선생도 하늘의 섭리에 의한 역사해석에 대해서는 의외로 문외한이었다는 것이다. 역사의 은밀한 비밀에 대해서 무지한 상태에서의 역사해석이나 지나치게 고집스러운 주장은 무서운 결과를 초래하게 된다는 것이다.

백범선생은 인간적으로 민족의 앞날을 분명 걱정했던 유일한 진정한 애국자요, 둘도 없는 지도자였다. 그런데 상대가 쏜 피스톨에 의해 무참히 살해되고 말았다. 그런데 필자가 의문시 되는 것은 하늘이 왜 민족의 의인인 백범을 보호하지 않았을까? 과연 그 연유가 무엇이며 왜 그런 사건이 일어났으며, 또한 그 근본원인은 본질적으로 어디에서 기인된 것이었을까? 하는 것이다. 따라서 필자는 역사해석을 단순한 3차원의 결과론적 현상에만 치우치지 말고 보다 더 깊은 4차원적 즉 존재론적 본질인 역사철학의 문제로 까지 그 원인을 확대해 보자는 것이다. 다시한번 더 강조하지만 백범이 민족의 영웅임은 자명한 사실이다. 하지만 하늘의 목적적 프로그램(4차원)에 대한 무지로 인하여 해방이후 남북을 분단시킬 수밖에 없었던 하늘의 깊은 뜻을 백범은 본의 아니게 거부했던 것은 아닌가? 하는 것이다. —식민시대부터 한반도는 사회주의와 자본주의를 경험하여 보다 더 완전한 국가체제를 창출함은 물론이요, 그것을 매개체로 미래의 세계사를 영구히 이끌어가기 위한 종주국으로서의 사명을 부여받기 위한 연단의 현주소—

원형이정元亨利貞은 천도지상天道至上이다. 춘하추동으로 옮겨가는 계절의 변화를 인간의 능력으로는 도저히 막아 낼 수가 없는 법이다. 그런데 백범은 섭리의 큰 뜻에 대한 무지로 인해 눈앞의 현실을 위한 인간적, 개인적 의를 성취하기 위해서 뚝심하나로 감히 맞선 것이다. 필자는 아래의 글에서 역사를 깊이 관조할 수 있는 새로운 존재론적 철학사관을 기록하게 될 것이다. 이 말은 '제3의 눈' 을 뜨지 못하고 양비론적 저급한 시각에 의해 평가하는 역사관의 위험성에 대한 경고의 의미가 함축되어 있다는 것을 독자께서 감지하리라 믿는다. 하늘의 섭리와 동떨어진 역사 비평과 자연의 이치를 벗어난 주관적인 주장은 자칫 자신과 모두의 운명을 단번에 유린할 수도 있는 참으로 무서운 죄가 될 수도 있다.

이렇듯 식민사관을 보는 눈은 각각 다르다. "역사는 역사를 보는 관점에 따라 달라진다."는 역사학자 E. H. 카아의 명언을 굳이 들먹이지 않아도 말이다. 따라서 필자는 모든 역사인식을 둘러싸고 불가피해진 논쟁을 언젠가는 누군가에 의해 한번은 심판대 위로 끌어올려 놓고 최후판결을 하지 않으면 안 된다고 느꼈었다.

그래서 필자는 새로운 사관史觀해석의 제3의 방법론을 제기하고자 하는 것이다. 절대가치에 의한 역사해석이 바로 그것이다. 그것은 역사를 있게 한 본질적 원인자, 즉 역사의 창조자가 의도한 내용을 최종판결의 법전으로 하게 될, 즉 존재론적 초월의 눈에 의한 역사해석解釋(interpretation)이어야 하며, 또한 절대가치에 의한 최후의 심판이어야 한다. 그렇지 않은 모든 과정적 미완성존재인 우리 인간의 저급한 눈에 의한 역사인식은 그 어떤 방법론을 동원한다고 할지라도 결국 상대적 관점에 의한 양비론적인 역사해석일 뿐이다.

참고자료

한나라당의 정체성은?

주종환 (동국대 명예교수)

불붙게 된 역사인식 논쟁

서울대 이영훈 교수 등 뉴라이트 계열의 학자들이 펴낸 한국 근 · 현대사 교과서가 출간되었다. 때마침 이들의 역사관을 비판한 필자의 저서 『뉴라이트의 실체, 그리고 · 한나라당 : 식민지근대화론 비판』이 도서출판 일빛 ilbit@naver.com 에서 발간된다. 근-현대사에 관한 역사인식을 둘러싸고 뜨거운 논쟁이 불가피해졌다.

한나라당 여의도연구소 이사장과 뉴라이트의 정체성은?

현재 "식민지근대화론=신식민사관"은 현 집권여당인 한나라당의 이념으로까지 승격될 조짐을 보이고 있다. 주지하는 바와 같이 현재 한나라당의 부설 공식기구인 여의도연구소 이사장은 식민지근대화론의 중심인물인 안병직 서울대 명예교수다. 이영훈 교수는 안병직 교수가 이끄는 뉴라이트에 속한다. 이번에 나오는 필자의 책에서는 그들이 제창해온 "식민지근대화론"이 매우 사대주의적 이론이며, 어떤 의미에서는 이완용의 실용적 반민족적 역사관과 일맥상통하는 내용을 담고 있다는 점을 지적했다. 이런 사대주의적 역사관이 활개 치는 대한민국을 그대로 보고만 있을 수 없다는 것이 필자가 책을 내게 된 동기다.

일본 극우「후소샤」교과서와 동일한 역사관

안병직 - 이영훈 이론은 한국이 일본의 식민지 근대화 정책 덕택으로 오늘과 같이 잘 살게 되었다고 보는 역사이론이다. 이런 역사관은 일본의「후소샤」의 군국주의 역사교과서와 사실상 짝퉁이다. 이 때문에 일본의「후소샤」의 소유주인 극우신문 "산께이신문"은 안변직 교수의 "식민지근대화론"을 1면 톱기사로 보도하면서, 일본인이 하고 싶은 말을 한국학자들이 주장하고 있다는 사실을 크게 부각시킨바 있다.

잘 알다시피 "일본정부가 한국에 대해 잘못한 것이 무엇이 있느냐"라고 주장하는 일본「후소샤」의 교과서에 대해 우리 국민은 한 목소리로 그 부당성을 항의해왔다. 또 이런 견해에 동조했던 한승조 고려대 명예교수는 언론의 뭇 매를 맞아 명예교수 자리를 사퇴했다. 그런데 똑 같은 말을 해온 한나라당 부설 여의도연구소 이사장 안병직 교수의 역사인식에 대해서는 대부분의 언론들이 꿀 먹은 벙어리다.

왜 이런 기이한 현상이 일어나고 있는가. 그것은 그의 이론이 일제시기의 각종 통계를 인용하는 등, 숫자의 마력으로 매우 정교하게 포장되어 있기 때문이다. 그러나 통계숫자라는 것은 보는 사람의 관점에 따라 여러 가지로 해석된다. 식민지근대화론자들은 일제시대 한국의 여러 가지 통계숫자 가운데 일본정부가 한국경제발전에 기여한 부분만을 뽑아서 부각시켜 왔지만, 그것과 반대되는 사실을 입증할 통계숫자는 얼마든지 찾아낼 수 있다. 충남대 허수열 교수의 저서 『개발 없는 개발』 (서울 : 도서출판 은행나무, 2005)은 그 좋은 예다. 역사관이 중요한 이유가 여기에 있다.

이명박 대통령은 2008년 3.1절 기념사에서 "편협한 민족주의"를 버려야 한다고 강조했다. 세계화시대에 "열린 민족주의"가 필요하다는 데 이론이 있을 수 없다. 그러나 열린 민족주의는 과거에 대한 무조건적인 망각을 의미하는 것은 아니다. 과거사에 대한 철저한 반성이 없으면, 똑같은 과오를 반복할 우려가 있다. 이 때문에 과거사를 올바로 평가해야 한다. 그래서 역사는 반면교사라고 한다. 역사는 단순한 과거사가 아니라 현실 그 자체이기도 하다.

우리가 일본의 과거사를 올바르게 짚고 넘어가야 한다고 보는 것 역시, 이웃인 일본이 또다시 과거로 돌아가서 제국주의적 본성을 들어내면 큰일난다고 보기 때문이다. 우리가 독도 영유권 문제, 야스꾸니 신사 문제, 일본교과서 왜곡 문제, 일본군 강제 징발 종군위안부의 진실 규명문제 등 과거사와 관련된 문제들을 확실하게 매듭지고 넘어가야 한다고 주장하는 것은 현재의 일본이 과거에 대한 올바른 반성을 하지 않음으로써, 과거의 잘못을 반복할 우려가 커지고 있기 때문이다. 더욱이 일본의 과거사에 대한 확실한 반성의 촉구는 일본의 평화애호국민을 측면에서 응원하는 의미를 갖는다.

필자의 저서가 일제 식민지 시기의 일본의 역할을 매우 긍정적으로 평가하는 "식민지근대화론"을 문제 삼는 이유도 과거사가 바로 현재에 그대로 연결되어 있기 때문이다. 그 역사이론은 매우 사대주의적 역사관의 산물이다. 그들의 역사관은 오늘날 집권 여당의 실용주의적 역사관의 지도

이념으로 되어 있으며, 올바른 열린 민족주의의 실종으로 이어질 조짐을 나타내고 있다. 바로 이 점이 한나라당의 정체성이 혹시나 "사대주의" 아닌가를 의심케 하는 대목이다.

실용주의는 매국노의 행위조차도 합리화 시킬 수 있는 마력을 갖고 있다. 이완용도 약소국인 대한민국이 자력으로 근대화 할 능력이 없고 국가의 독립을 지키지 못할 바에는 차라리 가까운 일본의 식민지로 편입되는 것이 우리 민족이 잘 사는 길이라고 보았을 것이다.

그는 당시에 가장 실용주의적 인물이었다. 일제 시기 친일파들의 견해도 우리 민족이 잘 살려면 일본제국주의에 협력하는 길 밖에 없다는 지극히 실용주의적 관념에 젖어있었다. 이렇듯 민족문제를 실용주의의 잣대로 재단하면 반민족적 사대주의적 역사관으로 이어질 가능성이 있다. 이완용이 오늘날 되살아나서 식민지근대화론이 활개 치고 있는 것을 보면, 왜 나만을 친일파 민족반역자로 매도하느냐고 항변할지도 모른다. 식민지근대화론과 같은 실용주의적 역사관을 경계해야할 이유가 여기에 있다.

민족을 강조하면 시대착오적이라고 비판하는 사람들이 요즘 부쩍 늘고 있다. 서구라파나 일본의 민족주의는 민주주의를 억압한 주범이었다. 이 때문에 민족주의는 흔히 반민주적 반민중적인 것으로 매도되는 경우가 많다. 한국에서도 박정희 이래 역대 군사정권은 민족주의를 자기들의 독재를 포장하기 위한 수단으로 이용했다. 이런 역사적 경험들은 민족주의를 시대착오적인 반민주적인 것으로 보게 하는 원인을 제공했다. 그러나 분단된 한반도는 서구라파나 일본과는 다른 특성을 갖고 있다. 무엇보다 한반도는 국토분단을 극복해야 할 과제를 안고 있다. 이런 상황 아래서 "민족은 없다"느니, "민족주의는 시대착오적"이라고 매도하는 것이 과연 누구를 위한 견해인지 깊이 반성할 필요가 있다.

백범기념관이 의미하는 것.

금년은 대한민국 임시정부 주석이셨던 김구선생 등이 주도하신 "남북제정당사회단체대표자연석회의" 60주년이 되는 해이다. "38선을 베고 죽는 한이 있어도 분단된 조국을 볼 수 없다" 고 외치셨던 김구 선생은 "백범기념관" 으로 온 민족의 존경을 모으고 있다.

그리고 대한민국 헌법 전문엔 대한민국 임시정부의 법통과 4 · 19 정신을 계승한다고 적혀있다. 그러나 현실은 그것과는 반대방향으로 흘러가면서 대한민국 헌법 전문을 부정하는 역사교과서가 버젓이 저술되고 있다. 대한민국 임시정부 주석이셨던 김구 선생은 국민 모두의 숭배를 받고 백범기념관으로 모셔져 있지만, 현실 사회는 기념관 하나 제대로 남겨놓지 못한 역대 대통령들의 법통을 이어받은 세력들이 활개 치는 장이다. 이런 일종의 착시 현상은 역사관이 실종되었기 때문이다.

이런 뜻에서 필자는 현재 한국에서는 "역사전쟁" 이 전개되고 있다고 보고 있다. 역사전쟁의 일각에는 민생문제가 자리 잡고 있다. 그러나 필자가 보기로는 민생문제에 관한 한, 임시정부의 "삼균주의 건국강령" 속에 그 답이 이미 나와 있다. 토지공개념을 비롯하여, 독과점의 폐해 방지와 이익균점, 중소상공인과 노동자 농민의 생존권 우선 보호 원칙 등, 오늘날의 진보 담론들이 거기에 거의 다 포함되어 있다. 2008년 4월 남북제정당사회단체대표자연석회의 60주년을 마지하면서 김구 김규식 조소앙 선생 등 대한민국 임시정부 요인들의 애국애족 정신을 새삼 흠모하는 이유도 여기에 있다.

주종환은 동국대 명예교수, 참여연대 부설 참여사회연구소 명예이사장, 민족화합운동연합 대표이다.

02 식민시대, 남북분단, 평화통일

「애급고역 - 전제군주제 해체」「출애굽 - 사/자 대립체제」「가나안 입성 - 통일 입헌군주제」

인간의 관계와 성性의 비밀

"사촌이 땅을 사면 배가 아프다." "처삼촌 벌초하듯이 한다." "열손가락 깨물어 아프지 않은 손가락 없다" 등의 말들은 속담으로 구전 되어오는 인관관계의 심리를 해학적으로 빗된 말들이다. 그래서 인간은 관계성의 존재이다. 위로는 부모와의 관계에 놓여있고, 아래로는 자녀와, 그리고 옆으로는 부부관계와 놓여있다. 어디 그 뿐인가? 담장 너머 저편에 있는 이웃관계는 차치하고서라도 삼촌과 사촌도 있으며 사돈 8촌도 있는데, 이것이 일반적이면서 보편적인 인간관계성이다.

그런데 그 관계성을 세밀히 분석해보면 재미있는 일이 일어난다. 멀리 있는 친척보다 가까이 있는 이웃이 났다는 애기에서 보듯이, 같은 아들인데도 불구하고 장자長子가 다르고 차자次子가 다르다. 부부관계도 마찬가지이다. 부부는 무촌無村이라고 했다. 그런데 그 사이에 금이 가서 나빠지게 되면, 소위 0.5촌을 넘어서게 되는 날에는 통장을 따로 차게 된다는 것이다. 이처럼 인간만이 아니라 존재하는 모든 것은 내용이 다를 뿐 관계성을 갖게 된다는 것이다. 그래서 그런지 필자는 언제부터인가 모든 관계에 인격이라는 성性의 개념을 도입하여 그 연관성을 분석하고 또한 대입하여 연구하는 일이 오랜 습관으로 굳어져버렸는데, 흥미로운 것은 세상만사 모든 일이 인격과 비인격의 관계로 얽혀 있어서, 그 어떤 일일지라도 사랑으로 풀면 풀리지 않는 문제가 없듯이 정확한 인격적 관계의 비밀을 감지할 수만 있다면, 모든 관계의 갈등과 혼란은 아무튼 문제없이 조화를 이끌어 낼 수 있겠다는 확신을 하게 되었다.

국가도 마찬가지이다. 크게 보아 남·북관계는 부부관계와도 같고, 한·일관계는 형제관계와도 같으며, 한·미관계는 부자관계와도 같고, 또한·중관계는 처갓집과의 관계와도 같다고도 볼 수 있는 것이다. 그리고 러시아와 관계는 이웃이며, EU는 멀리 있는 친척과도 같다고 할 수 있을 것이다. 그리고 또한 이렇게 볼 수도 있을 것이다. 만약 남·북이 통일 되어 하나의 국가를 이룬다면 한·미관계는 형제관계로 한·일관계는 부부관계로 한·중은 사돈관계로 그리고 다른 나라는… 등등…

인간의 성장과 국가의 성장

창조적 성장론은 인간의 성장과 같이 인류의 성장은 두말할 나위도 없으며, 인간이 형성한 국가도 단계적으로 성장한다는 것이다. 그리고 모든 섭리적 중심국가의 성장은 법칙과도 같은, 즉 나무의 나이테나 계절의 절기처럼 국가역사에 철학적 법칙이 엄중히 따르는 법이라는 것이다.

왜냐하면 독일의 철학자 G. W. F. 헤겔이 말한 "절대정신의 자기전개"에 있어서 역사의 중심 국가는 절대정신(창조적 프로그램)의 인격적 적자嫡子이기 때문에, 다른 나라에 비해 인간적인 자유의지가 상대적으로 자유롭지 못하다. 다시 말해 장자권인 상속권을 갖기 때문에 의무적으로 하늘의 뜻을 실행하지 않으면 안 되는 인격적 성性의 법칙을 따르게 된다는 것이다. 따라서 섭리 역사의 중심 국가는 절대자의 뜻과도 같은 창조적 역사의 씨를 잘 전수 받아서 어머니처럼 재창조하는 살신성인의 과정을 통과하지 않으면 안 되며, 만약 그 책임을 거부하게 되면 무서운 징계에서 자유로울 수 없다는 것이다.

마테오리치 신부와 언더우드, 알렌, 헐버트의 선교, 그리고 하늘의 뜻

중국 명名 이마두利瑪竇라는 별칭을 가진 이탈리아의 신부 마테오리치(Matteo Ricci)의 「천주실의」는 한국의 천주교 성립에 결정적인 영향을 끼쳤으며, 뒤이어 연세대학교의 전신 연희전문학교와 YMCA 및 서울 새문안교회를 설립한 미국의 언더우드(H. G. Underwood)한국명 원두우元杜尤, H. G. 아펜젤러, 세브란스병원의 시초 H. N. 앨런, 「한국평론」을 쓴 헐버트(H. B. Hulbert) 등의 선교사들을 파송하여, 한반도에 새로운 하나님의 문화, 즉 영성적 종교문화를 뜻하는 인격적 신神인 그리스도의 복음을 전파하였다. 그러니까 절대정신은 이들 선교사들을 이 땅에 보낼 때부터 이미 한반도를 하늘의 장자로 세우기 위한 작전을 꾸몄던 것이다. 마치 중학생이 고등학생으로 진학하게 되면 차원이 다른 스승에게 보내져서 그로부터 배우게 되듯이 하늘은 먼저 이마두라는 새로운 교사를 파송하여 당신의 상속권을 주기 위한 씨를 이 땅 조선에 뿌렸던 것이다.

그런데 조선은 하늘의 장자권을 포기라도 하듯이 인간의 아들들은 하늘의 아들로 개종한 천주교도들을 그리스도와 같이 십자가에 메달아 처참하게 도륙했던 것이다. "인격적인 하늘의 아들(요 1장 12절~14절)은 그렇지 않은 인간의 아들의 과정적인 적敵이다. 왜냐하면 인간의 아들은 인격적 아들이 요구하는 수평(민주화)성을 용인해 주기가 쉽지 않기 때문이다." 그래서 "미완성기의 인격적인 아들은 성장섭리의 희생자요 제물(순교)이다. 인격적인 아들은 그 희생의 대가로 하늘나라 천사로서의 중생을 얻게 되지만, 인간의 아들들은 오래도록 남아 그만한 고통을 다른 방법을 통하여 치러야 하는 것이다.

조선은 하늘이 선택하게 될 장자로서의 상속권을 거부했다. 그러니까 아메리카 대륙에 내려주었던 장자권을 백의민족에게 장차 옮기려고 하는데 이를 감히 거부했다. 선의 독재자이신 인격적 신神의 어명御命을 감히 어긴 것이다. "창조에 있어서 모든 창조적 주체는 차별성을 갖는 대상과의 타협을 단호히 거부 한다." 그리고 절대로 물러서지 않는다. 왜냐하면 하늘은 선의 독재자이며 한번 결정된 뜻은 그냥갈 수 없기 때문이다. 그래서 하늘은 고집의 창조적 대명사이시고 집념의 절대자이시라서 무서운 존재이다.

절대정신의 자기전개 로서의 한 · 일의 역사

한반도의 역사에 있어서 1905년의 을사보호조약, 즉 을사늑약 이후부터 2000년 6 · 15공동선언이 발표되기까지의 약 1C는 고려 이후 이씨 조선의 국체에 심각한 타격을 가져온 그야말로 전무후무한 해로 기록 된다. 오랜 세월 동안 약 1천千번에 걸친 외세의 침입에도 굴하지 않았으며, 질기고 질겼던 나라를 통째로 바쳐야하는 계약이 체결 되고, 그로부터 5년이 지난 1910년, 드디어 식민지라는 나라의 옥살이가 시작되었던 것이다.

한 개인이 처가살이를 한다고 해도, 종살이를 한다고 해도 자신의 정체성까지 허물어트리는 법은 없다. 그런데 그동안 쌓아왔던 우리의 누천년간 찬란했던 문화는 힘 한번 써보지도 못하고 맥없이 주저앉았으며, 주권의 상실이 무엇을 의미하는지 그 비참함을 여실히 보여주었다. 마치 그것은 과거 천주쟁이 들이 막강한 국가권력의 힘 앞에 맥없이 쓰러졌던 것과도 같고, 이스라엘 민족이 바로왕 밑에서 저항한번 못해보고 고역살이를 했던 것과도 같다. 창씨개명은 과연 무엇을 뜻하는 것이었을까? 그것은 감옥살이에서 '수인번호' 가 자신의 이름을 대신하듯이 과거의 나의 이름과 살아왔던 모든 나의 가치, 즉 나의 정체성의 부정을 의미함일 것이다. 무슨 죄를 지었기에 남의 집 종살이도 아닌 국가적 '깜빵살이' 라는 정체성의 부정을 이 나라 조선은 당해야만 했을까? 미리 알고 하늘의 뜻을 받아드렸었더라면 이런 일은 없었을 텐데, 뒤 늦게 후회해도 소용이 없는 일이다.

그리고 1945년 8. 15해방을 맞이하여 대탈출을 하였지만 그로부터 5년이 지나 1960년 6·25라는 바로왕의 뒤 쫓음으로 육지의 홍해인 3·8선을 가르고 북쪽은 사회주의라는 돌판 하나를 섬기고, 남쪽은 자본주의라는 돌판 하나를 각기 섬기게끔 모세가 두 돌 판을 받아 내려온 것처럼 되었다. 그런데 처음에 가지고 내려왔던 두 돌 판은 깨트리게 되어서 사회주의와 자본주의는 깨어지게 될 것이고, 다시 두 돌 판을 가지고 내려오는데 이는 민족의 영원한 두 법궤가 될 것인바 그 하나는 완성의 절대가치인 맘(Mam)적인 진리일 것이며, 또 하나는 공존체제라는 몸(Mom)적인 새로운 정책이라는 두 돌 판, 즉「영靈철학」과「제3의 길(민주주의4.0)」일 것이다.

2000년 6. 15선언 이후 5년이 지난 2005년 공동선언 5주년 기념행사에서 남북의 공동대표들은 인천의 문학경기장에서 올해를 조국통일의 원년으로 하자는 합의를 함으로 인하여 이산의 고통을 안겨주었던 동토의 땅은 60여 년 간 굳게 닫혔던 여리고성을 마침내 열어 젖혔으며 양극단의 국가체제가 공존의 길을 모색하기 위해 열애에 빠져 혼례의 날을 기다리며 신부수업에 여념이 없는 모습은, 새로운 하늘나라를 꾸리기 위해 100년이라는 세월의 터널을 빠져나온 우리 모두의 가슴을 설레게 하고 있는 것이다.

이것은 마치 성서의 창세기에 나오는 이스라엘 민족이 민족의 정체성을 잃어버리고, 바로왕국에서 비참한 노예생활을 한 것과도 같으며, 모세의 극적인 인도로 탈출하였지만 바로의 군사들이 쳐들어 왔다. 궁지에 몰린 이스라엘민족은 하늘의 이적 기사로 인하여, 양쪽으로 갈라지는 홍해를 건너는 과정을 거쳐, 모세가 시나이 산에 올라 두 돌판을 가지고 내려와 십계명을 선언한 것과도 같다. 그리고 모세의 지도권을 이어받은 여호수아와 갈렙에 의하여 젖과 꿀이 흐르는 축복의 땅 가나안으로 천신만고 끝에 드디어 입성하게 되는 것과도 너무나 닮아있다는 것이다. 그리고 또한 한반도는 세상 죄를 지고 가는 저 어린양 예수 그리스도의 모습과도 흡사하다는 것이다. 그러니까 한반도는 국가적인 그리스도, 즉 그리스도의 인생과 하늘의 사명인 십자가의 대속과 부활의 상징이라고 해도 과언이 아니라는 것이다. 980번의 외침은 예수가 로마의 병사들에게 무방비상태에서 일방적으로 맞은 몸서리치는 채찍이며, 남북으로 갈리고(—) 동서(｜) 로 찢긴 국토(+)와 국민들의 마음은 예수 그리스도가 십자가의 형틀에 매달린 채 피 흘리며 죽어가고 있는 처참한 형국이지 않는가? 말이다. 따라서 한반도는 기필코 찬란하게 부활하게 되리라는 것이다.

역사철학 연구

필자는 대학 재학 시절인 1987년 겨울방학 때, 가깝고도 먼 나라로 불리어졌던 이웃 일본을 방문했었다. 원래 고려대학과 와세다 대학은 자매결연대학으로서 환태평양시대를 대비한 한 · 일 대학생의 역할이라는 주제로 열리는 세미나참석을 위해서였다. 그 이후 자주 일본을 왕래하게 되었는데, 그 때문이었는지 일본과 한국이라는 나라의 역사적인 관련성에 대하여 깊은 연구를 하게 되었던 것이다. 왠지 일본을 다녀올 때 마다 찐하게 느끼는 일이었지만, 나의 상식으로는 이해가 되지 않는 역사적인 사건들이 한 두 가지가 아니었기 때문이었다.

그러니까 나의 일본연구는 일본이라는 나라의 선진화 되고 과학적으로 발전 된 것에 대한 그런 외피적 성격이 아니었다. 위에서 보았듯이 역사철학에 관한 것이라고 해야 할 것이다. 외형적인 문명이나 문화에 대한 관심이었다면 단연코 아메리카나 구라파 이었으리라고 단언한다. 왜냐하면 89년 가을 미국 연수를 통해 받았던 선진문명의 충격은 풋내기였던 나를 미국으로 다시 도미하게끔 찐한 유혹으로 까지 파고들어 마음을 흔들어 놓기도 했으니까 말이다.

헤겔(G. W. F. Hegel)은 그의 역사철학강의에서 역사를 보는 방법론을 세 가지로 요약했다. "첫째가 기록된 그대로 역사를 보는 것이다. 둘째가 반성의 눈으로 역사를 보는 것이다. 셋째가 철학적 역사로서 절대정신의 자기전개인 제3의 눈으로 역사를 보는 것이다."라고 하였다. 필자가 관심을 가졌던 것은 철학적 역사에 대한 세 번째 부분이다. 그러니까 선진화 된 일본이라는 국가의 이면裏面에 대한 연구로서 한반도와 관련된 역사의 역사적 아이러니(irony)였다. 나는 대학에서 독어독문학을 전공했다. 역사학자는 아니지만 팔자가 사나와서인지 필자에게 87년 8월과 9월 연이어 터져 나온 놀라운 사건(체험)이 —필자는 이 사건을 빅뱅(Big Bang)이라고 한다.— 계기가 되어 유사 이래로부터 지금까지 인류 역사의 역사철학에 대한 관심을 오랫동안 가져왔었다.

인간의 원수와 신의 보상

이 땅 조선의 아들들은 저 일본의 풍요를 도저히 용서할 수 가 없는 것이다. 조선의 국토와 문화를 무지막지하게 유린했다고 생각할 테니까 말이다. 필자도 청소년 시절 왕비열전을 읽고 끓어오르는 울분을 참지 못해, 왜놈이라는 단어를 심심치 않게 써야만 했던 기억이 분명하다.

일본은 국제적 엽관제도라도 공인받은 듯이 우리의 국토를 유린해서 강탈한 전리품을 큰 배에 가득 싣고서, 어디 여기보시오란 듯이 콧노래를 부르며 현해탄을 건너 섬나라로 가져간 것이리라, 그리고 전국토를 공원화시키는데 우리의 자원과 인력으로 자기나라의 치부를 위해 사용했으리라 하는 생각이 들었다. 피상적으로 관찰할 때 느껴지는 일본에 대한 감정은 그 누구와도 다르지 않았던 것이다.

그런데 일본을 종종 왕래하는 가운데 아무리 곱씹어 보아도 도저히 이해가 되지 않는 부분이 많았었다. 문제는 일본뿐만이 아니라 남북문제가 어쩌면 더 큰 문제를 안고 있는 것인지도 모른다. 앞에서 말했듯이 인격적인 관계를 놓고 볼 때, 일본은 이웃과도 같지만 형제와도 같고, 남북은 형제와도 갖지만 부부와도 같은데, 형제나 부부싸움이라면 눈 한번 지그시 감고 적당히 바 줄 수도 있었을 텐데, 왜 동족상잔의 비극을 일으켜 우리의 국토를 부분적으로만 유린한 것이 아니라 전 국토를 잿더미로 만들고, 300만 명이라는 미증유의 사상자를 내게 했으며, 그 결과 지금은 그 가족이 불어나 천만 명이라는 이산가족을 발생하게끔 했느냐 하는 것이다. 부부싸움을 했어도 너무 심했던 것은 아니었는지 모를 일이다.

그러니까 남 · 북간의 관계는 이데올로기의 문제이며 같은 나라와 같은 핏줄이라고 하지만 한 · 일간의 관계는 무슨 안(un)이데올로기의 문제이기에 국체가 다른 그들이 이 땅 조선을 무지막지하게 내리 눌렀던 것일까? 이해가 되지 않았다. 일반적인 상식으로는 도저히 "식민지근대화론"이라고 하는 저 일본과의 관계에 대한 역사해석이 명확하게 되지 않았었다. 그런데 바로 그 순간, 즉 한일관계와 남북관계를 인격적으로 비교하는 찰나 필자의 뇌리를 스치는 그 무엇이 있었다. 그것은 바로 이런 것이었다. "아! 우리 조선의 지도자들이 '죄罪'를 지은 것이로구나 땅에서의 '인간의 죄'도 가벼이 여길 수 없지만, 무엇보다 섭리의 큰 뜻인 '하늘의 죄'를 짓고 말았어!"라는 것이었다.

하늘의 아들과 인간의 아들

"일본은 철학적 이념이 아니라 종교적 섭리인 "새로운 인격적 하늘의 나라(민주주의 4.0 · 공존주의 1.0)"를 세우기 위해 "인간의 아들의 땅인 과거 조선",

즉 인권을 유린하고 백성들을 수탈하고 있는 "조선의 전제군주제" 하에 있는 "인간의 아들들을 회개" 시키기 위해 오히려 하늘에 볼모로 잡힌 포도청 같은 나라였다. 그러니까 하늘이 하늘의 뜻을 대신하기 위해 이웃나라 일본을 도구로 세워 이 강토를 무참히 강탈하게 하였구나!" 하는 깨달음이었다. 다시 말해 이것은 먼 미래에 조선의 땅에 한국의 민주주의 4.0이라는 새로운 세계를 세우기 위한 전주곡이었다는 것이었다.

아! 우리에게 있어 원수인 그들이 하늘의 섭리를 위한 조력자 이었다니! 따라서 일제의 한반도 강탈은 참으로 일반적인 상식으로는 도저히 이해하기가 불가능한 것이어서, 제3의 눈이 열리지 않으면 읽어 낼 수 없는 그런 섭리사적 사건이었던 것이다. 그렇지 않다면 하늘이 왜 우리에게 고통을 안겨준 그들에게 저런 축복을 줄 수 있느냐는 것이다. 불공평도 유만 부덕이지 아무려면 그럴 수가 있느냐? 그 말이다.

"역사에는 아이러니도 우연도 없다." "모든 아이러니는 결국 무지의 산물일 뿐이다." "마치 우연이 필연의 우연이듯이, 원인 없는 결과는 없다." 따라서 "창조 없는 재창조는 없는 법이다." 그때서야 비로소 "식민지근대화론" 그리고 6 · 25동란 등의 모든 역사적 사건들이 제대로 해석되어지기 시작했다. 왜 헤겔은 역사해석에 있어서 절대정신의 자기전개라는 철학적 역사의 가치를 그의 역사철학강의에서 논했는지 이제야 알 것 같았다. 죄는 미워도 인간은 미워하지 말라고 했던가? 왜 일까? 이는 필시 이런 것일 꺼다. 그 죄는 응당히 물어야 하고 당사자는 당연히 갚아야 한다. 그래야 질서가 서는 법이다. 그러나 인간은 뉘우침의 기능을 지니고 있는 가치적 존재이다. 그가 그 잘못을 회개하고 새롭게 중생하여 자신이 지은 죄보다도 더 큰 사랑을 행할 수가 있는 자유의지적인 존재이기 때문이리라?

그래서 일제의 강점은 임진왜란이라는 전쟁과는 달리 우리를 죽이지는 않고 죄인 취급했던 것이다. 그래서 결국 우리를 놓아 줄 수밖에 없었던 것이다. 하늘 죄를 지은 조선의 형기刑期가 끝나기도 했지만 미국이 변호사로서의 역할을 했었던 것이다. 그런데 출감하자말자 조선의 "인간의 아들들" 은 그래도 뉘우치지 못하고 그리운 과거로 되돌아가고 싶어서 제정신이 아니었다.

그래서 이번에는 하늘이 오히려 이웃보다도 더 가까운 형제를 동원하여 이 땅을 다시 유린하고 폐허가 되게 무자비하게 초토화 시켜버렸던 것이다. 같은 핏줄이 싸우면 더 무서운 법이다. 관심과 기대 때문인 것이다. 선지자가 고향에서 핍박받듯이 말이다.

이것을 필자는 앞의 글에서 "확인사살" 이라는 자극적인 용어를 동원해서 까지 사용하였는데, 제발 좀 뉘우치길 바라는 심정에서 과격한 구어체□語體(Colloquialism)적 언어를 구사한 것이니 독자들의 이해가 있으시길 바라마지 않는다. 그리고 민주화를 상징하는 문민정부를 맞이하여 한 때 또다시 과거의 전제군주체제로의 왕정복고를 위한 움직임이 있었다는 정보를 접한 필자는 인간의 아들들의 무지가 실로 무섭다는 생각을 했었다.

무지는 철학적 원죄

"모든 무지는 죄의 원천이다. 그래서 무지는 철학적 원죄이다."

이 땅의 모든 신앙인들에게 묻고 싶다. 과거 우리의 "인격적 아들들" 은 "하늘나라의 장자권" 을 이 땅에 받아 내리기 위해 모진 핍박과 순교까지 당하면서 하늘나라로 승천하였는데, 하늘에 계신 하나님께서 과연 지금의 "하늘의 아들들" 인 "인격적 아들들" 에게 진정 무엇을 요구하시는지를 알고 있는가? 하는 것을 말이다.

하늘이 원하는 궁극의 목적인 "하늘나라의 성취" 에는 아랑곳 하지 않고, "전제군주제적인 왕권" 을 자랑하는 성城같은 "왕궁교회" 를 으리으리하게 지어 놓고 내 소유를 주장하고 거기에 안주하고 있으면 언제 또 하늘의 나라, 즉 21C 이웃나라인 "천사세계의 검찰" 을 동원하여 "우리의 죄" 를 물으러 오지 않으리라고 장담할 수 있겠는가? 세계는 지금 경제라는 새로운 방법으로 우리를 식미지화 하고 있지나 않은지 모를 일이다. 만약 그렇게 되면 그 나라를 또 이웃나라 일본을 향해 외쳤듯이 왜 우리를 유린했냐고 반항할 것인가 그 말이다. 저 나라까지 가서도 영원한 죄인으로 남고 싶어서 말이다.

이제 하늘이 이 땅에 그동안 계획하고 추진해 왔던 "하늘의 장자권과 축복권" 을 이 땅 코리아에게 상속하기 위해 긴 세월을 "인격의 아들들" 을 산제물로 수없이 바쳤다는 것을 빨리 인식함과 함께 깊이 각성하고 그 유종의 미를 거둬야한다. 그리하여 "인격의 아들들" 이 이상사회, 즉 평화통일의 나라, 하늘나라이자 용화세계인 '민주주의4.0 · 공존주의 1.0' 의 나라를 만들어 거기서 하늘의 형제국들(전 세계)과 함께 영원히 행복하게 살아야 할 것이다.

프롤로그

01 대이변과 안철수 현상 & 국민생각

이변이다!! 대지진에 의한 쓰나미가 지구촌 곳곳을 배회하며 인정사정 없이 초토화시키고 있다. 그리고 폭설, 대홍수, AIDS, AI, 신종인플루엔자 등등… 어디 자연현상의 이변 뿐 인가? 유럽과 미국의 금융 자유화(글래스 스티걸법 폐지/그램 리치 블라일리법 통과)로 인한 금융투기자본의 만연으로 믿는 도끼에 발등을 스스로 찍혀버린 미국 발 금융위기가 "월가를 점령 점령하라!(Occupy Wall Street!)" 는 구호로 번지고, 끝내 대서양을 건너 이웃나라 까지 디폴트(국가부도) 직전까지 몰고 간 EU의 재정위기를 비롯한 사회현상의 쓰나미가 전 세계를 덮치고 있다.

이로 인해 대붕괴(Great Disruption), 대전환(Big Shift)이라는 용어가 어지럽게 정보의 공간을 떠돌아다닌다. 켐브리지 대학의 폴 길딩은 "대붕괴" 를, 에지센터공회의 존 하겔 3세는 "대전환" 을 각각 목 놓아 부르짖고 있다. 필자도 수년 전부터 '대전환' 이라는 용어를 기회가 있을 때마다 써왔다. "한 인간이 꾸준히 성장하여 21세가 되면, 결혼이라는 일생일대의 대 전환을 맞이하게 되듯이, 인류의 문화도 21세기는 문화의 완성기이기 때문에 대전환의 시대이다." 이 말은 우리 인류의 역사와 시대정신을 한 인간의 성장 변화에 비춰서 해석한 지극히 인격적인 분석 방법인데, 필자는 의외로 세상의 모든 현상들이 이와 같이 한 인간의 성장과 닮아 있음을 보게 되었던 것이다. 그때마다 경이로움을 느끼면서 "인간의 모든 진리는 인간이라고 하는 생물학적 조건에 구현되어 있다."는 도올 선생의 기氣철학 제1원리가 제대로 갈파됐음을 믿지 않을 수 없었다.

한국정치사의 대 이변

이렇듯 20세기 말부터 이어진 가공할 이변들이 전 지구적으로 릴레이처럼 끊임없이 일어나고 있다. 그런데 예로부터 동방예의지국인 조용한 아침의 나라, 대한민국의 정치권에서도 세계사적 이변에 동조라도 하듯, 이상한 이변이 일어나고 있는데 그 내용이 기존의 것과는 사뭇 다르다는 것이다. —외부의 사건들도 사실은 특이한 이변들임이 분명한데 별 관심 없이 무심결에 지나 처 별스런 이변으로 인식하지 않아서 그런지는 모를 일이지만— 그 중 첫째로 주목할 수 있는 사건이 소이 안철수 현상이다.

분명한 사실은 안철수 교수는 정치인이 아니라 서울대학교 융합과학기술대학원 원장이라는 직분과 IT 분야인 컴퓨터 프로그램의 백신(Ahn Lab V3)을 만들어 공급하는 벤처기업의 대표를 맡았던 일 외엔 특별히 한 일이 없는 데에도 불구하고 하루아침에 정치권의 스타로 부각되어 차기 대권의 유망주로 떠오르고 있으며, 그 인기 또한 시간이 가도 식을 줄 모른다는 사실이다.

둘째는 2012년 7월 7일 경남도지사직을 중도에 사퇴[1]하고 바로 다음날

1 사실 김두관 전 도지사는 여타 입법중심의 다른 정치인들과는 달리 행정전문의 정치인이기 때문에 때가 조금은 덜 묻은 정치인으로 봐야 하지만, 그래도 기존의 정당인임을 아예 부정할 수는 없다. 그러니까 전부는 아니지만 나머지 1/2은 기존의 정치적 색깔에 물들어 있음은 어쩔 수 없는 것이다. 그리고 필자는 김두관 도지사께서 임기를 채우지 못하고 중도하차할 것이라는 얘기를 지사취임 초부터 측근들에게 누누이 강조했었다. 그 뿐만 아니다. 2008

대한민국의 최남단 땅 끝 마을 해남에서 대권선언으로 대선경쟁에 뛰어든 김두관 전 지사의 일도 한국 정치사의 이변이다, 사실 김 전 지사는 경남이라는 적지에서 도지사가 되었다고 하는 것 자체로 이미 이변의 주인공이 되었었다. 그는 대권도전의 명분으로 개헌에 의한 분권을 선언했었는데 이 또한 이변이 아닐 수 없다.

그리고 셋째는 "남존여비는 사이비"라는 지리산 청학동 이정석 전 훈장의 언명을 떠올리기라도 하듯이 남성 중심의 묶은 관행을 깨고, 대한민국 정치사상 유례없는 여성으로서 집권 여당의 차기 대통령 후보가 된 박근혜의 출현도 이변 중의 이변이라 아니할 수 없다. 물론 아버지 고故 박정희 전 대통령의 그림자로서 철옹성같이 둘러쳐진 인의 장벽을 뚫고, 진정한 민주주의를 실천할 수 있을 것인지에 대한 우려와, 희생 없는 축복이 없듯이 21세기 수평의 시대, 여권신장을 위한 밀알로서의 사명이 될 공산이 농후하지만, 다른 주자들의 민주적 실천에 대한 책임여부에 따라 달라질 수도 있는 '정치의 생물성' 을 감안할 때, 섣부른 속단은 금물일 수 있다는 계산이 나오기 때문에 이변이 아닐 수 없다.

그 뿐만 아니다. 마지막 정치사적 이변은 한 지붕 두 가족이라 할 수 있는 38선 이북의 주인공이다. 2012년 1월 28일 북한의 김정은 노동당 제1비서가 "자본주의 방식을 포함한 경제계획 방안을 논의할 것을 노동당간부들에게 촉구" 했다[2]. 그리고 동년 6월 말 노두철 부총리 조장으로 "경제관

년에 출간 된, 저자의 미래서 「대통합」과 2011년에 간행 된 「대탈출 KOREA」에는 이미 책임총리가 될 것을 미리 예견해 놓았었다.

2 일본 마이니찌 신문은 2012. 6. 16일자 1면에서 김정은이 1월 28일 당 간부들이 모인 자리에서 한 발언록을 입수했다고 보도했다. 발언록에 따르면 김정은은 이날 "경제 분야 일꾼과 경제학자가 '경제 관리를 이런 방법으로 하면 어떠한지…' 제안했다. 또한 그는 색안경을 끼고 '자본주의적 방법을 도입하려 한다' 고 비판하는 사람이 있다" 고 도 말했다. 경제 개혁 전문가들이 그동안 색깔 논란을 우려해 위축돼 왔다는 지적이라고 신문은 분석했다. 김정은은 또 "비판만으로는 경제관리 방법을 현실 발전의 요구에 맞게 개선해 나갈 수 없다. **(북한)**경제관리의 최대 문제는 이론과 과학적 계산에 근거하지 않은 점이다." 라고 발언했다. 이와 함께 "공장과 기업이 충분히 가동되지 않아 생활에 불편을 주고 있다. 어려운 생활 속에서도 변함없이 노동당을 따르고 있는 훌륭한 인민에게 더 우수한 물

리방식 개선노조"를 올 초 발족시켜 "농지소유 협동농장 사유화 개혁"을 선언했다. 이같이 김정은 정권은 지난해 김정일 국방위원장 사망 이후 나흘밖에 되지 않은 국상國喪기간(12월 21일)에 무려 7개의 경제법령을 개정했는데[3], 이 법령이 외국인 투자유치 정책에 관한 내용이기에 이변중의 이변이라 아니할 수 없다.

북한이 자본주의 방식을 언급했다는 사실은 단순한 이변이 아니라 무섭고 두려운 사변에 가까운 일이다. 이는 북한이 자본주의 방식의 도입과 협동농장의 사유화 선언, 및 외국인 투자유치 정책에 관한 경제법령 개정을 선포함은 개혁이 아니라, 개벽에 가까운 사건이다. 이것은 세계의 경제적 위기와 함께 향후 한반도 변혁의 대폭발(Big Bang)로 나타나게 될 가능성이 있다. 아니 어쩌면 대한민국은 물론 전 세계를 뒤흔들어 놓게 될 웅장한 서곡이 될 수도 있다는 생각을 이미 많은 사람들이 예측하고 있기 때문이다.

질과 문화생활을 보장해 인민이 언제나 노동당 만세를 해야 한다" 고 말했다고 신문은 전했다. 신문은 "김정은 동지가 최근 당 간부들에게 중국이든 러시아든 일본이든 활용할 만한 경제개혁 방안이 있다면 도입하도록 지시했다" 는 노동당 관계자의 말도 인용했다. 그러면서 "북한 최고지도자가 그동안 금기시돼 온 자본주의 방식을 직접 언급한 만큼 북한이 대대적인 경제개혁을 실시할 가능성이 높아졌다" 고 분석했다.

3 동아일보는 7월 북한 노두철 부총리 조장으로 '경제관리방식 개선소조' 올초 발족 「농지 사유 - 협동농장 개혁 나서나」 라는 제하의 기사를 보도했다.

○김정은 특별지시로 추진

북한 김정은 정권이 경제개혁을 위해 내각에 특별조직을 신설하고, 부총리급 인사를 책임자로 임명한 것으로 밝혀졌다. 김정은 정권이 2000년대 초 '경제관라 개선조치' 와 같은 비중 있는 경제개혁을 시행할 것이라는 관측이 나오고 있다.

○가속화하는 첫 경제개혁 준비

중국의 정통한 대북 소식통들은 25일 "북한 김정은(**노동당 제1비서**)의 특별지시에 따라 올해 초 내각 산하에 '경제관리방식 개선을 준비하는 소조(**개선소조 · 추정 명칭**)가 꾸려졌고, 노두철 부총리가 조장" 이라며 "북한 내부에서는 이르면 8, 9월에 경제개혁 방안이 나온다는 기대가 높다" 고 밝혔다. 또 다른 대북 소식통은 "김정은은 경제문제 해결에 적극적 자세를 갖고 있다" 며 "경제와 관련해 내각의 권한과 책임이 대폭 강화되고 있다" 고 말했다. 주중한국대사관의 분석 결과 올해 1~5월 5개월 동안 최영림 내각 총리는 41회의 경제 관련 시찰을 다녔다. 지난해 같은 기간(**9회**)에 비해 폭발적으로 증가한 것. 이에 앞서 13일 조선 중앙TV는 평양에 있는 인민대학습당에서 26일 오후 4시 ' 사회주의 경제관리 방법을 개선하는 데서 나오는 몇 가지 문제 ' 라는 주제로 김일성종합대 염병호 박사의 강의가 열린다고 보도했다.

그러니까 스위스에서 자본주의를 공부해, 기존의 계획경제로서는 호언장담했던 강성대국건설이 불가능하다는 것을 잘 알고 있는 김정은 정권이 체제의 근간을 흔드는 일명 블루오션전략으로 그 패러다임을 완전히 바꾸겠다는 고등 전술(기술?)을 언젠가부터 결정한 것이 확실하다. 2012년 6월 16일자 일본의 마이니찌 신문이 게재한 1 · 28 김정은 발언록을 보면 28세의 어린 나이로는 믿기지 않을 정도로 북한의 현실을 정확하게 꿰뚫어보고 있었으며, 위의 발언 들을 종합해 볼 때 북한의 개혁이 일회성의 가십적인 선언정도로 거치고 말 일은 결코 아니라는 강한 의지를 엿볼 수가 있다는 것이다. —더군다나 필자는 지난해(2011) 서울과 지방을 오가면서 수차례에 걸쳐 저명한 경제전문가들을 초청하여 포럼을 개최했었는데 세계경제가 위기에서 벗어날 수 있는 3가지 내용 중, 그 중 특히 남북을 통일로 이끌기 위한 가장 크고 바람직한 제1의 내용은 그 어떤 방법도 아류에 불과할 뿐이므로, 북한은 생산 분야의 사유화를 전격적으로 실시해야 하며, 남한은 유통 분야의 공유화를 적극적으로 추진하지 않으면 안 된다는 것이었으며, 생산과 유통의 패러다임을 새롭게 대 전환 시키는 새로운 경제체제, 즉 공생경제를 창출하지 못하면 세계경제의 위기를 극복할 수 있는 새로운 모델을 만들 수 없음과 우리의 양극화문제는 연목구어일 뿐임을 강조했었다. 물론 뒤에 깊이 있게 다뤄지겠지만 제2의 내용은 정부(국가)와 시장(기업)의 관계는 한 가정에 있어서 부자관계와 같이 성장단계별로 변화되는 '보호(|)와 책임(—)의 교류' 를 적절히 배정하듯 해야 하며, 제3의 내용은 절대가치에 의한 국민의식의 고양(인생의 의의, 역사의 방향성 교육)이 뒤따라야 한다는 것이었다.—

정책예방백신을 준비해야

이렇듯 크고 작은 이변들이 연이어 다방면에서 속출하고 있다. 그런데 이 이변들이 앞으로 어떤 양상으로 전개 되어, 얼마만큼의 큰 영향을 가져오게 될 것인가? 하는 것은 그 누구도 정확히 모른다. 다만 필자가 안테나를 최대한 높여서 예측하기로는 그 변화의 크기가 상상을 초월하게 될 것이라는 것이다.

물론 이변이 없어야 하고 조용해야만 하는 것이 옳고 그름은 아니다. 궁극에 있어서 어떤 현상은 결국 결과물 그 이상 이하도 아니다.

우연은 필연의 우연이다. 차원을 달리하여 깊이 분석해 보면, 존재하는 모든 것은 반드시 그 결과에 대한 근본 이유가 분명 존재하게 된다는 것이다. 다시 말해 세상에 공짜가 없고, 원인 없는 결과가 없듯이 어떤 사건의 이면異面에는 오래 전부터 어떤 일의 재창조(미래에 다가올 현상)를 위한 준비가 그 내면에서 은밀히 진행(창조적 설계도에 의해) 되고 있더라는 것이다. 그런 뜻에서 이변은 '미리 보여줌' 이며, '준비하라!' 라는 명령임과 동시에 내일을 위한 예시인 것이다.

밤은 어두운 법이다. 보이지 않음, 즉 혼돈이며 위기이다. 그러나 그 어둠은 내일의 밝은 대낮을 위한 질서적 혼돈, 즉 기회를 가져오기 위한 카오스모스다. 그러니까 이변은 혼돈이며, 위기이며, 보여줌이요, 예시이기에 준비함이다. 따라서 대비해야한다. 독감예방을 위해 백신을 미리 맞듯이 이번 대선과 함께 다가올 한반도와 전 세계에 전개 될 특별히(담이 큰 이도 조금은 놀라게 될)다른 환경을 위한 백신을 지금 준비해야한다. 그렇지 않으면 이번 우리 한국정치에 찾아온 이상한 이변은 어지럼증, 구토, 설사는 약과일 것이며, 기절초풍까지 동반하는 현상이 동시 다발로 발생할지도 모른다. 뭔가 특별한 일들이 준비되고 있음에 대한 경고의 메시지임이 분명하다.

책 제목을「국민생각+ (민주주의 4.0 · 공존주의 1.0)」으로 하기로 했는데, 필자는 위의 제목을 잡기위해 숫한 시간을 매달려야 했다. 민주주의가 국민이 주인 되는 국가이며, 국민이 주인이 되어 국민의 뜻을 대신 집행해 줄 대리인으로서의 지도자를 찾는 것이로구나, 하는 이 간단한 정답 하나를 찾기 위해서 속된 말로 청춘을 다 받쳤다고 해도 과언이 아니다.

막상 책 제목을 찾고 보니 쉬운 일이었지만 그 쉬운 일 하나를 찾기 위해서는 모든 일을 내려놓고 연구와 연구 그리고 또 연구라는 과정을 거쳐야 했다.

넓고 넓은 지구촌과 이제는 그다지 조용하지 않은 한반도에서 일어나는 시끄러운 크고 작은 사건들을 초 긴장상태에서 지켜보고 분석하여 그 속에 숨겨진 깊은 의미를 나름대로 심각하게 해석해야 했다. 그러니까 그 속에 국민은 진정 무엇을 생각하며, 또한 진정 무엇을 바라고 있는가를 알기 위해 골몰했던 것이다. 물론 왜 민주주의를 실천해야하는가에 대한 본질적 물음도 빼놓을 수 없는 큰 과제였다.

18대 대선은 매우 중요한 선거

한 나라의 대통령 선거치고 중요하지 않은 선거가 어디 있겠냐만, 2012년 12월 19일에 치러지는 대한민국의 18대 대선은 매우 각별한 선거가 되리라 예상된다. 기존에 치러졌던 수많은 대선과는 그 차원이 다를 것이며, 그 책임 또한 막중해서 어느 누구 혼자서 큰일을 감당해 낼 수 있을지 벌써부터 걱정이 앞선다.

위에서 간략하게 언급했지만, 18대 대선을 앞둔 한반도의 상항이 예사롭지가 않다. 우리 역사상 이런 혼란과 위기가 또 어디 있었겠나 싶다. 글로벌 경제위기와 북한의 권력변화에 의한 체제변화의 가능성이 피부에 와 닿아 있으며, 남한은 이념문제와 양극화의 갈등으로 민심이 들끓어 기존정치에 대한 불신이 하늘을 찌르고 있는 절체절명의 대위기를 맞이하고 있다. 마치 구 사회주의체제가 육신의 병에, 자본주의체제는 정신의 병에 걸려 있는 것처럼 온 세상이 중병이 들어 신음하고 있는 것이다.

문명의 가속화로 지구는 한 가족처럼 지근거리에 놓여있다고 해야 할 것이다. 왜냐하면 태평양 건너 저편의 멀고도 먼 나라인 미국과 유럽의 경제 위기가 남의 일이 아니라, 곧 바로 내게 그 영향이 미쳐지는 초 현실 속에 살고 있기 때문이다. 이렇듯 세계는 하나가 된 것이다. 88올림픽 때의 슬로건처럼 "서울은 세계로 세계는 서울로!!"

쾌도난마

그래서 필자는 세계 경제 위기의 원인과 안개 속에 쌓인 것처럼 오리무중인 남북관계는 물론이요, 안철수 현상까지 불러온 이상한 우리나라의 정치사 등등 모든 문제들에 대한 원인과 그 해답을 찾아 철저하게 집중분석했다. 쾌도난마라고 했던가? 그러다보니 모든 문제가 하나하나 드러나기 시작했다. 그리고 확실한 실체로 다가왔다, 그런데 놀라운 것은 그 모든 문제들이 각각이 따로 존재하는 것이 아니라, 필자가 자주 사용하는 개념 중의 하나인 모든 것이 시스템화 되어 서로 복잡하게 얽히고 설켜 있다. 다시 말해 하나의 문제 안에 다른 여러 분야가 중첩되어 상호 연관성을 갖고서 존재한다는 것이다.

예를 들면 사회통합문제는 남북통일문제와 세계평화문제를 따로 분리해서 해결해야할 과제가 아니다. 두문제는 서로 밀접한 관련 속에서 긴밀히 연결되어 있기 때문에, 우선순위를 매길 수가 없으며 포괄적 접근, 즉 일명 "그랜드 바긴" 으로 한꺼번에 처리하지 않으면 안 될 사안이다. 이는 하나의 문제가 풀리면 다른 문제도 연계되어 풀리게 되는 구조적 특성을 갖는다는 것이다. 마치 도미노게임처럼 2008년 9월 15일 리먼 브러더스사에 의한 미국 발 금융위기가 유럽과 전 세계를 동시다발적으로 무너뜨리듯 역逆으로 해석하면 답이 보일 것이다.

안철수 현상과 3가지 특징

서강대학교 손호철 정치학 교수는 안철수 현상에 대한 3가지 특징으로 첫째가 한국정치에 대한 절망과 공익에 대한 갈구, 그리고 공공선의 부재에 대한 실망으로 공익적 리더십의 모델이 필요하다고 지적했다. 둘째는 DJ, 노무현, MB 정부도 모두 신자유주의 정책으로 민생문제해결을 실패함으로 인해 국민들이 제3의 대안을 찾고 있기 때문이라고 했다. 셋째는 공감의 정치, 즉 따뜻한 정치에 대한 갈구 때문이라고 논평 했는데, 학자로서 나름대로 그 핵심을 정확하게 간파한 사실적인 분석이라 여겨 높은 점수를 매기고 싶다. 다만 조금 아쉬운 부분이 있다면, 그 3가지 특징의 당위론적 해석을 넘어, 안교수가 주체인 국민들의 바램을 부족함이 없이 어떻게 충족시킬 수 있을 것인가에 대한 비결이나 그 대안적 방법까지도 더 고민해서 제시할 수 있었더라면, 하는 바람이다.

왜냐하면 필자의 눈으로 냉정하게 바라볼 때 그 3가지의 특징은 단순하고 편이한 퍼즐 맞추기가 아니라, 그야말로 그 내용이 어마어마해서 일반적인 경지를 초월하지 않고서는 도저히 국민의 바램을 만족시킬 수 있을만한 근본 해법을 제시하기 힘든 일이기 때문이다. 그런데 안철수 교수가 그 해법을 풀어낼 수 있을지에 대해 의문의 여지가 남는다. 물론 각 분야의 전문가들과 깊은 교감을 나누었을 테지만 과연 전문가들이 사회나 역사, 철학, 경제, 행정, 정책 등… 인문학적 인식의 현상세계를 넘어선 저편, 즉 존재론적 본질에 대한 심원한 지혜를 제대로 감지할 수 있겠느냐는 것이다.

걱정이다. 그 동안의 모든 최고의 지도자들이 왜 끝없는 실수를 반복할 수밖에 없었겠는가? 그들 곁에 유능한 전문가들이 없어서? 아니다. 전문가들조차 볼 수 없는 더 깊고 오묘한 세계가 한 국가를 총체적으로 경영함에 있어서 오롯이 존재하더라는 것이다. 그것을 이제는 볼 수 있어야한다. 그리하여 차기 이 나라를 이끌 지도자는 최대한 정책실수를 줄여 국민들의 바램을 충족시켜줄 수 있어야 한다.

그런데 안철수 교수의 정치적 능력을 미리부터 걱정할 이유는 없다. 안 교수는 수평적 관계에 대한 깊은 관심을 갖고 있는 것으로 잘 알려져 있다. 사실 국민들의 3가지의 바람에 대해 안 교수는 이미 그 바램을 충족시켜줄 수 있는 해답을 적어도 2가지는 제시하고 있다.

그 첫째가 수평적 협력의 리더십인데, 이는 결국 개헌을 통한 분권을 생각하고 있음에 대한 반증으로 보인다.(개헌을 통해 좋은 지도자를 영입-책임총리제)이며, 두 번째가 공공선(기부)에 대한 기대이다. 그리고 아직까지 제시하지 못한 하나가 남았는데, 그것은 다름 아닌 참여정부의 한명숙 전 총리가 5.31 보궐선거 대패 이후 그렇게도 목 놓아 외쳤지만 결국 실패했던 '철학에 기반 한 정책정치' 인 '창조적 공존체제' , 즉 '제3의 길' 이다.

이미 책 제목에서 그 해답이 제시되었듯이 '국민의 생각' 이 그 세 번째의 바램을 충족시킬 수 있게 될 것이다. 다시 말해 대한민국의 차기 대선이 수평성의 어떤 주체와 대상의 협력에 의한 부부와도 같은 역할분담론, 즉 '안철수의 생각' 과 함께 '제3의 길(민주주의 4.0 · 공생주의 1.0)' 이라는 '국민의 생각' 이 준비되어 있기 때문이다.

그리고 얼마 전 종북 문제가 불거지면서 그 백신에 대한 무거운 책임을 안 교수 가 떠맡게 되었는데, 이것은 "요즘 우리 사회에 빨갱이가 어디 있느냐? 그리고 보수와 진보에 대한 얘기는 머리가 좋지 않아서 생기는 결과" 라고 발언한 것에 대한 책임이 아닌가 싶다. 필자는 이 또한 '제3의 길' 이라는 제목의 부제가 붙여지게 된 것과 무관하지 않은 일이므로 걱정하지 않아도 될 일로 본다. 제3의 길 안에는 '영靈철학' 의 다른 이름인 '양미론兩未論' 에 의한 '공생주의共生主義 사상' 이 좌익과 우익은 물론이요, 중도론 까지 무리 없이 아우를 수 있는 새 가치관의 문제가 그 대안으로 명쾌히 제시되어 있기 때문이다.

인물 + 정책정치

지도자를 뽑는 진정한 의미는 지도자가 국민을 대신해서 제대로 된 정책을 창출해 줄 것이라는 기대감 때문이다. 만약 국민이 뽑은 지도자가 또다시 국민이 바라는 정책을 만들어 내지 못한다면, 결국 또 국민으로 부터의 외면을 벗어날 길이 없게 된다. 그렇다면 왜 이런 문제가 되풀이 되는가에 대해 그 근본을 생각해보지 않을 수가 없다. 문제는 인물이 아니라 바로 정책이라는 것이다. 안철수 현상이 기존의 정치인에 대한 실망에서 비롯되었지만, 우리 국민이 현명하다면 그 보다 앞서 우리의 정치가 정치인이 아니라, 왜 정책이라는 이상적인 프로그램과 같은 완벽한 법제화를 꽤하지 못하는가를 자문해야 함이 옳다.

우리국민의 정치에 대한 방법론이 인물중심에 의한 정치에서 한 발자국도 벗어나지 못하고, 왜 또 인물을 찾기에만 얽매여 있는가 하는 것이다. 물론 완벽한 정치적 로드맵을 찾는다는 것이 얼마나 힘든 일이라는 것을 모르는 바는 아니다. 그러나 21세기 문화의 완성기를 맞이하여 다른 여타 분야에서는 인류의 지혜가 존재의 본질을 넘나들고 있지 않은가? 이제 우리 국민들이 지혜를 모아 철학에 기반 한 완전한 정책 패러다임인 '국민생각' 을 준비해야 한다. 그리하여 우리가 뽑은 인물, 즉 지도자가 혹여나 경황이 없어서 잊어버리거나 아니면 우선순위에 밀려 챙기지 못하는 부분들을 국민들 스스로가 준비해야 한다. 그래야 지도자의 실수를 최대한 줄일 수가 있게 될 것이다. 이 준비가 바로 국민생각이다. 시작이 반이다. 지금부터라도 서로의 가슴을 열고 머리를 맞대어 좋은 생각 국민생각을 창출해도 때는 늦지 않았다.

패러다임의 대 전환

제3을 넘어선 '제3의 길' 이라 할 수 있는 '민주주의 4.0 / 공존주의 1.0'

은 21세기를 살아가는 우리의 첫 국민의 생각이며, 새로운 정책 방법론이라 할 수 있다. 이것은 21세기 시대정신이며, 국민들의 진정한 바램인 동서남북, 전후좌우, 즉 종교, 정치, 경제를 전 방위적으로 묶어 포괄적으로 처리한 완벽한 입체적 '정책시스템' 이라 할 것이다. 비로소 지도자와 국민의 수평적 교류를 가능하게 할 새로운 정책정치인 것이다.

「영靈철학(창조와 재창조에 의한 단계별 성장이론 - 권추호 저)」에 의하면 '인류의 역사는 한 인간의 성장이라는 매커니즘을 그대로 닮아 있다.' 라고 했다. 이 말은 우리의 역사는 시계방향을 따라 1인 독점의 절대 권력, 즉 인물중심에 의한 수직적 전제군주제에서, 정책중심에 의한 분권의 수평적 민주제도를 향해 단계별로 발전해온 성장의 역사라는 뜻이 내포되어 있는데, 이제는 우리의 정치가 수평적인 패러다임으로 대 전환을 하지 않으면 안 되는 철학적 증시이다.

권력의 분권은 1차 철학정책(국민생각) & 2차 책임총리

따라서 18대 대선의 화두는 그 가치에 있어서는 위기는 기회로, 혼란은 질서로, 갈등은 공감 등으로 이루워져야 할 일들이 많겠지만, 그 중심인 주인공에 있어서는 '권력의 수직적 독점은 수평적 협력으로' 라는 '철학정책(국민의 생각)과 권력의 분권', 즉 역할분담이라는 화두를 더 크게 삼아야 할 것으로 판단된다. 따라서 혼인, 결혼, 화혼, 장가들다, 시집가다. 신랑, 각시, 남편, 아내 등등…의 개념이 떠오른다. 물론 이 용어들이 여러 의미를 갖고 있겠지만 여기에 철학적 가치를 부여하게 되면 완성기는 혼자가 아니라 둘이 하나 되는 시대이며 누구나 성인이 되면 '수직체계(|)인 부자 · 모녀 관계' 를 떠나 '수평체계(—)인 부부관계' 를 이루게 된다는 보다 깊은 뜻이 담겨져 있다.

정치현상을 구체적으로 상술하면 먼저 국민의 생각(바램)인 정책이라는

'씨' 와 이를 집행할 지도자와의 수평성을 뜻한다고 하겠다. 이것이 일차적으로 집행할 수평이다. 이차적으로 진행할 수평은 정책의 집행과정에 있어서의 역할분담, 즉 1인에 의한 중앙집권적 절대 권력이 아니라, 개헌을 통해 2인에게 권력을 나누는 '분권(이원집중부제)' 으로 볼 수 있다.

다음은 1차적 수평과 2차적 수평의 문제로서 서로 협력관계를 이루게 될 주인공에 대한 역할분담을 규정하는 것으로 서문을 마치고 본문의 분야별 내용을 간단하게 요약하기로 하겠다. 예를 들어 혼인이라는 비유를 들게 된다면, 주인공들 중 누가 남편, 즉 신랑의 역할이며, 누가 아내인 신부의 역할이냐에 대한 주관권을 두고도 고민해보지 않을 수 없는 일이다. 그렇게 쉬운 일은 아니겠지만 그렇다고 그렇게 어려운 일 또한 아니다. 조금 범위를 넓혀 크게 보면 의외로 쉽게 풀릴 수 도 있다.

그리고 혼인의 두 번째 수평성에 있어서는 개헌에 의한 분권이 수평성의 전제조건이 되는 것에 이론異論이 없다면, 분권에 있어서의 대통령은 외교, 국방, 통일 등 외적인 업무를 담당하며, 책임총리는 행정의 전반인 내적인 업무를 책임지는 정치제도, 즉 드골에 의한 프랑스의 제5공화국의 정치모델인 '이원집정부제' 라고 할 수 있을 것이다.

인물은 재창조의 주체요, 신랑이며, 정책(국민생각)은 창조의 주체요 신랑이다.

18대 대선의 새로운 방법론과 주인공은 과연 무엇이며, 또 누구일까? 가 궁금하다. 여러분은 혹 무엇? 누구? 라고 생각하는지? 사상 유례 없는 대혼란을 맞이하여 미래의 대한민국과 한반도, 그리고 세계를 새롭게 리드해야할 역사적인 내용과 인물을 뽑아야할 텐데, 무엇으로, 누가 과연 국운융성이라는 숭고한 사명을 부여받은 이 나라를 이끌어 갈 역사적인 주인공이 되어야 하는가를 자문자답해 볼 때, 필자에게 들려온 내용은 '역할에 따라, 그리고 혼자서는 안 된다.' 라는' 분명한 메세지였다. "백지장도 맞들면 났다." 라는 지극히 평범한 속담은 뒤로 할지라도, 완성기는 둘이서 하나 되는 수평적 결혼기라는 인격적 진리가 든든하게 뒤를 받쳐준다. 혼인, 즉 결혼이 2개체의 하나 됨이라면, 창조적 준비는 정책(국민생각)이 주체이지만, 재창조는 정책 집행자로서의 지도자가 그 주체요, 신랑인 법이다.

인물과 정책은 불가분의 관계다. 목수가 집을 짓기 전에 먼저 주인이 자신이 원하는 집의 설계도를 준비해 건축사 대표에게 넘겨주고서 계획 된 바에 따라 집을 지어달라고 요구하듯이, 이제는 우리정치가 인물을 뽑기 전에 먼저 '정책 청사진' 을 갖춰야 한다. 그래야 지도자인 목수도 일에 대한 지나친 부담으로부터 자유로울 수가 있어서, 소신껏 자신의 역량을 펼칠 수가 있을 것이다. 다시 말해 지도자에게 모든 것을 다 요구할 것이 아니라, 철학에 기반한 정책인 '국민생각' 을 마련해 국민들도 일정부분 책임을 지는, 즉 수평성 정치가 되어야 진정한 민주주의 4.0 / 공존주의 1.0의 정치가 되는 것이다.

국민이 제시한 정책 로드맵을 '대리인' 이 잘 집행 하는가의 진위여부는 설계도를 통해 쉽게 파악할 수 있는 일이며, 지도자 또한 설계도대로 시공하면 되기 때문에, 근거가 불명확한 공약과 당리당략을 위한 기존의 정치적 관행에서 발생하는 정책 예산의 엄청난 낭비(예산의 40%)를 줄일 수도 있으며, 또한 막연한 일에 대한 책임으로부터 자유로울 수 있다. 그래야 국민들도 스스로가 잘못 선택해 놓고, 마음에 들지 않으면 언제 그랬냐는 듯이 지도자의 잘못에 대한 책임을 추궁하는 추잡하고 미개한 3류 코미디정치로부터 이제는 시급히 졸업해야 한다. 답안지가 없는 시험은 무력과 권모술수가 정답인 법이다.

따라서 답안지로서의 정책정치인 '철학에 기반 한 완전한 국민생각' 을 집행해 줄 수 있는 자질을 충분히 갖춘 인물을 이제는 제대로 선택해야 한다. 사실 그동안의 정치적 관행은 민주주의의 진정한 주인인 국민이 주도해서 세운 후보의 추천과 선택이 아니었다. 단지 국민은 정당의 무리인 정치인들에 의해 일방적으로 결정하고 선정 된, 몇 몇 후보 중 한 사람을 선택하는 거수기의 자유일 뿐이었다. 일명 무력정치의 뒤를 이은 정당정치, 인물정치, 금권정치가 만들어 낸 민주주의 1.0, 2.0, 3.0이었다.

이제 창조적 관점에서 볼 땐 정책이 주체요, 인물이 그 대상인 진정한 민주주의 4.0의 시대의 개화기가 도래하고 있다. 안철수 현상은 과거 정치에 대한 반작용의 결과, 즉 구 정치에 대한 반발심이며, 염증의 결과임은 분명한 사실이다. 이러한 시대적 환경에도 불구하고 국민들의 바램을 충족시켜 줄 수 없는 지도자가 또 탄생되는 일은 없어야 할 것이다. 따라서 '안철수의 생각' 과 '국민의 생각' 에 어떤 차이가 있는지 무엇이 더 완벽한 내용을 갖췄는지에 대해 지도자와 국민들은 각각 무엇을 책임 해야 하는지에 대한 심도 있는 비교 분석과 역할분담이 긴급히 요구 된다.

기성 정치적 책임으로부터 조금은 자유로운 인물

분권의 수평적 대상 또한 관심사이다. 기존의 정치권에 대한 불신이 기형적 정치현상을 가져왔지만 정치는 현실이다. 정치는 종교와 경제를 연결하는 가교라고 했듯이, 그 순수와 정글의 중간에서 얼마나 적절한 조화를 이루느냐가 관권이다. 따라서 분권의 수평적 대상인 책임총리의 자리는 순수만으로는 안 된다. 그렇다고 정글만으로도 안 된다.

순수와 정글을 동시에 소통할 수 있는, 즉 기존정치의 스펙을 갖고 있으면서도, 과거 청치적 책임으로부터 조금은 더 자유롭고, 덜 때 묻은 그런 인물이어야 한다. 왜냐하면 우리정치의 큰 요구가 기존의 정치인에 대한 불신과 염증에 기초하고 있으며, 그리고 정치적으로 어린자녀(국민)에게는 때때로 방편으로서의 '선의 거짓말' 이 필요하기 때문이다.

이미 답은 나와 있다. 이번 18대 대선의 주인공은 정책인 국민생각이 주체요, 신랑이며, 국민생각을 잘 집행해줄 대리자로서의 지도자가 그 대상이요, 신부이다. 신부를 맞이함에 결코 소홀이 해서는 안 된다. 그 신부 또한 그 자리를 쉽게 생각해서도 아니 될 일이며, 나라의 주인인 국민들이 알찬 씨(정책)를 준비하고 있는지의 여부를 꼼꼼히 챙겨야 할 것이다. 한 나라의 미래가 준비 된 정책과 지도자의 선택에 달려있다.

국민생각은 그 씨를 먼저 준비한 연후에 참신한 신부, 착하고 성실하며, 누구보다도 국민생각과 잘 맞는 색시 감이 누구인지를 심사숙고해 선택해야 할 것이다. 그리고 국민들로부터 선택 된 대상인 신부는 재창조의 주체인 신랑으로 주관권을 전도하여 희망찬 내일을 향해 대한민국호를 잘 이끌어야할 것이다.

02 소통, 통합, 통일, 유통과 금융개혁 & 제3의 길

이 책을 1부 소통, 2부 통합, 3부 통일, 4부 유통과 금유개혁 & 제3의 길로 나누어 실었다. 필자는 이 책에서 통합 없는 통일도 통일 없는 통합도 결코 불가능하며, 통일과 통합은 소통할 수 있는 '제3의 모델', 또한 만들어내지 않고서는 요원한 일이다. 사실 소통疏通이나 통합, 통일 그리고 '제

3의 길' 이라는 내용들이 각기 어떤 차별성이 특별하게 있는 것도 아니다. 어떻게 보면 이것들은 서로 시스템에 의해 맞물려있는 것들이어서 따로 떼어놓을 수 있는 사안이 아니지만 그래도 편리상 구분해서 실었다.

그리고 각 부 마다 서로의 역할, 즉 '영靈철학' 의 역할, 대통령의 역할, 책임총리의 역할이 나눠질 수 있겠지만 때로는 서로 협력해야 할 부분이 많기 때문에 딱히 큰 구분은 할 수가 없다. 다만 사안에 따라 그 비중에 차이가 있을 것 같아서 '영철학' 의 역할부분은 A로, 대통령의 역할은 B로, 책임총리의 역할은 C로 약칭하여 일의 우선순위를 각 부의 머리에 기록해 두었다.

1부에서는 소통 - [A,B,C]이라는 부분을 중점적으로 다뤘다. 목적 완성이라는 "담대한 희망(Audacity of hope-오바마)" 을 향해 나아가는 항해와도 같은 인류의 역사가 아직 이상향에 도달하지 못함으로 인해, 그 과정에서 토해낸 배설물들이 소통을 방해하는 파편이 되어 여기 저기 늘려 있다. 우선 '국가체제' 의 불합리가 갖는 사회적 갈등이 얼마나 깊으며, 또한 얼마나 상당한 위험에 놓여있는가? 지금 우리는 그것으로 인한 사회적 비용을 얼마나 낭비하고 있는가 하는 것은 굳이 냉전이데올로기를 들춰내지 않아도 이해하리라 믿는다.

사회주의의 붕괴 이후 위기를 느낀 자본주의의 두 지도자(클린턴과 토니블레어)에 의해 그 대안이 되리라 믿고서 서둘러 '제3의 길(The Third Way)' 을 띄웠지만 조급하게 급조한 나머지 '제3의 경제학' 을 창출하지 못하고 유럽을 배회하다가 소리 없이 사라져버렸다. 그리고 뒤이어 발발한 미국 발 금융대란으로 그 여파가 EU를 지나 전 세계를 심각한 위기 국면(일명 금융세계 1차 대전, 즉 차원이 다른 3차 세계 대전)으로 내 몰게 된 것이다.

그리고 인류의 저급한 사유체계 또한 '책임 없다' 할 수 없을 것이다. 필자는 제3을 넘어선 '제3의 이념' 이라 할 수 있는 「영靈철학 (참본성, 참자아, 一

心, 神性)」에서 '양미론' 에 의한 새 가치관을 설파했다. '양미론兩未論' 은 새로운 가치철학으로서 '우리' 와 '함께' 라는 '공생' 의 사상이다. '양비론兩非論' 처럼 너와 나로 갈라놓는 이원론적인 사상이 아니다. 따라서 '양미론' 은 높고 낮음만 있는 사상이다. 나와 생각이 다른 존재를 인정하지 않고 적대시하는 빈곤한 사유의 유산인 '양비론(2원론)사상' 을 뛰어 넘은 새 사상으로서, 여기에는 모든 이데올로기, 즉 좌익과 우익, 그리고 중도론 조차 그 의미를 잃게 된다. 그 뿐만이 아니다. '양미론' 은 그 동안 인류의 문화사를 이끌어 왔던 근본 뿌리인 모든 위대한 경전종교의 해석의 방법론을 새롭게 제시 한다.

'소통疏通' 은 '통섭通涉' 이다. 소통이론의 전문 학자인 에드워드 윌슨의 '통섭統攝' 이 아니라, 최민자 교수의 '통섭通涉' 과 그 맥을 같이한다. 다만 영철학적 소통은 그 구체성과 학문적 체계성에 있어서 두 통섭과는 분명 다르다.

윌슨의 '통섭' 과 최민자교수의 '통섭' 은 본문에서 보다 더 심도 있게 다뤄지게 될 것이다. 고인故人이 된 스티브 잡스의 위대성은 다른데 있지 않다. 누구나 사용하기에 편리하고 쉽게 복잡한 기술을 단순화 시킨 것에 있다. 그것은 발상의 대 전환이라는 창조적 기능을 통하여 가능했으며, 인류의 문명을 한걸음 진일보 시키는데 큰 업적을 남겼다. '영靈철학' 의 소통의 개념도 이와 같다고 할 것이다. 진리를 바라보는 새로운 방법, 즉 누구나 쉽고 빠르게 접근함과 동시에 이것을 생활 속에서 직접 활용하는 보편적인 방법론의 발견인 것이다. 새로운 진리를 만든 것이 아니라. 이를테면 새로운 방법론을 통하여 너무나 쉽게 그 본질의 세계에 도달할 수 있는 기술의 발견인 것이다. 이로써 새로운 사회체제인 '공생주의' 의 창출과 함께 인류의 정신세계를 대 변혁하고 '신新 인류의 탄생' 을 견인하는 새로운 인류의 정신문화사가 시작 되게 될 것이다.

2부 통합 - [B,C,A]의 장에서는 통합과 관련 된 이 시대 최고의 석학들이 내어놓은 학술회의 자료집을 토대로 필자의 창조적 비판이 어김없이 가해진 내용들을 가감 없이 실었으며, 그리고 진정한 사회통합의 방법론은 어떻게 해야 하는가를 존재세계와 현상세계와의 원활한 교류를 통하여, 인간의 이원적 심리, 즉 개인적 심리와 집단적 심리는 물론이요, 총체적 사회현상과 정책(국가체제)까지 새롭게 시스템을 구축하여 심도 있게 분석했으며, 그 해결의 방법론 까지 구체적으로 제시한다. 여기서 총체적 사회현상이란? 종교, 정치, 경제 등의 모든 것을 말하며, 각 분야에 있어서의 역할분담과 함께 유기적 연결성의 중요함이 포함되어 있다.

3부는 통일 - [B,A,C]에 관련된 다양한 의견들과 방법론들을 입체적으로 다뤘다. 여기에는 통일에 대한 총론과 함께 각론적 성격을 갖는 것들 까지도 빠짐없이 실었다.

남북통일은 너와 나의 하나 됨을 넘어 종교, 정치, 경제를 총망라한 다양성과 복합적인 문제들에 대한 종합적인 통일이다. 따라서 통일은 일반적인 지식의 나열이나 인간적인 경험의 '학이지지學而知之' 나 '생이지지生而知之' 가 아니라 존재론적 본질에 근거한 지성적 지혜, 즉 '천이지지天而知之' 의 경지를 요구하는 실로 엄청난 과제를 필요로 하는 것이다.

위에서 언급했지만 지금 전 세계와 우리 한반도의 상황이 예사롭지가 않다. 동시성同時性이라고나 할까 마치 8.15 광복 이후의 혼란처럼, 아니 여말선초麗末鮮初와도 같이 국가적 무질서와 함께 우리 내부에서는 계층간, 세대간, 지역간의 갈등의 골은 점점 더 깊어만 가고, 서민들의 가계는 자꾸만 쪼그라드는데, 여야 정치인들은 이에 아랑곳하지 않고 각각 정권창출에만 열심이다. 그리고 북에서는 가공할 핵실험과 강성대국 건설에 여념이 없으며, 남에서는 세계적인 금융위기를 덤으로 맞이하여 경제는 침체의 늪으로 빠져 들어가고, 매일같이 우울한 정보들만 쏟아져 나오는 현실은 '공생' 에 대한 새로운 방법론의 출현을 절실히 희망한다고 하겠다. 가히 한치 앞을 가늠할 수 없는 고민되는 형국이다.

하지만 최근 들어 남북통일을 이루기 위해서 필수적으로 수반되어야 할 본질적인 내용에 대한 희망의 봉화가 동시에 여기저기서 모락모락 피어오르는 현상이 일어나고 있다. 물론 남북통일이 "맹수촌에서 거행되는 토끼의 재혼혼례" 라는 도올 선생의 명언에서 보듯이 한반도를 둘러 싼 강대국들의 협조(동의)가 따라야 가능한 일인데, 자연스런 동의同意 현상, 즉 그렇게 우위를 자랑하던, 강대국들의 국가체제가 작동을 멈추고 이상 징후가 나타나고 있다. 일부는 이미 지리멸렬 했으며, 나머지 일부 중 가장 강력한 나라가 금융대란을 맞이하여 기존의 자본주의체제를 대 전환하지 않으면 안 되는 국면에 놓여있다는 것이다.

그리고 당사자인 북한은 그동안 굳게 걸어 잠궜던 공산체제의 빗장을 열기 시작했는데, 그것이 곧 자본주의 방식인 생산의 사유화, 즉 협동농장의 사유화 선언이다. 여기서 조심해야할 것은 '생산 분야' 에 관한 '자본주의 방식' 일 뿐 분배, 즉 '유통 분야' 에 까지 자본주의 사유방식을 허락한 것이 아니라는 사실이다. 그런데 남쪽에서도 흥미로운 일 하나가 요원의 불길처럼 번지고 있는데, 그것이 놀랍게도 유통분야에 대한 갈등이다. 그러니까 재래시장과 대형마트, SSM 간의 대립이다. 그리고 유통의 독과점으로 인한 유통체계의 불합리는 물가상승을 유발시켜 소비자들의 원성을 사고 있다는 것이다. 여기에 더하여 '유통산업발전법과 FTA 협정문과의 상충' 이라는 문제가 하나 더 있다는 것이다.

필자는 남북통일의 절대적 조건은 북한은 '생산의 사유화' 와 남한은 '유통의 공유화' 임을 설파했다. 그렇지 않은 그 어떤 방법도 통일과는 무관하며, 오히려 갈등을 더 조장시킬 뿐이라는 사실을 앞에서 언급했다. 남북분단의 근본 원인은 재산의 사유와 공유에 대한 경제 정책의 문제였다는 것이다. 남자와 여자의 역할이 밤과 낮의 역할처럼 각각 다르듯이, 생산과 유통의 역할을 나누어 생각하지 못하고, 그것을 하나로 묶어서 처리하는 근시안적인 사유의 결과에 의해, '사유화는 자본주의' 를 '국유화는 사회주의' 를 각각 잉태하여 38선이라는 철조망을 한반도의 허리춤에 둘러치고 지금 까지 반세기를 넘게 신음하며 쓰디쓴 고통을 감내해 왔던 것이다.

통일의 기운이 꿈틀거리고 있음이 분명하다. 놀라운 일이 아닐 수 없다. 통일의 A급 태풍이 지금 태평양 한복판에서 발생하여 남중국해를 거쳐 며칠 후면 우리의 한반도를 강타하기 위해서 빠른 속도로 올라오고 있는 것이다. 통일재해대책본부라는 기구를 서둘러서 꾸려 만전의 대책을 기해야 할 텐데 걱정이다. 강대국의 준비도, 북녘의 준비도 끝났는데 남쪽은 언제부터 통일을 위한 '유통의 공유화' 라는 통일의 필수 도구를 손질할 것인지 그 귀추가 주목 된다.

마지막 4부에서는 유통과 금융개혁 & 제3의 길 - [C,B,A]에 관련된 내용을 발상을 전환하여 새롭게 업그레이드 시킨 '창조적 경제학' 의 구체적인 시행 방법에 관한 것들이다. '공생주의 1.0' 을 위한 그 첫 걸음으로 손색이 없을 귀중한 정책이 될 내용들이다.

유통산업발전법(유통법)의 제정으로 대형마트와 SSM의 재래시장의 진입규제(1km 이내)와 각 지방단체에서 한 달에 두 번 이상 시행되고 있는 의무휴일제와 대형 유통업 당사자들의 반발로 우리나라의 유통시장이 몹시 내홍을 겪고 있다. 그런데 한 - EU와 한 - 미 FTA 발호로 유통산업발전법과 FTA 협정문과의 상충이 발생하게 되어 또 다른 마찰이 예상되고 있다. 언젠가는 해결하고 넘어가지 않으면 안 되는 중요한 과제임이 분명하다. 물론 아무런 해법이 없는 것은 아니다. 어떤 시각으로 보느냐에 달려있는 것이다.

재래시장과 유통산업발전법 그리고 FTA 협정문으로 복잡하게 얽켜 있는 사안을 동시에 해결할 수 있는 새로운 방법론이 아니면 안 된다. 그 해법은 역할분담 경제론이다. 생산과 유통의 역할분담론에서 볼 때 '유통의 공유화' 를 통한 재래시장의 환경을 혁신하지 않으면 안 된다. 어쩌면 경제의 근본구조와 경제방식의 한 축을 흔드는 방법임이 분명하다. 이것은 마치 북한의 김정은 정권이 "자본주의식 개혁을 논의하라" 와 "협동농장의 사유화를 선언" 한 것과도 같은 가공할 정책적 시도일지도 모를 일이다.

금융의 붕괴로 인해 정부로 부터의 '구제 금융' 과 '지급보증' 을 받기까지 이른 미국과 EU의 은행과 펀드는 물론이요, 재래시장 보호를 위한 유통산업발전법의 제정에서 보듯이 한치 앞을 내다보지 못하는 정치지도자들의 무지와 무책임에 의한 주인 정신의 결여가 얼마나 국민의 세금인 국가예산을 낭비하는 비효율적인 행위를 저질렀는가를 분명하게 인식해야한다. 국민과 국가를 위해 고민하는 진정한 주인정신을 갖지 않으면서 지도자의 자리를 꿈꾸는 것은 세상에서 가장 위험한 일이요, 중대한 범죄행위이다. 금융이 투기자본이 되어 생산적 활동을 할 수 없게 방지를 시켰더라면, 또한 유통산업발전법을 제정하기 전에 조금이라도 더 깊이 생각했더라면 그 노력을 보다 더 다른 급한 일에 쏟을 수 있었을 것이다.

예를 들어 다음과 같이 전국의 재래시장을 혁신(현대화)하여 '종합쇼핑타운' 으로 변모시켜 쇼핑의 환경을 기존의 백화점이나 대형마트, SSM보다 더 쾌적하고 안락한 환경으로 탈바꿈 시킨다면, 그리고 '유통의 공유화(유통공사를 새롭게 창설 또는 기존의 유사한 기관을 업그레이드)' 를 통한 직거래를 정책적으로 활성화 시킨다면, 가격경쟁은 물론이요 물가안정을 통한 경제성장에도 괄목할 만한 발전을 보장받게 될 것이다. 그렇게 되면 취약한 환경과 서비스의 질적인 하자로 인해 자주 찾는 일을 꺼릴 수밖에 없었던 재래시장은 더 이상 유통법의 도움을 필요로 하지 않게 될 것이며, FTA의 협정문과의 상충문제도 자연히 해소 되게 될 것이다.

그리고 외국의 대형마트들은 우리의 시장을 넘보기 위해 깊은 고민을 요할 것이며, 역으로 우리의 '공유유통 마케팅 전략' 으로 새로운 개념의 '마트(mart)' 를 전 세계로 진출시켜 세계시장 곳곳을 무리 없이 입성시킴과 동시에 우리의 '선진 경제 기법(제3의 모델)' 을 전수하여 세계경제의 위기로 고통 겪고 있는 인류를 구출해 인류의 '공존共存' 과 '공생共生' 을 실현시키는데 역사적인 공헌을 할 수도 있을 것이다.

역할분담이론은 동양사상적 가치를 넘어 서구 유럽에서 유행 된지 어언 20여 년이 넘었다. 그런데 필자는 왜 경제와 관련된 역할분담론을 서구의 '2분법' 적 사유의 달인들이 아직 까지 발견하지 못하고 있는지 이해가 되지 않는다. 나라가 파국으로 가는 길을 막지 못하게 시쳇말로 눈에 콩깍지를 스스로 자청해서 끼이게 한 것은 아닐 런지? 아니면 조용한 아침의 나라에서 일어나게 될 일명 '복잡계시스템이론' 과도 같은 '단계별 성장, 그리고 음성과 양성의 역할' 에 의한 입체적 '역할분담 경제론' , 즉 새로운 '제3의 길' 이라는 큰 변화를 통해 세계의 경제 질서를 새롭게 이끌게 하기위해 눈을 감겨 놓지 않았다면 이미 세계 제일을 자랑하는 아니, 금세기 최고의 유명한 경제학자들과 월스트리트를 쥐고서 미국의 정부를 좌지우지하는 신시장자유주의의 본산이자 시카고학파를 배출한 지구촌 최고의 장자의 나라에서 부터 먼저 정책화 되어 새 경제역사를 쓰고 있을 텐데 말이다.

'창조와 재창조에 의한 역할분담이론' 에 입각해서 본 금융은 궁극에 있어서 유통분야이다. 금융은 조절기능, 즉 생산의 주체인 기업을 위한 에너지 원소로서의 보조 기능일 뿐, 금융자본이 직접 이윤추구를 위한 생산적 투기시장에 뛰어들어서는 안 된다. 사회주의처럼 생산기능인 기업이 국가의 계획경제에 의해 강한 규제를 받게 될 때 결국 그 역기능 —경쟁 없는 조절기능— 이 발생하여 사회주의가 붕괴할 수밖에 없었듯이, 조절기능으로서의 금융이 국가의 규제 없이 고삐 풀린 망아지가 되어 생산기능(모지기론 / 이익

추구를 위한 무분별한 파생상품을 출시-이익추구)으로 그 역할이 바뀔 때, 오히려 자신의 발등을 찍는 금융위기(자본주의 붕괴)를 불러들이게 된다는 것은 불을 보듯 훤한 것이다.

이것을 두고 세계적인 경제학자들은 "경제의 위기는 철학의 부재에서 기인된다." 고 경고했었는데, 어쩌면 오래전에 이미 지금의 금융위기는 예견된 것이었다고 할 것이다. 그리고 멀리 보면 그렇게 부정적으로만 볼일도 아니다. 충분한 경험 또한 새로운 방법론에 대한 희망으로 나타나게 될 가능성도 안고 있는 것이다. 우리는 이것을 타산지석으로 삼아서 보다 더 발전적인 길로 우리나라는 물론이요, 전 세계 인류의 문화의 진일보를 이끌어야 할 것이다.

03 자본주의 4.0 공존주의 1.0

종교가 창조적 형이상학의 세계에 있어서 모든 존재세계의 본질적 뿌리임은 그 누구도 부정하지 않을 것이다. 정치 또한 종교와 정치를 잇는 매개체로서 그 역할의 중요성을 간과해서도 안 될 것이다. 왜냐하면 저 존경하는 버틀란트 럿셀 경이 "철학은 신학과 과학을 잇는 가교이다."라고 한 것을 사회과학적 현실에 대입하게 될 때, '정치는 종교와 경제를 잇는 가교이다.' 라는 등식이 성립하겠기 때문이다. 그러나 형이하학, 즉 물질세계를 뜻하는 현실에 있어서의 경제는 모든 사회현상을 움직이는 조직의 근본 기초이자 혈액과 같기에, 경제문제의 중요함은 재론의 여지가 없다.

유사 이래로 경제문제는 우리인류의 오랜 역사와 함께 동고동락해온 1차적 생명의 뿌리이다. 필자는 얼마 전 경제포럼 문제를 의논하기 위해 'M(메커니즘)경영 이론' 의 세계적인 대가이신 서울대학교 경제학과 조동성 교수를 그의 연구실에서 만나 '역할분담이론' 의 필요성을 제의했었다. 물론 아나톨 칼레츠키의 「자본주의 4.0」에서 제기하는 일반적인 개념의 정부와 시장의 역할이론이 아니라 보다 철학적이고 고차원적 가치에 의한, 즉 단계별 성장에 의한 보호와 책임의 변화 법칙에 의한 정치와 경제, 정부와 시장, 대기업과 중소기업은 물론이요, 생산과 유통, 그리고 소비에 대한 존재론적 가치의 역할분담론 임은 두말할 나위가 없다.

본문에서 더 구체적인 내용이 밀도 있게 다뤄지겠지만 간략하게 요약하면 이런 것 들이다. 존재하는 모든 것은 미완성으로부터 출발하여→ 중간과정을 거쳐→ 완성을 향해 성장 발전하는 매커니즘을 갖기 때문에, 경제에 있어서 「정부와 시장」, 그리고 「생산과 유통」분야를 나눌 수 있는데, 그 중 정부와 시장 문제는 '한 가정을 비유할 때 부모와 자녀의 관계' 와도 같이 정부는 국가가 이상사회(복지)가 되고, 국민의식이 '윤리경영' 을 가능하게 하는 높은 의식(새 가치관)이 보편적 기준이 되기 전 까지는 어린 자녀를 부모가 보호하듯이 국가(정부)가 시장을 보호해야하며, 적절한 규제와 개입은 절대적이라는 것이었다. 더불어 기업의 역할(역할분담 기업론)에 있어서도 미성년자(동생)는 가정 안에서의 생활이 주가 되고, 청 · 장년(형님)이 되면 바깥 활동의 비중이 늘어나듯이, 대기업(형님)은 국외의 글로벌기업과의 경쟁이 주가 되고, 중소기업(동생)은 내수시장을 맡아 국내의 산업을 튼튼히 키우는 일에 그 역할을 각각 나누어 맡는 것이 이상적인 조직이 될 수 있을 것이다.

그리고 경제의 한 다른 분야인 생산과 유통, 그리고 소비 문제는 부부관계와 같이 생산은 선의 경쟁이 효과적이기에, 도전적인 남성성과 같은 사유화가 장점이며, 유통은 조절(전달)기능을 갖기에, 경쟁보다 나눔을 통한 따뜻한 여성성과 같은 '공유화(국유화의 분배와 다름)'를 통한 '윤리경영(최소 이윤제)'이 장점이다. 소비도 책임성 있는 소비를 위해 유통의 공유화로 인해 얻게 되는 구매소득의 1/10을 적립해 소비자의 이름으로 기부하는 '의무기부구매소비제도'를 새롭게 창출하게 되면, 기존의 경제이론을 넘어선 경제방식을 통한 생활정치, 즉 '제3의 길(공생주의 1.0)'이라는 종교, 정치, 경제가 상호교류적 시스템으로 연결된 새로운 '창조적 공생경제'를 화려하게 열 수 있을 것이었다.

1997년 치욕적인 IMF를 맞이한 우리나라는 IMF의 요구와 경제민주화를 외치는 좌파 신자유주의자(민주당)들에 의해 몇몇의 대기업(대우, 쌍용 등)이 해체되어 티끌처럼 날아가 버렸다. 그리고 대부분의 재벌 그룹은 '단기이익'과 '캐시 플로(cash flow)'에 눈먼 '주주자본주의'의 국내외 '투기자본'의 침투로 대부분의 주식이 잠식당하여 대기업의 오너는 경영권 방어에 급급한 나머지, 중소기업을 옥죄고 심지어 서민의 골목상권 까지 침범할 수밖에 없게 만들었다. 그리고 우파 신자유주(현 여당)의 시장경제를 주장하는 정치지도자 역시 아직도 정확한 경제정책에 대한 로드맵을 제대로 갖추지 못하고 있으며, 지금도 개념 없이 진행되고 있는 민영화의 위험성 때문에, 기존의 우파 세력과 차별화를 선언한 '신新 우파(새누리당)' 조차 경제민주화를 부르짖을 수밖에 없는 이상야릇한 상황인데도 불구하고 누구하나 이런 이변에 대해 올바른 해석을 내어놓지 못하는 웃지 못 할 현실은 우리를 슬프게 한다.

다행히도 요즘 영국의 캠브리지 대학의 경제학 교수로 재직하고 있는 세계적인 학자 장하준 교수를 주축으로 정승일 정치경제학 박사, 이종태 저널리스트 등 젊은 학자들이 얼마 전부터 '복지국가소사이어티' 라는 사회단체를 설립하여 나름대로 좌파 신자유주의와 우파 신자유주의를 넘어선 새로운 학풍을 자발적으로 일으키면서 강좌를 열고 저술활동 까지 열성적으로 벌이고 있어서 그나마 다행이며, 그 결과가 자못 기대된다. 그러나 이들과 함께 그 방법론이 대동소이 하다라고 할 수 있는 탁월한「자본주의 4.0」의 저자이며, 미국의 타임스(The Times)의 경제 분야 총괄 에디터 아나톨 칼레츠키(Anatole Kaletsky) 또한, 외람되지만 필자에 의해서 고안 된 제3을 넘어선 새로운 제3이라 할 수 있는 '종교적 정치경제' , 즉 '제3의 길(공생주의1.0)' 에 대한 고차원적 세계관과 새로운 방법론에 대한 깊은 연구가 있어야 할 것 같다.

이 책의 중심 내용은 포괄적인 개념으로서 '제3의 길' 이지만, 대한민국의 정치적 '민주주의 4.0 또는 공생주의 1.0' 에 대한 오늘이 있기까지와 진정한 '민주주의 4.0' 은 무엇인가에 관한 내용이다.

여기서 사용되는 민주주의 4.0과 공존주의 1.0은 이름만 다를 뿐 같은 개념이다. 완성은 새로운 시작을 의미한다는 뜻에서 그렇다. 그리고 공존주의는 정치적으로 사용되는 개념이며, 공생주의는 경제적으로 주로 사용되는 새로운 개념이다. 존재하는 모든 것, 즉 역사는 창조 후 재창조를 거쳐 단계별 성장이라는 매커니즘을 갖고 수직적 전제군주 체계에서 시계방향을 따라 수평적 민주주의 체계를 향해 진행되는 법이다. 그 누구도 이와 같은 창조적 질서의 비타협적이면서 초월적인 힘에 의해 이루어지는 일방적인 패턴을 거부할 수 없다. 다만 그 형태에 대한 모양을 조금 변모시킬 수 만 있을 뿐이다.

'민주주의 4.0(공존주의 1.0)' 은 큰 담론을 내포하고 있다. 따라서 민주주의 4.0은 정치만의 담론이 아니다. 그러니까 민주주의 4.0은 종교와 정치 그리고 경제의 시스템적 관련성에 관한 입체적인 담론을 기초로 한 터전위에 성립되는 개념이다.

위에서 창조와 재창조라는 개념을 상정했었는데, 민주주의 4.0은 창조라는 종교적 목적성과 재창조라는 정치적 지향성과의 조우, 즉 만남을 목표로 성립되는 개념이다. 다시 말해 종교는 창조적 목적을 실현시키기 위해 연역적인 방법으로 이 땅을 찾아내려오고 있는 중이며, 정치는 창조 목적을 향해 귀납적인 방법으로 하늘로 찾아올라가고 있다는 것이다. 따라서 민주주의 4.0은 각각 상이한 서로의 방법론을 하나로 일치시키는 것을 전제로 성립되는 개념이다.

더불어 정치적 중요성이 다른 여타분야보다 그 역할이 크다는 전제하에, '민주주의 4.0(공존주의 1.0)' 은 거대 담론이기 때문에 건축에 있어서 골조공사와 같은 거시적 국가의 종교, 정치, 경제의 체제를 다룬다. ' 민주주의 4.0 '에서 각론이나 임시방편에 가까운 사안들을 기대하는 일은 현명한 일이 아니다. 예를 들어 '민주주의 4.0' 은 건물에 있어서 건축의 양식과 기초가 되는 골격 등 총론 같은 큰 담론들, 즉 위기에 처한 민주주의 체제의 새로운 방법론, 남북통일이 가능하기 위해서 어떤 체제를 선택해야 하며, 경제제도는 어떤 새 방법을 수립해야 하는가? 종교 또한 원시공동체 종교에서 경전종교를 거쳐 인격종교라는 높은 차원으로 옮아가기 위해서는 어떻게 되어야하는가? 와 같은 그야 말로 철학적인 '거대 담론' 을 논한다.

따라서 '민주주의 4.0(공존주의 1.0)' 에서 인테리어 분야에 해당되는, 즉 선택적 사항에 속하는 기술적인 부분인 공천의 방식과 선거의 방식, 대기업 출자총액제한과 내부거래의 금지 또는 폐지와 복지의 방식 등, 그런 악세사리 같은 것들을 선택하기 위한 미시적인 사안들은 민주주의 4.0에는 전혀 맞지 않다. 따라서 '민주주의 4.0(공존주의 1.0)' 은 종교와 정치, 정치와 경제, 경제와 종교의 상관관계와 시스템적 교류와 같은 총론을 통해 지금 전

세계가 겪는 위기의 근본 원인을 밝혀내어 그 해답을 구하기 위한 담론이다. 선택적 사안에 해당하는 미미한 각론은 자유의지일 뿐, 지금의 글로벌 위기에 대한 대안이 될 수가 없다. 다음 내용은 '한국 민주주의 4.0' 을 위해 지금 우리에게 무엇이 필요한가를 이해하는데 도움이 될 선진민주주의 미국의 사례이다.

2002년 미국의 대선에서 조지. W. 부시 행정부와 개신교 복음주의가 연합하면서 부시는 "역사는 우리가 선택하는 것이 아니라, 신神의 뜻대로 움직이는 것이다." 라고 했으며, 백악관의 정책 보좌관 마이클 거슨은 "정치에서 종교적 이상에 관한 부분이 빠진다면, 우리역사에서 중요한 원천을 제거하는 것과 마찬 가지다." 라고 했다. 또한 「목적이 이끄는 삶」의 저자 릭 워렌도 "인생의 의미는 신神의 사명을 따름으로써 구현 된다." 고 역사의 목적과 방향성을 알아야함을 역설하였다.

또한 그들의 결합에 대하여, 미국의 저명한 저널리스트 윌리엄 파프는 "종교와 세속적 메시아관념의 접합은 유례 없는 일이다." 라고 하였는데, 필자가 볼 때 이는 정치적 블루오션전략(Blue Ocean Strategy) 으로서 21C의 정치가 보다 완성된 정책 프로그램과 목적성을 갖기 위해서는 인물에 의해 주도되는 정치를 지양하고, 궁극적 목적에 대한 '청사진' 과 철학적 비전을 제시하는, 즉 종교적 정치경제에 대한 시스템철학정책, 즉 '민주주의 4.0(공존주의 1.0)' 이라는 새로운 정치모델을 찾기 위한 미국다운 발상임에는 의심의 여지가 없다는 것이다. 다만 그들은 그 방법을 더 이상 찾지 못하고, 누군가가 그 자리를 대신해주기를 바라는 애태우는 심정권에 놓여있지 않나 하는 조심스러운 판단을 내릴 수밖에 없다. 이것이 우리도 바라고 세계가 꿈꾸는 '민주주의 4.0(공존주의 1.0)' 이다.

이렇게 한국의 '민주주의1.0' 은 인류의 문화 역사의 시작과 함께 수 천년을 돌아 1945년 8. 15 해방 이후 도둑처럼 우리 곁을 찾아왔다. 전제군주제였던 조선왕조의 종언이 없었더라면 언감생심, 절대 불가능한 일이었다. 그 이후 비로소 국민국가로서의 민주주의의 '씨' 가 이 땅에 뿌리를 내리고, 그리고 헌법을 제정하고 국민국가로서의 형태를 만들어 가기 시작한 우리 정부는 '민주 공화국 1.0' 을 시작으로, '민주화 정부 2.0' 에 이어, '참여와 선진화 정부 3.0' 를 거쳐 차기의 18대 '책임정부 4.0' , 즉 국민이 주인 되어 국가를 책임지게 될 '주인정부' 요, '책임정부' 이며, '민주주의 4.0' 이라는 '수평적 민주국가' 인 '완성된 민주국가' 를 목전에 두고 있는 것이다.

그동안 우리 국민들은 '머슴정치 1.0' , '아들정치 2.0' , '반 주인정치 3.0' , 시대를 돌아 진정한 '주인정치 4.0' 시대를 이제 얼마두지 않고 있다. 민주정치의 과정을 인격적 매커니즘에 비유하면, 부모의 절대적 권위를 필요로 하는 '유아정치 1.0' , '소년정치 2.0' , '청년정치 3.0' , 그리고 성년이 되어 부부를 이루는 수평적 협력의 '장년정치 4.0' 라고 표현할 수도 있을 것이다.

사회주의의 다른 이름은 '국주주의國主主義' , 즉 국가가 주인이다. 따라서 국주주의 아래에서의 국민은 국가를 위한 보조자 이상일 수가 없는 법이다. 그러면 민주주의는 무엇인가? 민주주의는 국민이 주인이며, 국가의 지도자는 말 그대로 국민의 보조자이다. 그런데 '4.0' 이전의 민주정치체제는 민주가 아닌 '대리민주' 였다. 대리민주는 참 민주인 '공존주의 1.0(민주주의 4.0)' 을 위한 '과정적 민주' 이었음을 부정할 생각은 없다. 이제 모든 과정적 대리민주의 시대는 지났다. 민주를 민주이게 하는 핵심 의제는 민주에 의해 만들어진 법이다. 그동안의 정책은 민주의 참주인인 대중의 무지로 인하여, 대리인 중심의 정책 창출과 결정에 의지하는 정치였다.

그렇다면 완성된 참 민주의 정치인 '민주주의 4.0' 정치는 인물, 즉 지도자(act) 중심에 의한 통치가 아니라 정책에 의한 정책의 집행권자(agent)이다. 또다시 정책이 아닌 지도자(act)를 통한 통치인 인치, 즉 인물중심의 지도자 뽑기에 매달리는 누漏를 범해서는 안 된다.

그리고 왜 민주주의가 되어야 하는가? 에 대한 사회과학적 본질의 의문이 남아있다. 아직 우리의 역사는 이 문제에 대한 보편적 개념과 그 이유에 대한 명확한 답을 제공하지 못하고 있다. 자세한 내용은 본문에서 논하기로 한다.

역사적인 의미를 갖는 '민주주의 4.0(제3의 길)' 의 시대를 맞이하기 위해서, 우리 유권자의 각오 또한 이제는 달라져야 한다. '민주주의 4.0' 은 종교적 신비와 정치적 권위는 물론이요, 경제적인 현실을 철학에 기반 한 정책을 창출하여, 민주의 대리인으로서의 지도자(agent)를 올바른 길로 인도해야한다. 왜냐하면 '민주주의 4.0' 은 순수한 우리국민의 힘과 노력에 의해 잘 발전시켜야할 그 무엇이기 때문이다. 그러니까 '민주주의 4.0' 은 모든 일을 지도자의 일방적인 능력에 의지하고서 지켜만 보는 정치가 아니라. 유권자의 힘과 지도자(agent)의 능력이 수평적 협력에 의해 잘 조화되어야 하는 일이기 때문이다. 따라서 국민과 함께 머리를 맞대고서 합의되어진 것이 아닌, '지도자(act)중심' 의 정치 전문가들에 의해 일방적으로 결정된 정책이나 공약은 이제 더 이상 필요로 하지 않는다.

대선치고 중요하지 않은 선거가 어디 있겠는가? 하지만 올 12월 19일에 치러질 차기 대선의 중요성은 그동안 치러진 숫한 선거를 총합한 가치보다도 더 큰 역사적인 사건으로 기록 되리라는 것을 누구보다 유권자들 스스로 충분히 인식해야한다. 위에서 누누이 언급했듯이 이번 선거는 과거와는 전혀 판이 다른 선거이다. 공간적으로는 대한민국 자체의 국운을 넘어 한반도의 운명과 동북아는 물론이요, 우리가 몸담고 있는 이 지구촌의 운명이 걸려있으며, 시간적으로는 역사의 전후와 역사의 방향성을 결정하고 가름하는 실로 엄청난 사건이라는 것이다.

지구촌의 운명과 역사의 방향성을 올바르게 이끌기 위해 두 눈을 크게 뜨고 미래를 똑바로 응시해야할 것이다. 그렇지 못하면 모두가 공멸의 길을 피할 수 없을 것이다. 좌파 신자유주의나 우파 신자유주의를 선택해 역사를 거꾸로 돌려 퇴락의 길을 갈 것이냐, 아니면 제3의 길, 즉 '창조적 공생주의' 를 선택해 꿈과 희망이 넘치는 역사를 새롭게 견인할 주인의 자리로 갈 것이냐의 중차대한 시간대를 맞이하여, 지금 여기를 살아가는 우리들의 책임은 역사의 방향성을 제대로 아는 지도자를 찾아 세우는 일 일 것이다.

다시 말해 '인물중심' 의 '행위자(act)' 로서의 정치지도자를 뽑는 방식은 이제 더 이상 어울리지 않는다. 왜냐하면 이렇게 세계사적으로 중차대한 시기에 지도자를 잘못 뽑아, 역사가 새롭게 요구되는 새 패러다임인 '제3의 길(민주주의4.0)' 을 진행시키지 못한다면 그 피해가 상상을 초월하게 될 것은 명약관화하기 때문이다. 모든 결단의 시간대는 심판의 때이기에 추호도 물릴 수 없는 법이다. 다시 말해 완성기는 용서의 때가 아니기에 판가름의 때이며, 자기책임의 때이다.

따라서 정교한 법과도 같은 철학에 기반 한 정책중심의 시대, 즉 완벽하게 다듬어진 정책(예방정책-forethought program)을 집행하는 '대리자(agent)' 로서의 지도자를 선택해야하는 일이 이번 대선인 것이다. 그러므로 차기 대선의 후보는 자신의 정치적 지도력의 방향성을 바로잡아야 하며, 유권자 또한 달(정책)은 보지 않고 달을 가리키는 손가락(지도자)에 빠지는 누를 범 하지 말아야 할 것이며, 더불어 재차 강조해도 지나치지 않을 일은, 이번 대선은 지도자를 뽑는 비중보다 철학이 있는 정책정치, 즉 국민들 스스로가 주인이 되는 '민주주의 4.0(공존주의 1.0)' 이라는 '새로운 정책 모델(제3의 길)' 을 선택하는 비중이 더 큰 대선이라는 것을 잊지 말아야 한다.

지리산기슭에서

저자

민주주의 4.0 / 공존주의 1.0

국민생각

1장 소통과 통섭

01 양비론兩非論과 양미론兩未論

좌익과 우익 & 중도론

'양비론兩非論' 은 나와 생각이 다른 상대를 적敵으로 규정하게 되는 사유의 본질을 내포하고 있는 사상이다. 왜냐하면 나와 생각이 같지 않은, 즉 아닐 비非의 사상이기 때문에 그 상대는 타도의 대상이 됨과 동시에 경멸의 대상으로 바뀌게 되는 것이다. 따라서 양비론은 모든 투쟁의 근본 원인을 양산해 내게 되는 모순, 아니 몹쓸 이론이다. 결국 이것은 부족한 인간의 사유가 만들어 낸 인류 역사상 가장 무서운 흉기로서 타인뿐만 아니라 자기 자신의 본질 적인 존재 까지도 난도질 할 수 있는 흉측한 자해사상이다.

그러므로 좌와 우의 개념은 양비론의 산물로서 사고의 파편을 형태론적으로 쪼갬으로써 상대적 가치를 갖게 되면서, 나 아닌 다른 모든 것을 부정하게 된다. 일명 아날로그 방식에 기초한 단순한 사유체계인 셈이다.

예를 들어 지리산을 산의 가치(목적)로 보지 않고 어디에 있느냐를 두고서 위치와 방향을 규정하는 것과도 같다. —동, 서, 남, 북 / 어떤 형태 등(소동파의 여산

예찬처럼)— 종교학박사이자 캐나다 리자이나대학교 오강남 명예교수는 "우리말에 한 가지 놀라운 사실은 "다르다(different)"와 "틀리다(wrong)"가 동의어로 쓰인다."는 것이다.

사과가 오렌지와 "다르다"고 해도 되고 "틀리다"고 해도 된다. 다시 말하면 "너는 뭔가 다르다"고 하는 것은 곧 "너는 뭔가 틀리다"가 되는 셈인데, 이것이 나아가 "너는 뭔가 글러먹었다"와 통한다는 것이다. 이런 식으로 생각하면 나하고 다른 것은 모두 다 틀린 것, 글러 먹은 것이라는 독선에 이르기가 십상이다. "서양말에도 사정은 비슷하다. 이단異端을 나타내는 영어단어 "heresy"나 "heterodox"는 어원적으로 그냥 "다르다" 거나 "다른 생각" 이라는 뜻인데, 결국 그것을 사상적으로나 교리적으로 어떤 생각이 다수의 생각과 다르면, 그 다름으로 인해 "옳지 못한 생각"이 된다는 뜻을 내포하고 있다."고 했다.

'중도中途론' 도 궁극에 있어서 극좌極左와 극우極右를 배척하게 되는 모순을 갖게 된다. 그리고 중도는 중간지대, 즉 나무의 기둥과 같은 전체의 중원일 뿐, 전체를 통틀어 하나로 묶은 '공생' 과는 다르다. 공생사상은 양미론에 기초를 두고 있기 때문에 절대가치를 보유하게 되지만, 중도론은 절대가치가 부재한 상태에서도 얼마든지 가능한 양비론적 중도론 이상 이하도 아니다.

'선 · 악론' 과 '원죄론' , 그리고 '무명론' 은「양비론」의 존재론적 본질이다. 이것을 '미완성' 과 '부족(어림)' 에 의한「양미론」적 '가치론' 으로 새롭게 바로 잡아야 한다. 그렇지 않으면 '원수' 와 '악마' 그리고 '투쟁' 과 '전쟁' 의 상대적 관계에 대한 본질적 연결고리를 끊을 수가 없게 된다. 왜냐하면 선과 악은 결과적 산물일 뿐 원인적 본질적 개념이 아니기 때문이다. 다시 말해 선과 악은 행위의 결과에 대한 법적 평가의 산물이다. 법을 지키면 선으로 법을 어기면 악으로 변하는 것이다. 그리고 그 선과 악을 결정하는 행위의 주체는 가치적 존재이며 그 대상은 법적 기준이다. 그러므로 존재의 본질은 선도 악도 아니다. 존재의 본질은 헌신, 희생, 베품, 나눔, 사랑이다. 다만 사랑의 많고 적음만 있을 뿐이다. 따라서 선과 악은 2차적 결과물일 뿐 1차적 원인적 실체가 아니기 때문에 성선설(맹자)과 성악설(순자)은 사이비이다.

또 원죄론原罪論은 미완성된 존재의 본질에 대한 상징적인 '법적 평가론' 의 산물이다. 사실 미완성되고, 부족하고, 어린 존재는 가치적으로 법적 기준에 미달되기 때문에 법法 적용으로부터 자유롭지만 언제든지 죄에 노출되어 있는 즉 이기심만 가득한 존재와도 같기 때문에 베풀 수 있는 능력이 갖춰져 있지 않다. 따라서 궁극에 있어서 미완성된 인간과 인류는 스스로 부족한 관계로 인하여 타인을 위해 사랑을 베풀 수 있는 존재가 아니라 남에게 도움을 받을 수밖에 없는 즉 남을 해칠 수밖에 없는 죄에 빠져있는 형국이다. 그래서 어린 자녀에게 부모의 존재는 절대성이듯 어리고 부족하며 미완성된 인류에겐 부모와 같은 성인의 필요성이 절대적으로 요청되는 법이다.

다음은 무명無明, 즉 밝음이 없다와 양미론의 미未, 즉 밝음(존재의 본질세계에 대한 앎)이 부족하다의 개념과는 어떤 차이가 있는 것일까? 에 대해 분석하게 되면, 실로 언어표현의 한계를 느끼지 않을 수 없다. 참으로 미묘한 차이다. 없음은 소생의 가능성이 차단 된 죽음이라는 절망적인 부정의 과거언어요, 부족함은 가능성과 희망을 기대할 수 있는 긍정의 미래언어이다. 물론 무명이 어리석음이라는 뜻을 내포하고 지혜, 즉 존재의 본질에 대한 무지임에는 이론의 여지가 없다. 그런데 무명의 개념이 독일 실존철학의 본질적 개념들인 상실(고통), 한계상항(절망), 무(불안), 모순과 닮아있다. 이것이 양비론적 개념을 바탕으로 사유체계가 굳어진 양兩철학의 한계이다. 보다 더 깊은 내용은 필자의 다른 책 「영靈철학」의 변신론, 신정론을 참고하기 바란다.

대안

공생共生 · 覺 · 道 · 中庸 · 重生 · 聖人주의에 대한 개념 정의

'양미론兩未論' 은 '양부족론兩否足論' 으로서 어떤 대상이 나보다 생각이 부족하고 무식하고 어린상대(존재)를 대할 때 그 대상을 보호하게 되는 포용성을 갖게 된다. 따라서 생각이 깊고 높은 존재(어른, 완성자, 가진자, 강자)는 베풀 수 있는 존재요 지식이 낮으며 모든 면에서 부족한 존재(어린이, 미완성자, 가난한자, 없는 자, 약자)는 도움을 받아야 하는 존재이다. —존 힉스와 존 롤스의 "최약자 보호의 원칙, 보상의 원칙"—

양미론 사상에 의한 공생의 개념은 질적이고 가치적인 사유의 산물로서 어떤 존재에 대해 상, 중, 하의 가치를 매겨 그 가치만큼의 '역할분담' 을 나누기 때문에 내편이 아니면 배척하는 너와 나의 '차별성' 이 아니라, 단지 그것의 가치를 구분할 뿐 우리라는 어우러짐의 가치를 평가하는 절대가치(답안지)를 갖게 된다. 이것을 오강남 교수는 '뭉치는 것' 과 '한 가지가 되는 것' 의 차이를 예로 들어 전자는 양미론적 사유로서 "이것 '도' 살리고, 저것 '도' 살린다는 뜻에서, 일명 '도도주의' 라 할 수 있다." 그리고 후자는 양비론적 사유로서 "이것이 '냐' , 저것이 '냐' 둘 중 하나로 하나가 된다는 이항대립移項對立이나 양자택일兩者擇一의 의미에서 "냐냐주의" 라 할 수 있을 것이다." 라고 했다. —초 · 중 · 고 / 고 · 중 · 저—

양미론은 '정情의 관계' 의 산물이다. 왜냐하면 존재들 사이의 관계를 계약관계로 보는 것이 아니라 형제관계와 같은 대가족주의이며 사해동포주의이고 대동주의에 대한 큰 깨달음의 사유체계이기 때문에 상대의 사소한 잘못 정도는 부족의 산물로 치부하기 때문에 큰 마음으로 덮어주게 되는 넓은 아량과 관용을 갖기 때문이다. 따라서 양미론의 세계는 더 이상 속물의 저급한 법이 발붙일 수가 없게 된다.

【兩未論】

상上 90원	공존, 창조적 통일 국가	●	고등高等
중中 60원	자본주의(물질), 사회주의(정신)	■	중등中等
하下 30원	사회주의(물질), 자본주의(정신)	▲	초등初等

【兩非論】

보수와 진보 & 중간론

존재하는 모든 것은 창조목적을 갖고 그 목적을 향해 재창조하게 되는 법칙성을 갖는 법이다. 그런데 21C를 맞이한 지금까지도 우리 인류는 '창조적 프로그램' 인 궁극의 '창조 목적' 과 한 인간의 나이와도 같은 '인류의 시대정신' 을 규정하는 잣대로서의 절대가치 즉, 시간성에 대한 존재론적

이론理論을 창출하지 못하고 있다. 왜냐하면 절대가치의 부재로 인해 목적적 가치를 창출해 내지 못했기 때문이다.

따라서 우리 사회의 보수와 진보 논쟁도 알고 보면 목적 없는 진보, 목적 없는 보수 일 뿐 이다. 왜냐하면 무엇을 위한 진보이며, 무엇을 지향한 보수인가에 대한 절대가치인 창조목적을 갖고 있지 않기 때문이다. 사유의 혼돈은 절대가치(철학의 통합) 부재의 산물이다. 사유의 혼돈을 근본적으로 치유할 새로운 절대가치를 창출하지 않으면 사회통합도, 남북통일도, 그리고 세계평화도 결코 불가능할 것이다.

대안

창조적 조화(調和 : 목적적 진보, 목적적 보수)주의론

보수와 진보라는 개념은 창조목적의 프로그램을 성취해 가는 과정 중에 있어서 인생의 의의와 우주의 '창조목적' 과 그리고 '역사의 방향성' 에 의한 '시대정신' 이라는 세 가지 바로 미터를 규정하고 난 이후에 올바로 평가할 수 있는 개념이다. 예를 들어 첫째 '인간의 존재 의의' 는 무엇이며, 둘째 '역사와 국가체제는 무엇을 향하여 어떻게 진행하는가?' 셋째 우리는 시간적으로 '역사의 어디쯤에 서 있는가?' 에 대한 정확한 진단을 요한다는 것이다.

다시 말해 첫째 종교적 가치인 '사랑, 자비, 박애는 무엇' 이며, 둘째 정치적 가치인 '민주주의는 왜 성취해야 하는 것' 이며, 셋째 시간적, 시대적 가치인 그것은 '언제' 어떻게 이뤄야 하는 것인가? 에 대한 철학적 절대가치가 있어야 완전한 판결과 함께 그 대안을 찾을 수가 있다는 것이다.

종교는 '창조의 이상' 을 정치적으로 실천하기 위해 이 땅에 전파하기 우해 내려오고(연역법)있는 중이며, 정치는 '민주주의의 완성' 을 향해서 종교의 이상을 향해 하늘로 올라가고(귀납)있는 과정 중에 있는 것이다.

"영철학인 창조적 성장론" 은 창조목적과 역사의 방향성, 그리고 시대정신의 때를 응시할 수 있는 새로운 방법론이다. 창조의 근본은 사랑이다. 역사의 방향성은 시계방향과도 같이 '부자관계', '형제관계', '부부관계' 를 이루며, 즉 '수직' 에서 '사선' 을 거쳐 '수평' 으로 가게 되며, 21C 인류의 나이는 21살과도 같기에, 그 '영성靈性' 에 있어서 '결혼기' 요, '상속기' 라 할 수 있을 것이다. 목적성을 갖는 진보와 보수를 우리는 '창조적 조화론자' 라 명명해야 할 것이다.

02 창조적 소통법

이분론과 이원성

소통疏通이라는 개념은 재창조의 이분론二分論에 의한, 상대적 관계의 산물이다. 이분론이란? 이원론과는 다른 개념이다. 이원론은 존재의 본질이 하나가 아니라 둘로 구성되어 있다는 의미를 갖는, 일명 이원론二元論이 그

것이다. 그러나 이분론二分論은 필자에 의해 새롭게 고안된 개념으로서 존재의 본질은 하나인데 그것이 창조와 재창조라는 반복과정을 거치면서 둘로 나눠졌다가 하나로 합해지는 변증법적 현상을 갖는데, 창조는 '일원적 2분' 으로 나눠지며, 재창조는 '2분적 일원' 으로 통합 된다는 것이다.

「정-반-합」과 「정-교-합」의 모순과 부족의 차이

이처럼 창조적 재창조의 과정을 변증법적으로 반복하는 그 과정이 영靈철학적 논리학 「정-반-합」이 아니라 「정-교-합」, 즉 교류를 위한 '성性의 다름(음 · 양)' 일 뿐이기에 반反은 교敎가 되어야 올바른 개념이라는 것이다.

「정-반-합」과 「정-교-합」은 미세한 차이가 있다. 「정-반-합」의 발전과정에 있어서, 변증법(논쟁)이 일어나는 근본 이유가 모순矛盾 때문이라고 하는데, 필자가 새로 도입한 「정-교-합」은 모순矛盾이 아니라 미완성과 자기 부족不足 때문이라는 것이다. 그 이유는 창조와 재창조의 반복과정에서 필연적으로 재창조의 출발이 미완성, 즉 부족에서 시작하기 때문에 상대적 관계에 의한 교류를 필요로 한다는 것이다. 왜냐하면 혼자서는 부족하기 때문에 그 부족을 채워 줄 대상이 요구되며, 그 대상과의 관계를 형성하는 과정에서 교류는 절대적이라는 것이다. 따라서 「정-교-합」은 자체 내에 부정을 내포하고 있지 않기 때문에 오직 긍정만이 자리한다. 그러므로 「정-교-합」적 변증법은 '긍정의 변증법' , 또는 '사랑의 변증법' 이라 부른다. 물론 '긍정의 논리학' , 또는 '사랑의 논리학' 이라고 부를 수도 있다.

변증이란 논쟁, 언쟁의 의미를 내포하는 개념이다. 모순으로 본 결과이다. 그러나 미완성과 부족을 변증의 본질로 보면 논쟁이 아니라 '속삭임' , '애교' 또는 육체적 관점에서는 '스킨십' , 즉 '애무' 의 의미를 뜻한다고 할 것이다. 그런데 그 변증, 즉 교류현상을 어떻게 보느냐에 따라 판단이 변화하는데, 이것을 칼 마르크스는 투쟁으로 보는 오류를 저질렀다. 따라서「정-교-합」의 영靈철학은 투쟁이 아니라 '사랑 나눔', 또는 '교제' 로 표현하는데, 서로 '이상적 상대' 끼리의 교류는 창조적 합으로 발전하지만, '비이상적 상대' 끼리의 교류는 분쟁과 쟁투, 즉 '투쟁' 을 유발하게 된다는 것이다.

모순 개념과 실천철학의 닮은 꼴 개념

그런데 문제는 독일의 실존철학도 헤겔의 모순에 대한 개념설정을 벗어나지 못하고 표현만 각각 다를 뿐 별 차이가 없다는데 있다. '상실(키에르케고르)', '불안(하이데그)', '한계상황(야스퍼스)', '무(사르트르)', 그 뿐만이 아니다. 종교의 세계도 결국 양비론적 사유와 부정확한 개념 설정의 오류를 벗어나지 못하고 있다고 하겠다. '무명(불교)', '원죄/타락(기독교)' 을 부족 · 미완성 · 어리다 · 모자라다와 비교해 보면 무엇이 어떻게 다른가를 알 수 있다.

무명과 타락의 개념은 어리석음과 죄인이라는 개념을 유발할 수 있다. 그러나 부족과 미완성 · 모자람은 다르다. 오히려 보호를 불러일으키고 동정심을 유발시켜 서로를 소통시키는 원동력으로 작용하게 된다. 이보다 더 합당한 개념을 그 어디서도 찾기가 쉽지 않다.

「도표 보기 1참조」

o **변증법辨證法** (dialectics)

헤겔이 주창한 논리학으로서 세계는 모순에 차 있고 모순은 더욱 높은 처지에서 통일됨으로써 해결되는데, 이런 모순과 통일(정 · 반 · 합)을 되풀이하면서, 세계는 발전해 나간다고 보는 사고방식이다. —마르크스 · 엥겔스는 다시 이에서 유물 변증법을 끌어내어, 자신들의 방법론을 삼았음.—

o **소통법疏通法** (communication, consilience)

필자가 주창한 논리학의 새 방법론으로서 세계는 부족(미완성)에서 출발하여 완성을 향해 성장(재창조)하게 되는 것으로, 부족한 존재들끼리 유기적인 소통과 교류(정 · 교 · 합)를 되풀이하면서, 세계는 성장해 나간다고 보는 사고방식이다. —미완성기는 완성자(부모, 신)의 보호를 요청하게 됨을 증명함.—

「도표 보기 1」

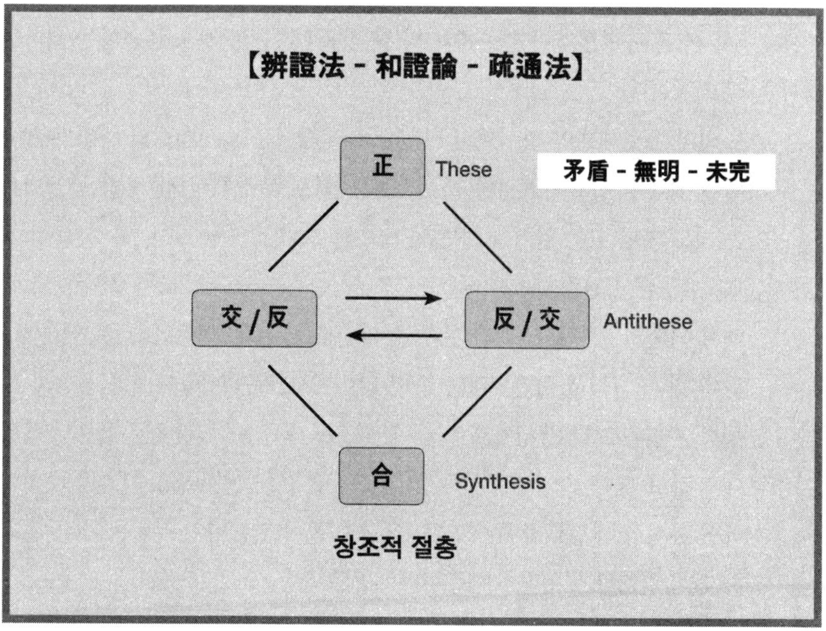

03 무형세계와 유형세계의 소통

소통에는 크게 두 가지로 구분할 수 있겠다. 무형無形세계인 의식계와의 소통과 유형有形세계인 현상계와의 소통이 그것이다. 그리고 의식계도 지식계와 지성(지혜)계로 구분할 수가 있으며, 현상계도 인문 사회계와 물리과학계로 나눌 수가 있다.

서두에서 소통疏通은 통섭通涉과 그 맥을 같이한다고 했었다. 무형세계인 의식계와의 소통은 '통섭' 이라는 개념이 더 적합할 것이다. 물론 그 말은 '소통' 은 유형세계인 현상계와 더 잘 어울린다는 뜻과도 통한다는 의미일 테고 말이다.

먼저 유형세계인 의식계의 '통섭' 에 대해서는 성신여대의 최민자 교수의 통섭론을 간단하게나마 들여다보는 것으로 소통의 한 방법을 살펴보는 것도 의미 있는 일이다. 최민자 교수는 그의 훌륭한 저서 「통섭通涉의 기술」 서문에서 윌슨(Edward Wilson)의 「컨실리언스(Consilience)」가 통섭統攝으로 번역이 되면서 '큰 줄기를 잡다' 라는 의미로 사용하고 있다고 기록했다. 그런데 최 교수의 통섭은 "없는 곳이 없이 실재하는 원융무애한 생명의 역동적 본질을 보다 생생하게 느낄 수 있도록 통섭通涉이란 한자를 사용하였다." 라고 했다. 그리고 "사실 그대로의 온전한 '봄(seeing)' 이 일어나기만 하면 통섭은 저절로 이루어진다. 온전한 봄이 일어나지 못하는 것은 온전한 앎이 일어나지 못했기 때문이다.

지식과 지성의 차이

지식은 관념이고 파편이며, 과거와 연결 되어 있으므로 온전한 '앎(knowing)' 은 지식에서 일어날 수 없다. 지식은 진리를 가리키는 손가락일 뿐, 진리 그 자체가 아니다. 반면 지성(intelligence)은 실재이고 전체이며, '지금 여기' 와 연결 되어 있으므로 온전한 앎은 지성에서 일어난다. 따라서 "통섭은 지식 차원에서가 아닌 지성차원에서 일어난다." 라고 하면서 윌슨의 지식적인 차원의 통섭統攝을 점잖게 비판한다. 왜냐하면 "지식은 에고(ego)의 영역이고, 지성은 참자아의 영역" 이기 때문이라는 것이다.

그리고 "생명은 '전일적인 흐름(holomovement)' 그 자체인 까닭에 에고의 가장 큰 위협이며 적敵 이다. 그래서 에고는 '죽음' 이라는 발명품을 만들어 냈다! 그로부터 이원론의 표징이라 할 수 있는 '삶과 죽음의 투쟁(life-and-death-struggle)' 의 역사가 시작되었다.

지식과 삶이 화해할 수 없는 것은 이 때문이다. 하여 삶과 소통하지 못하는 지식을 넘어서기 위해 '통섭' 이라는 용어가 등장한 것이다. 학문 분과 간의 소통이 이루어지지 못하는 것은 말할 것도 없고, 학문과 종교, 학문과 삶 간의 소통이 이루어지지 못함으로 해서 총체적인 인간 실존의 위기에 지면하게 된 데 대한 성찰적 의미와 더불어 전일적 패러다임(holistic paradigm)으로의 전환을 추동하는 의미가 내포된 것이다.

그럼에도 여전히 이원적인 지식으로 통섭을 운위한다면 그것은 '지적 사기(intellectual fraud)' 다. 삶과 유리된 단순한 지식의 통섭은 이념의 지도를 실제 영토라고 믿는 것과도 같이 공허한 것이다. 지식을 넘어선 참지식이 필요한 것은 이 때문이다. 이분법은 앎의 원을, 삶의 원을 완성시키기 위한 방편일 뿐, 진정한 앎은 이원성을 넘어서 있다. 이러한 사실은 알지 못한 채 선과 악의 진실 게임에 빠져들게 되면 '삼사라(samsara 生死輪廻)' 가 일어난다. 무엇을 위하여? 영적 진화를 위하여, 우주의 실체는 육체와 같은 물질적 껍

질이 아니라 의식이다. 이 우주에서 사라지는 것은 아무것도 없다. 생명계는 이른바 '부메랑효과(boomerang effect)' 로 설명되는 에너지 시스템이다.

윌슨의 통섭

저자인 윌슨이 말하는 지식의 통일은 의식계(본체계)와 물질계(현상계)의 상관성을 인식하지 못함으로 해서 직관적인 앎을 배제하는 결과를 낳았다. 온전한 앎은 단순한 이론적 지식의 통합에서가 아니라, 그러한 통합의 궁극적 기반을 올바르게 이해할 때 일어난다. 양자물리학자 데이비드 봄(David abohm)의 '숨은 변수이론(hidden variable tleory)' 이 말하여 주듯, 다양하게 분리된 것처럼 보이는 '드러난(explicate)' 물리적 세계는 일체의 이원성을 넘어선 '숨겨진(implicate)' 전일성의 세계가 물질화 되어 나타난 것이다.

윌슨은 사물의 근본 이치와 관련된 초논리 —초이성— 직관의 영역은 배제한 채 사물의 현상적 측면과 관련된 감각적 —지각적— 경험적 판단의 영역만을 중시한 나머지, 통섭에 관한 논의가 실험과학을 통해서만 가능하다고 봄으로써 결과적으로 자연과학 중심의 학문적 제국주의 —더 정확하게는 생물학적 제국주의— 를 초래했다. 이러한 반反 통섭적 사고는 인류 의식의 현주소를 말하여 주는 것이다. 그는 서양의 분석적 사고가 동양의 종합적 사고와 융합할 때 비로소 완전한 통섭이 일어날 수 있다. 라는 사실을 간과하고 있다.

근대 분과학문의 경계를 허물고 지식의 융합을 통해 복합적이며, 다차원적인 세계적 변화의 역동성에 대처하려는 움직임이 전 세계적으로 일고 있다. 20세기가 과학의 시대였다면, 21세기는 과학과 영성의 접합시대라는 점에서 예술과 과학의 통섭은 시대적 필연이다.

양미론과 영靈철학

이상이 의식계의 소통의 지성적 조건이라면 다음은 지식으로서의 소통의 조건을 상정할 수 있을 것이다. 결론부터 말하면 '양미론(일원론, 가치론)', 즉 '영靈철학'의 탄생은 그동안 우리 인류가 '양비론(이원론)'에 의해 파생시킨 모든 갈등과 단절을 단번에 해결할 수 있는 대안으로서의 절대가치를 마련했다는 것이다. 구체적인 내용은 아래에서 제시될 것이다.

다음은 무형세계인 현상계의 소통에 대해 연구해야할 과제를 논할 차례이다. 물질계의 한 분과인 물리과학의 연구는 이미 '양자역학'을 통해 자연계의 근본문제에 까지 접근했으며, 힉스라는 신神의 입자의 발견이 올해(2012) 들어 밝혀짐으로 인하여 물리세계인 우주탄생의 비밀을 풀어헤칠 날도 얼마 남지 않았다는 대대적인 언론 보도가 필자가 이 원고를 쓰기 며칠 전에 있었다. 생명공학이 인간게놈지도를 완성했듯이 물리학이 물리법칙의 근원을 밝힐 날도 얼마 남지 않은 것이다. 실로 놀라운 발전이요, 인간에게 주어진 자유의지의 책임완성이 눈앞에 왔다고 할 것이다. 그렇다면 이제 남은 마지막 과제는 사회과학이라 할 수 있는 인문사회계의 소통의 비밀을 밝혀내는 일이다.

사회과학과 제3의 길

다음은 마지막 사회과학에 대한 소통의 문제에 대해 논할 차례이다. 사회과학이란 물리과학과는 다르지만 그것을 기반으로 그 위에서 삶을 영위하는, 다시 말해 물리과학의 법칙을 거부하지 않으면서 그것을 발판으로 해서 살아가는 인간들의 삶에 대한 외적 형태, 즉 종교, 정치, 경제, 예술, 사회, 문화 활동과 그와 관련된 법칙과 제도를 일컫는 개념이라고 할 수 있을 것이다.

인류의 문화는 말 그대로 인간의 행위가 남겨놓은 발자취(그림자)이다. 따라서 인류의 역사는 한 인간의 삶, 즉 미완성에서 중간과정을 거쳐 완성을 향해 단계적으로 그 육체가 성장변화 하듯이, 한 인간의 정신세계와 삶의 방식도 단계적 성장법칙에 따라 변화 발전한다. 역사 또한 이와 닮아 있다는 것이다.

이 책의 목적이 바로 그것이다. 한 인간의 성장의 비밀을 통해 사회과학의 소통 방법을 다방면으로 연구하여, 지금 우리 사회가 안고 있는 수많은 문제들을 동시(전일적, 포괄적)에 해결 하지 않으면 안 된다는 것이다. 따라서 혼란스러울 만치 다양하고 복잡한 총체적인 사회현상을 전체적이면서도 부분적이요, 부분적이면서도 포괄성을 갖는 '복잡계 시스템 제도(정책)론'을 21세기(21세)시대정신에 맞춰 해부(분해)하고 다시 봉합(조립)한 내용들이다. 그러기 위해 사용된 새로운 용어나 개념, 그리고 방법론이 다소 생소한 부분들을 간혹 대하게 될 것이지만 작업상 필요한 최첨단의 공구로 인식하고 지혜롭게 활용하길 바란다.

민주주의 4.0

이와 같이 소통疏通의 의미는 다양할 수 있겠지만 사전적 의미는 간단하게 말해서 영어로는 이해하다(understanding) 이다. 그런데 그 이해라는 것이 본질적 근원에 대해 무지해서는 불가능하다는 것이다. 따라서 이 책이 사회과학의 근원에 이르는데 걸림돌이 되는 검은 베일을 벗기는 도구가 될 것을 믿어 의심치 않는다.

수천 년의 역사를 통해 축적한 인류가 쌓은 사회과학의 세계가 위기와 함께 호기의 일대 전환기를 맞이하였다. 이 위기를 기회로 돌릴 수 있는 유일한 방법이 곧 소통이라는 방법이라 할 것이다. 위에서 열거한 소통의 방법들과 함께 그리고 새로운 사회과학의 소통법이라 할 수 있는 '제3의 길

(민주주의4.0 · 공존주의 1.0)' 과 더불어 새로운 역사를 견인하는데 뜻있는 시간이 되기를 바란다.

2장 블루오션 정책과 정당

블루오션의 개념정의

블루오션(Blue Ocean)이란? 프랑스의 한국인 김휘찬 교수와 르네 마보안 교수에 의하여 제창된 가치혁신(value innovation)과 함께 기업의 경영전략으로써 레드오션(Red Ocean)에 대한 상대적 개념을 갖는다. 블루오션을 창출하기 위해서는 "가치혁신" 이 강조 되는데, 이는 새로운 가치를 제공하지 못하면 새로운 시장市場을 만들 수 없기 때문에 발상전환이 요구되며, 시장수요는 경쟁이 아니라 창조에 의하여 얻어진다.

블루오션은 아직 시도된 적이 없는 광범위하고 깊은 잠재력을 가진 시장을 비유하는 표현인데, 게임의 법칙이 아직 정해지지 않았기 때문에 경쟁은 무의미 하며, 높은 수익과 빠른 성장을 가능케 하는 기회가 존재한다. 따라서 큰 그림과 함께 동기부여動機附輿와 공정한 절차인 참여(engagement), 설명(explanation), 명확성에 대한 기대(expectain clarity)를 매우 중요시 한다.

01 시스템 철학정책과 블루오션

복잡계 이론과 시스템 철학이론의 유사성

복잡계이론

복잡한 현상이 복잡계이며, '엮는다(Complexus)'는 뜻의 라틴어로써 그리스어 pleko에서 왔다. 복잡성(Complexity)은 "복잡계 과학"에서 주로 사용되는 개념이며, 전통과학이 추구해온 환원론적 시각 대신에, 시스템적인 통합적 접근을 시도하였다. —"자기조직화의 원리(self-organization)"를 뜻함— 최근에는 복잡계에 대한 새로운 인식과 원리를 공학 · 생명현상 · 생태계 · 경제 및 사회현상에 응용하려는 학문간 시도가 전 세계적으로 활발하게 전개 되고 있다.

물리학자 조세프 포드는 "복잡성의 과학은 거시의 세계 · 미시의 세계에 이어, 복잡성의 세계를 다루는 21세기 현대과학의 새로운 흐름" 이라고 정의 내리고 있으며, 과학 평론가 하인스. 페이겔스는 "무한한 응용가능성을 가진 복잡계를 지배하는 나라가, 21세기 초강대국이 될 것" 이라고 예측하고 있다.

시스템철학 이론

시스템이란? 상호연관을 가지고 있는 가치적 요소의 집합을 뜻하며, 기계론적 시스템과는 그 형식과 내용에 질적차이가 있다. 이질동형이란? 시스템의 요소와 다른 시스템의 요소들 사이에 1:1의 일치가 있고 또 요소들간의 관계가 같은 일치를 유지함을 말하며, 유추 · 유사類似 · 상의相依보다는 더 긴밀한 관계를 말하고, 상동相同(homology)보다는 좀 더 광범위한 개념을 의미한다.

1920년대 독일의 이론 생물학자이며 시스템 이론의 창시자인 베르타란피(Ludwig von Bertalanffy)는 "학문의 제 분야에서 전체적인 것, 상호관련의 전부를 고려하는 경향, 즉 시스템적 고려인 학문의 여러 분야에 공통으로 적용될 수 있는 모델 · 법칙 또는 원칙 등이 있으며, 물리 · 생물 · 사회 시스템이라는 특정 또는 특수한 시스템이 아니라, 시스템 전반에 적용되는 보편적 이론이 있다"는 주장主張을 하였다.

경제학자 보울딩(Kenneth E.Boulding)도 그의 시스템 이론에서 학문의 여러 분야에 이론구조의 유사점이 있음을 착안하고, 여러 전문 분야에 적용될 수 있는 공통의 이론을 찾을 수 있다고 했고 그는 폰 베르타란피와 다른 분야에서 출발하여 그와 비슷한 결론을 내게 되었다.

김상준교수도 그의 저서「국제정치이론1」의 시스템이론에서 "이 이론은 여러 분야의 연구에 통용되는 개념과 연구방법을 개발함으로써, 학문 제분야간의 통합을 시도하는 테두리를 마련하고, 일반 시스템 이론은 자연계와 인간, 사회계의 제분야간의 연구에 공통점을 찾아내어 자연과학과 사회과학에 공통되는 방법론을 세우고자 하고 있는 이론체계이기도 하다"라고 하였다.

02 단계별 성장 체계에 의한 역사의 법칙

역사의 법칙성

"이론역사, 즉 역사과정에 어떤 패턴이나 법칙을 찾는 것이 가능한가? 하는 질문에 대하여 전문 역사가들은 부정적인 답答을 하고 있다. 그러나 18세기 이탈리아 철학자 비코(G. B. Vico)에서 시작하여 헤겔(G. W. F. Hegel) · 마르크스(K. Marx) · 슈팽글러(O. Spengler) · 토인비(A. J. Toyinbee) · 소로킨(P. A. Sorokin) · 코뢰버(A. L. Kroeber) 등은 역사歷史과정은 완전히 우연의 결과라고만 할 수 없으며 역사과정이 가능하다면 사회 · 문화 · 문명 등 연구의 대상을 시스템으로 보고 처리해야 할 것이다." 라고 하였다.

성장 법칙에 의한 역사의 체계

영靈철학인 '창조적 성장론' 은 새로운 세계 기초에 대한 새로운 '사상제(Gedankengut)' 의 블루오션이다. 영철학은 역사는 성장成長이라는 메카니즘을 갖기 때문에 인류의 역사와 사회제도에 대하여, 그 역사의 주인(주체와 대상) 상호간의 인격적 역학 관계와 그 구조의 다층적 변화를 설명하고 있으며, 존재의 본질적 심리를 읽는 새로운 관점을 제시하고 있다.

여기서 주목할 것은 무엇보다 민주주의란 무엇이며 왜 성취해야하는가? 에 관한 것이다. 아래의 도표를 표준으로 할 때 전제군주제는 부자관계와도 같이 어느 한쪽의 의지에 의해 그 대상인 국민은 일방적으로 끌려갈 수밖에 없는 구도이다. 이것의 문제는 지도자가 모든 국민의 의식 보다 더 지혜로우며 성인군자와 같은 성군들만 선택 된다면 더할 수 없이 좋겠지만 언제나 그렇지 않다는 것이다. 때로는 폭군이 나타나 백성을 수탈하고 전쟁을 일으켜 무수한 국민을 죽음으로 내몰 수도 있다는 것이다. 역사의 기록이 이를 증명하고 있다.

이와는 반대로 민주주의는 부부관계와도 같은 수평적 구도를 갖는다는 것이다. 다시 말해 지도자와 국민 중 어느 한쪽이 위에서 군림 하거나 추종하는 것이 아니라 서로 협력해서 제기된 어떤 문제들을 풀어가면서 법을 제정함과 동시에 그 정해진 법의 처리를 통한 대등한 관계의 성립을 의미함이다. 따라서 민주주의는 인물 중심의 전제군주제가 아니라 법과 정책을 중심한 정치가 정석이다. 그러므로 '민주주의 4.0' 의 주체는 '인물' 이 아니라 '정책' 이다. 정책이 아닌 '인물중심' 의 정치는 완성기의 시대정신을 좀먹는 매국행위이다. 지금부터라도 이 땅의 진정한 주인인 국민은 또다시 '정책준비' 가 아닌 '인물 찾기' 에 혈안이 되어서는 안 된다. 그리고 즉시 그 어리석음을 멈춰야한다.

우측에 있는 도표는 창조적 성장의 단계별 발전 법칙을 도식화 한 내용이다. 쉽게 말하면 역사의 법칙인 셈이다. 이것은 유사 이래로 이 땅에서 뿌리 내려온 모든 문화사인 종교, 정치, 경제 및 문화예술에 있어서, 그 문화를 이끌어 오는 과정에서 필수적으로 발생하게 되는 그 주체인 지도자와 지도자를 따르는 무리, 즉 대중과의 관계이다.

'창조와 재창조의 역할분담에 의한 단계별 성장의 법칙' 은 영철학의 핵심이다. 굳이 "인간은 사회적 동물이다" 라는 저 유명한 희랍의 철학자 소크라테스의 명언을 들먹이지 않을 지라도 혼자서 창조할 수 있는 것은 아무것도 없다

존재하는 모든 것은 어떤 집단에 있어서의 주체와 대상과의 역할분담에

【성장시스템에 의한 역사의 체계】

주체(지도자) · 객체(국민)의 역할에 있어서 주 · 종 관계의 변화와 위계질서는 1차적으로 수직적 체계(Vertical system)인 부자父子관계의 사회구조를 갖게 되며, 궁극적으로는 3차적 단계인 수평적 체계(Horizontal system)로서 부부夫婦관계의 사회구조를 지향하게 되는데, 그 통과과정에 있어서 2차적 단계인 엇비슷한 체계(Inclined system)로서 형제兄弟관계와도 같은 사회구조를 거칠 수 밖에 없는, 절대적인 법칙을 갖는다.

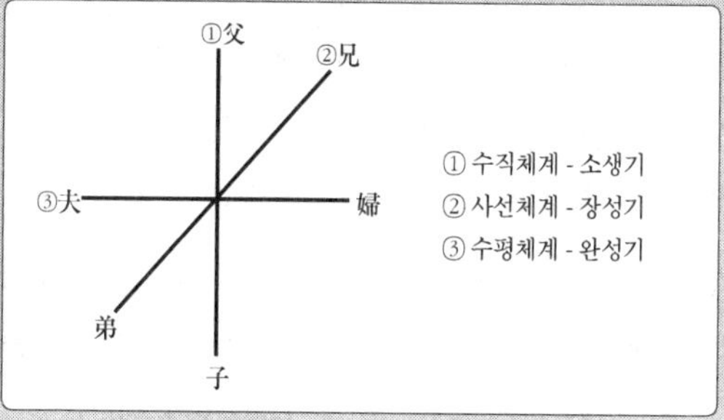

의해 그 역학관계는 단계적으로 변화하는 법이다.

한 가정에 있어서의 부모와 자녀의 예에서 보듯이, 학교에의 교사와 학생, 종교에서의 성직자와 그를 믿고 따르는 성도, 정치에서의 지도자와 국민, 회사에서의 대표와 종업원 등등의 역학 관계도 이와 같다. 따라서 가정은 모든 관계성의 표본이다. 이것은 심지어 이 우주를 존재케 한 궁극의 존재의 제1원인인 신神과 우리 인간의 관계에서도 마찬가지이다.

따라서 단체성을 갖는 모든 존재는 주체와 대상의 역할분담에 의해 단계별 변화과정에 따라 새로운 역학관계가 형성 되는 법이다. 그런데 그 관계성의 역학관계를 올바르게 규정하기 위해서 해결하지 않으면 안 되는 문제가 하나있다. 그것은 한 인간의 나이와도 같은 인류의 시대정신에 대한 보편적 규정이다. 그러니까 그 시대정신의 규정에 대한 보편적 근거를 무엇으로 어떻게 정하느냐가 관권이다. 물론 단체별 집단별로 그 출발이 상이

하겠지만 우선 거시적인 분야가 먼저 선정 되어야 할 것이다. 이를테면 시간과 공간적 규정을 그 출발점으로 삼는 것이 그 어떤 것보다 무난한 선택이 될 수도 있을 것이다.

나이는 시간성이다. 예를 들어 21세 정도의 완숙한 성년기에 도달하면 부모를 떠나 홀로서기가 가능해지기 때문에, 부부의 관계를 통해 부모의 보호가 없어도 생활을 영위할 수 가 있듯이, 그 역학관계가 수직(|)에서 수평(—)으로 바뀐다는 것이다. 이것이 대상적 존재의 주체성의 회복, 즉 대상적 존재의 주체로의 자격 변화이다. 다시 말해 미완성으로 태어난 자녀가 단계적으로 성장 발전하여 부모, 즉 어른으로 그 위치가 전환 된다는 것이다. 그런 면에서 어떤 단체나 집단과 관련된 모든 대상에게 있어서 같은 방법의 적용은 전적으로 유효하다. 21세기의 인류의 나이는 21세기라는 숫자를 통해 스스로를 들어내고 있다. 따라서 21세기는 우리인류의 시대정신을 21세, 즉 스무 한 살로 규정할 수가 있을 것이다.

공간空間은 문명의 발달로 자연과학이 물리세계의 근본을 규명할 수 있는 경지, 즉 자녀가 부모의 심정을 이해할 수 있는 경지를 부모와 같은 책임의 시기로 볼 수 있듯이, 인류의 능력은 이제 자연의 생태계에 대한 책임을 방관할 수 없는 경지에 이르렀다. 왜냐하면 자연의 위력 앞에 공포심과 경외심을 갔던 시대에서, 자연을 파괴할 수 있는 가공할 과학의 힘을 갖춘 상태에 이르렀기 때문이다.

인문과학 또한 존재의 본질을 논할 수 있는 높은 경지에 도달했으며, 국가의 제도 또한 원시공동체사회에서 노예제, 봉건제, 그리고 과정주의인 사회주의와 자본주의를 충분히 경험하고, 완성을 상징하는 제3의 길(민주주의 4.0)의 새로운 사회제도를 맞이하지 않으면 안 되는 절체절명의 시기에 이르렀기 때문이다.

따라서 21세기는 모든 민주, 즉 정치의 민주, 경제의 민주, 그리고 종교의 민주, 문화예술 등 모든 분야의 민주주의로의 새로운 패러다임의 이행이다. 이것은 역사의 방향성에 의한 준엄한 법칙이며 역사가 민주주의를 목적으로 창조되고 민주주의를 실행하지 않을 수 없는 근본 이유이다. 그 누구도 감히 거부할 수 없는 창조적 존재의 일방성이 만들어 낸 목적적 프로그램이다.

단지 인간의 힘은 자유의지, 즉 역사의 재창조인 어떤 사회의 구조와 형태론의 범주에 미치는 작은 영향력일 뿐이다. 예를 들면 시간적 전 · 후와, 공간적 대 · 소 관계에 있어서의 역할 같은 아주 미미한 힘과 같은 것들과 같다.

03 절대정신의 요구와 한반도의 성장 법칙 역사

절대정신이란? 곧 창조의 궁극적 목적 프로그램의 다른 이름이다. 건축에 있어서는 설계도와 같으며, 식물의 DNA 구조, 인간에게 있어서의 정자精子처럼, 존재하는 모든 것은 정확한 목적성을 자체 내에 갖고 탄생 되며, 그 탄생은 처음부터 완성되지 않고 미완성에서 시작되어 완성을 향해 변화 발전한다는 것이다.

우주도 역사도 한 인간의 성장과 4계절이 뚜렷한 지역의 자연법칙처럼 닮아있다. 봄에 씨를 뿌리고, 여름에 가꾸어서, 가을에 열매를 맺는 3단계

과정을 거치듯이 1세기동안 전개 된 우리 한반도의 역사와 함께, 먼 이웃 지금의 중동지방에 실재했던 이스라엘의 역사와 비교해 보면, 그 역사의 단계별 나선형식 동시성(닮음꼴)에 아이러니를 느낀다.

필자는 수직적 체계인 전제군주제였던 조선왕조와 수평적 체계인 민주주의의 상반성이 서로 공존할 수는 없었을까? 를 두고 고민했던 시간들이 많았었다. 왜냐하면 짧은 기간 안에 한반도를 둘러싸고 벌어졌던 가공할 사건들이 가히 상상을 초월한 사건들로 점철되어 있으며, 그 상흔이 너무나 깊어 아직도 치유하지 못하고 몸부림치고 있기 때문이다.

그러나 결론은 어쩔 수 없었던, 즉 시계방향을 따라 성장 완성을 위해 가는 길목에서 피해 갈 수 없었던 성장 통으로, 결국 궁극의 목적인 민주주의를 창출하기 위한 희생양이었다는 것이다. 사랑을 잃어버린 절대군주의 척결 없는 민주주의는 상상할 수 없다. 이를 두고 고故 함석헌 옹은 "백성에 대한 군주의 수탈" 을 식민의 원인으로 얘기하지 않았던가?

법칙에 의해 철저하게 전개 되는 역사의 수레바퀴라는 생각이 들 정도이다. 한 치의 오차도 없이 펼쳐지는 한반도의 역사를 어떻게 생각해야할지를 깊이 헤아려야 한다. 그리고 철저하게 준비해야 한다. 절대정신의 요구로서의 한반도의 '제3의 길(민주주의 4.0)' 의 완성, 즉 "공존주의 1.0" 의 새로운 시작이 눈앞에서 다급하게 진행되고 있다. 역사 연구의 목적이 역사의 경험을 통해 지혜의 눈을 넓히고, 보다 깊이 사유해서 그 대안을 찾아야만 하는 것이 목적이라면, 이제 우리의 경험은 이것만으로도 족하다. 한반도의 성장발전 법칙인 아래의 도표를 볼 때, 절대정신의 요구는 우리에게 많은 시간을 허락하지 않은 것으로 보인다. 일각을 쫓아 새로운 역사를 준비함에 있어 최선을 다해야 역사의 뒤안길에서 후회의 눈물을 남기지 않을 것이다.

절대정신의 요구와 민주주의

조선朝鮮왕조(전제군주제적 절대적 왕정)말기 1905년부터 약 1세기 동안 불어 닥친 정치제도사의 격변과 한반도 정세政勢, 특히 전 방위적 사회 · 문화제도에 있어서의 대 전환과 대 변혁의 소용돌이는, 21C 새천년의 첫 관문을 통과하고 있는 우리에게 너무나 큰 의미를 시사하고 있음을 부인할 수 없으며, 또한 절대정신이 무엇을 요구하고 있는가 하는 것을 깊이 인식하지 않으면 안 된다. ―「아래 도표2 참조」

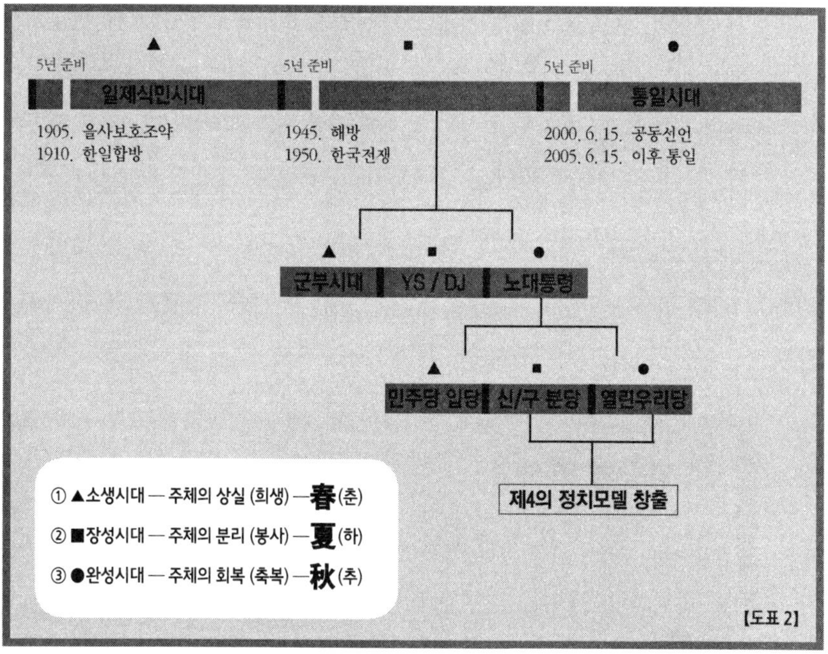

【도표 2】

1905년 을사보호조약 ―1910년 한일합방까지 5년의 준비 기간을 지나, 일제식민지 생활(주체의 상실)과 1945년 해방이후― 1950년 6 · 25 한국 전쟁까지 5년의 준비기간을 지나, 남북분단의 고통(주체의 분리)과 2000년 6 · 15공동선언이후 일정기간(5주년행사에서 남북의 양 대표부는 2005년을 남북통일의 원년으로 삼자고 선언했다. 참으로 놀라운 일이 아닐 수 없다)의 준비기간을 지나 민주주의의 완성인 공존체제共存體制 (주체의 회복)를 창출할 남북통일의 시대가 오게 될 것임은 명약관화한 사실이다.

해방 이후 남한의 정치적 주체의 변동과 정권교체의 전개과정을 상지대 정대화 교수는 「2002년 대선 평가 자료집」에서 발표하였는데, 이를 다시 시스템에 의한 시대별유형으로 해석하게 되면 「도표2」와 같이, 군부독재에 의한 '주권의 상실' , YS / DJ에 의한 '주권의 분리' , 노무현대통령에 의한 참여형型 '주권의 회복' 과 새로운 정치 유형의 변화라고 역설할 수 있을 것이며, 또한 참여정부 시대를 시스템에 의하여 세분하게 되면, 노무현 후보의 민주당 입당과 시집살이를 거쳐, 신 · 구주류(민주당과 열린우리당)의 분리가 이뤄졌으며, 그 이후 정치권 전체에 대한 변화(제3의 정치 모델 창출)를 요구하는 것으로 평가할 수 있다. 「도표2참조」

04 성장의 역사관

"우리의 역사란 말은 객관적 방면과 주관적 방면을 총괄하고 있으며, 사건을 의미하는 동시에 사건의 기술記述을 의미한다." (역사철학서론-G. W. F 헤겔) 라고 했다. 이처럼 인류의 역사에 대한 해석은 「그리이스」 시대의 운명론적인 헤로도투스의 '순환사관' 을 비롯해, 시간을 직선적으로 해석함과 동시에 시발과 종말을 인정한 「헤브라이즘(hebraism)」에서 시작된 어거스틴의 '섭리사관' , 계몽주의시대의 사관으로서 정신과 기술의 진보에 따라서 역사도 진보한다는 비코, 볼테르, 콘도르세, 칸트, 레씽, 헤겔의 '진보사관' , 정신이나 이성이 아니라 물질적 조건에 의해서 역사가 발전한다고 보는 K 마르크스의 '혁명사관(유물사관)' , 지나친 합리주의, 과학주의에 대한 반발로서 역사를 생의 체험의 표현으로 본 딜타이, 베르그송, 짐멜의 '생철학사관' , 역사를 문화발전의 측면에서 본 A. J 토인비, 슈펭글러의 '문화사관' 등이 있으며, 기타 사관으로서, 역사가 「기원과 목표」를 갖고 있다고 보는 '야스퍼스사관(K. Jaspers)' , 인간의 생활이 3가지의 규제, 즉 신율(중세초기), 타율(중세후기), 자율(르네상스)를 받아왔다고 보는 '틸리히사관(P. Tillich)' 등이 있지만, 이 모두는 포괄적이면서도 부분적이고 부분적이면서도 전체성을 갖는 완벽한 사관을 제시하지 못했다. 그러나 아래에 서술 되는 '성장사관' 은 인류의 역사는 한 인간의 탄생에 의한 성장과도 같이 미완성에서 출발하여 그 목적 완성을 향해 단계적 나선형으로 성장발전 하는 인격적 매커니즘을 갖는다는 것이다. 따라서 다음에 전개되는 성장사관은 인간을 중심한 지극히 인간적인 인격사관으로서 기존의 사관의 각론적 한계를 극복하고 역사의 방향성을 제대로 설정한 총체적인 창조적 역사관이라 할 것이다.

그동안의 역사는 절대적 가치의 역사관 부재로 역사의 발전을 표류시켰다고 해도 과언이 아니다. 따라서 지금은 어떤 시대인가에 대한 제대로 된 역사관을 갖는 일은 인류역사의 선순환을 위해, 그리고 시대정신의 표준규정을 위해 무엇보다 중요하다. 이제 21C 인류문화의 완성기를 맞이하여 시대정신의 절대규정은 그 무엇보다도 영순위가 되어야한다. 왜냐하면 법과도 같은 기준, 즉 시대정신을 올바로 규정할 수 없는 사회는 각종의 의견충돌로 인해 무질서에 빠져 사회적 위기를 불러오게 될 것이기도 하지만,

완성된 존재일수록 자기의식이 강하기 때문에 절대적 기준이 없으면 방향타를 잃어버리고 헤맬 수 밖에 없겠기 때문이다.

인간의 성장과 인류의 성장 역사

a. 인간의 성장과 인류人類의 성장이 동시성을 갖듯이, 인류의 역사(얼·총화)는 한 '인간의 성장과 닮은꼴' 이다.

b. 인류의 역사는 한 인간과 같이 성장단계별 '보호와 책임의 3단계라는 변화 법칙' 을 갖는다.(직·간·무 / 무·간·직)

c. 인류의 역사는 어떠한 위기에 처할 지라도 존재의 절대목적을 완성시키고, 유지시킬 수 있는 다양한 능력을 갖기 위해 부단한 자기노력을 기우려온 '단련의 역사(훈련·공부)' 이다.

d. 인류의 역사는 주체와 객체의 단계별 발전적 차원에로의 '공존을 찾아 나온 역사' 였다. 왜냐하면 부족한 존재는 상대적 관계를 조성하지 않고서는 새로운 합合을 재창조할 수 있는 능력을 갖지 못하기 때문에, 보다 완성으로 성장발전 하기 위해서는「정 · 교 · 합」에 의한 상호보완적 교류交流법을 통하여 역사를 재창조하지 않으면 안 되게 창조된 미완성 존재이기 때문이다.

e. 사랑은 완성의 산물이다. 미완성된 존재는 주체로부터 사랑을 받아야할 존재이지만, 완성된 존재는 객체에게 사랑을 돌려주어야할 존재이다. 따라서 인류 역사의 성장발전에 있어서 완성기에 도달한 우리인류는, 주체(신·선조)로부터 물려받은(영적·지적·물적)사랑을 그 객체인 만물과 후손들에게, 그

잉여剩餘물을 되돌려 주지 않으면 안 될 때임을, 21C의 시대정신은 요구하고 있다는 것이다. 그러므로 인류의 역사는 '사랑을 찾아 나온 역사' 이다.

성장의 역사와 종교사 그리고 한민족사의 유사성

성장에도 단계적 법칙성을 갖듯이 인류의 역사도 법칙을 갖고 존재한다. 특히 이스라엘의 민족사와 기독교사 그리고 한반도의 역사에서 보듯이 한 치의 어긋남도 없이 자연의 법칙성을 닮아 전개되는 놀라운 일치성은 역사의 유형에 어떤 패턴이 존재하고 있음을 확실히 부정할 수 없다는 것을 증명한다고 하겠다.

a. 이스라엘 민족사와 기독교사 그리고 한반도사의 유사성

봄 —씨를 파종해서 썩힘	여름 —분열 및 입과 꽃을 피움	가을 —열매 맺음
1. 이스라엘민족(애굽 고역)	사사시대 (출애굽)	통일왕국시대 (가나안 입성)
2. 로마제국 박해시대	교구장제 기독교시대	기독왕국시대
3. 일제 식민시대	민주적 지도자시대	남북통일시대

b. 한반도는 모든 문명의 축소판이요, 완성지이며, 성서의 창세기가 이뤄지는 곳.

1. 국가체제의 모든 형태를 경험하였음(전제군주·사회 ·자본, 공존)
2. 문화의 뿌리인 종교의 종합 백화점(샤머니즘·불교·유교·기독교·신흥종교)
3. 광복이후 남북분단(출애굽이후 홍해의 갈라짐 : 새로운 보금자리 - 세계평화를 위한 공존의 모델 -를 제시하여야 함)
4. 형제(카인·아벨)의 싸움(정·종·경 / 남·북/ 동·서 / 민주·우리 / 좌·우 / 기독교·통일교 / 현대·삼성)
5. 형제(에서·야곱)의 조우(고 정주영회장의 소떼 기증 등)

c. 한반도는 인간을 닮은 지구(남·여 ; 두 대륙)의 코(중심)를 상징하는 곳.

(1990. 6. 10 세계 지리 학회는 대한민국 서울 회의에서, 한반도를 세계의 중심으로 결정하였음)

1. 해양과 대륙이 만나는 곳.
2. 동 · 서의 문명이 교차하는 곳.
3. 양대 이데올로기가 공존하는 곳.
4. 공존체제, 공존주의, 공생경제를 창도하여, '제3의 모델' 을 창출할 곳.
5. 절대가치(양미론)를 바로 세워, 이상사회(용화세계, 바실레이아)를 건설할 곳.
6. 생기를 불어넣는 생명의 출발지(백두대간은 콧대 : 코는 인체의 축소판)

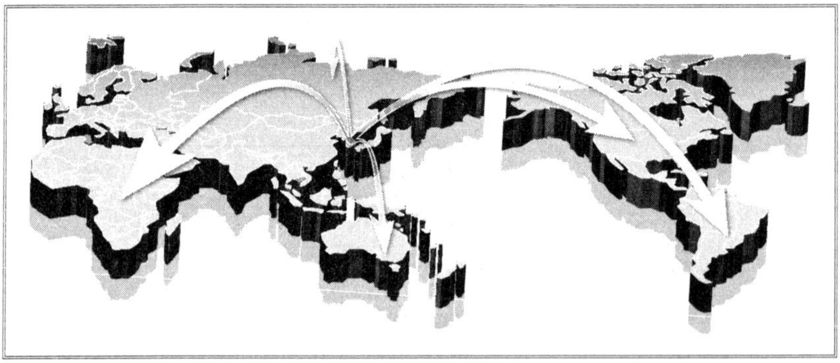

05 시스템철학과 정치

시스템(가치)철학

라츨로(Ervin Laszlo)는 그의 저서「시스템 철학론(The Systems View of the World)」에서 "목적을 추구하는 것 치고 가치로 부터 자유로운 것은 아무것도 없으며, 지금까지의 지식은 상대적으로 고립된 채 깊게만 추구 되면서도 한편 폭넓게 통합이 되지 못하는 불행한 결과를 낳고 있다.

또한 제 과학의 새로운 발전에서 나온 철학이 시스템 철학이며, 제대로 전체적인 틀을 갖추게 될 때 시스템 철학은 우리에게 사실적 규범적 지식을 함께 줄 수 있을 것이다." 라고 역설 하면서 시스템 조직의 공통성 발견의 방법으로 —가설적 연역법(hypothetico-deductive method)— 기초적인 도구로 하나의 가설假說을 설정하고, 그것이 실제 경험에 합치 되는가를 추적해 나가는 그런 방법으로서, 시스템론적 견해들을 다음과 같이 열거하였다.

ㄱ. 현실을 제대로 파악하기 위해선 사물을 고유한 특성과 구조를 가지고 있는 시스템으로 봐야할 것이다.

ㄴ. 모든 것을 복합적 조직으로 봄.

ㄷ. 다른 사물을 고려하지 않고도 연구될 수 있는 독자적인 현상은 아니다.

ㄹ. 세계를 통합된 관계의 집합이라는 견지에서 보는 것.

ㅁ. 조직이라는 공통적 측면에서 공통점을 찾으려고 함.

ㅂ. 단순한 건축물이 아니라 각각의 건축물에 나름대로의 독특한 성격을

부여하는 재료들이 조직화되어 있다는 측면에서 이들을 봄.

ㅅ. 시스템들 사이에는 상호의존성이 존재하게 된다. —例 그물코—

ㅇ. 시스템들 행동에는 정연한 질서와 한계가 있다.

ㅈ. 섬세한 조직체의 세계이며, 조화와 역동적 균형으로 봄.

ㅊ. 진보는 상부로부터 결정없이 하부(새로움)로 부터 촉발됨.

ㅋ. 진보와 함께 하려면 적응을 하여야 한다.

ㅌ. 정치에 있어선 국내외 정책은 융통성과 함께 혁신적이어야 하며 하위직과 고위직 대표자간의 위계적 균형이라는 일반적 정책의 보완적 모습을 이해해야 함.

시스템철학정치

역사는 종적 상대적 관계(전제군주제 : 父.子관계)에서, 횡적 상대적 관계(입헌군주제 : 夫.婦관계)로 변화 발전하는 시스템 체계론적 성장의 원리를 갖게 되는 법이라고 상술하였다. 따라서 행위의 주체와 객체간의 횡적 상대적 관계를 상징하는 민주화는 21C 선진정치의 화두이며, 대의정치 및 참여행정이 실현하여야할 이상이요 희망이며 꿈이다. 다시 말해 인류의 정치역사에 있어서 민주주의를 왜? 우리의 국가 제도로 세워야하며, 민주주의란 무엇인가? 에 대한 본질적인 물음에 있어서, 성장역사의 원리와 시스템철학체계는 그 궁극적 근거를 제시하는 것이다.

완성의 정책정치

기존의 정책이 특출하게 뛰어난 특정 정치인의 정치적 지식이나, 정치적 전략과 전술을 믿고 추종하는 기술적 신념의 정치였다면, 완성의 시스템 정치는 다수가 공감共感할 수 있는 목적적 프로그램, 즉 이상사회가 갖추어야할 완전한 정책모델(청사진)을 먼저 제시한 후에, 정치지도자와 주인인 국민이 그 목적을 이루기 위해 법과 제도에 의해서 서로 협력하여, 공동으로 이행하는 새로운 "제3의 정치 모델(Model)" 을 뜻한다.

부연하면 완성의 정책정치란? '인격적인 사랑에 의한 상생정치相生政治'를 말함이며, 국민도 그 정치적 책임으로부터 자유로울 수 없는 정치체제를 뜻한다.

따라서 기존정치는 인물중심의 정치기술자(목수)였으며, 구체적인 설계도가 부재했기 때문에 국민은 정치가의 정치 행위에 대하여 절대적인 관리와 견제가 불가능 하였으며, 오로지 힘과 권모술수에 의한 일방적인 이끌림의 수직적인 지배 정치의 악순환을 되풀이할 수밖에 없었던 것이다. 그러므로 시스템에 의한 공존정치를 통하여 완성된 정책정치를 창출해야 할 것이다.

정책정당政策政黨의 표본

인물중심정치는 미완성기의 정치지도력(actor)의 상징이요, 정책중심정치는 우리나라 정치에 있어서의 새로운 블루오션전략인 완성기의 정치지도력(agent)의 표본이다. 따라서 기존의 정당이 정치적인 뜻을 같이 하는 인물들(정치인과 비정치인의 구분이확연함 - 국민은 거수기에 불과 함)의 모임으로서 정책을 결정하는 무리(인물중심)에 의한 지역주의 중심 정당이었다면, 정책정당은 시스템적 철학(Systematic Philosophy)의 교류에 의한 정치적 목표를 완벽하게 먼저 수립하여, 국민의 단순한 참여가 아니라 국민과 함께하는 공존의 주인정치이며, 국민의 책임과 높은 수준에 의한 제도적 정책 중심의 '민주주의4.0' 에 의한 새 정당(양원제)을 뜻한다.

새 가치관 정치

기존의 정치가 입법의 필요성을 뒤따라가면서 의미적으로 맞춰가는 땜질식 사안별事案別정치요, 문제의 발생에 대응하는 임기응변의 정치였다면, 새 가치관 정치는 시스템철학에 기반한 정치이다. 따라서 문제 발생 가능성을 미리 예견 —영국의 노동당은 forethought program을 개발하고 있음— 하여, '제3의 공존모델' 을(민주주의4.0에 의한 입법·사법·행정과 경제·정치·종교 등등의 전 방위적 분야를 총체적으로 집대성) 먼저 세운다음, 실행의 완전성을 찾아가기 위한 예방위주의 정치이기 때문에 선법정치先法政治이며, 상생의 원활한 교류정치이자 쌍방의 정치적 수준이 높아야 하므로 "제3의 이념" 교육에 의한 새로운 철학적 가치적 비전 정치인 것이다.

공존共存의 정치이다.

기존의 정치가 정치적 절대성에 의한 입법 · 사법 · 행정 중심의 권력(관료 : 뷰로크라시)정치였다면, 시스템 정치는 정치적 절대성(Political Absolute)을 상대화시켜서, 즉 경제 · 종교 · 사회 · 문화와의 관계를 기우뚱한 수평적 균형의 관계로 지향해가는 공존의 정치체계를 뜻하는 것이므로, 경제의 정치 · 종교의 정치 · 문화사회의 정치라고도 할 수 있는 공동체정치이며 진정한 조직적 협력의 새 가치관 정치(민주주의4.0)인 엔터테인먼트 정치를 의미한다.

예)

*제3의 경제학과 경영원리에 의한 소유권의 창조적 상 · 하한제 실현.

—양극화문제 해결—

*정치권력의 분권화와 지방 행정의 활성화 추구.

—지역별 특화 사업, 기관의 분산 배치—

*절대가치 창출로 종교적 배타성 척결과 제도적 공존체제 완성 등.

—문명의 충돌 방지—

06 시스템 정치의 해제

상세한 방법론은 생략

철학적 의미

a. 존재存在(being)와 생성生成(becoming)의 원활한 교류 정치이다.

b. 시스템 철학(조감도 · 청사진)에 의한 정책정치이며, 책임행정정치이다.

c. 블루오션정책정치이며, 진정한 열린 정치이다.

d. 공존정치로서 쌍방에게 책임을 요구하는 민주주의4.0정치이다. —국민과 정치인—

e. 좌우를 넘은 '새 가치관' 에 의한 공생주의정치이다. —철학적 정치—

f. 양심의 법法을 지향하는 정치이다. —정언명령을 지향하는 정치이다—

g. 지성, 지혜智慧의 정치이다. —꿈의 정치 · 도덕정치 · 사랑정치—

h 협력의 정치요, 화합의 정치이다.

I. 미래정치, 예방정치이다. —forethought program에 의한 예견 정치—

j. 군자정치 · 성인聖人의 정치 시대를 열기 위한 나눔. 용서의 정치이다.

k. Lotto정치이다. —진정한 완성의 참여 정치—

l. 혈연 · 학연 · 지연을 초월한 새 가치관 정치이다.

m. 신본적神本的 인본주의人本主義 정치이다.

n. 주인정신에 의한 국민의 정치이다.

o. 신바람 나는 정치이다. —용서와 화해를 통한 베품의 기쁨을 누리는 정치—

제도적 의미

a. 제3의 정치모델인 민주주의4.0 / 공존주의 1.0의 제도이다.

b. 공존체제를 위한 창조적 중립제도정치이다. ―창조적 중립정부―

c. 형제정치이다. ―보호와 함께 책임을 갖게 됨―

d. 공존적 협력의 정치이다. ―종교 · 정치 · 경제의 유기적 협력정치―

e. 정치 권한의 축소와 국민 참여의 확대를 지향하는 정치이다. ―기우뚱한 균형의 권력구조―

f. 이원집정부제와 내각제적 요소를 내포하는 정치이다.

g. 선진先進정치요 국제적 정치제도를 선도해 나갈 미래정치이다.

h. 기회의 평등을 지향해 가는 정치이다. ―창조적 분배―

I. 제3의 길에 대한 대안의 새로운 방법론이다.

j. 사회제도와 정치제도 개혁의 병행정치이다. ―새 가치관에 의한 선진의식 고양―

k. 인물 본위를 넘어선 시스템(상호관련성)에 의한 정치주체 형성의 정치이다.

l. 범 인류사적 숙원인 남북통일의 공존주의 모델을 제시하게 될 큰 정치, 즉 통일을 대비하는 사회전반의 제도적 개혁을 이루게 될 정치이다.

정보적情報的의미

a. 콘텐츠(contents) 정치이다. ―내용(가치)이 풍성한 완전의 정책정치이다.―

b. 사이버(Cyber) 정치이다. ―가설적 연역에 의한 청사진 제시정치―

c. 메스미디어 정치이다.

d. 디지털 정치이다.

e. 유비쿼터스(Ubiquitous)의 정치이다. ―시공을 초월한 대통합 정치―

f. 정보교류에 의한 의사소통 정치이다.

g. 공개公開정치를 실천하는 정치이다. ―투명성에 의한 국민의 책임을 요구하는 정치―

h. 존재의 궁극 목적으로 안내(I.T)하는 정치이다. ―이상사회의 모델을 위한 생활공동체 정치―

3장 책임행정과 새정신운동

01 지방분권에 의한 책임행정과 생활정치

새정신부 신설과 행정의 정치화와 민주화, 그리고 지방분권

이명박 대통령은 17대 대통령에 당선되자 곧바로 정부조직법의 개편을 단행하였다. 이것은 역대의 어느 정권에서도 볼 수 없었던 개혁에 대한 MB 정부의 의지의 일단을 엿볼 수 있는 대목이다. 입으로만 외치는 개혁이 아니라 창조적 실용의 기치아래에서 현실적으로 실천하고자 하는 행정부의 진면목임은 틀림없다고 하겠다.

정부조직법 개편은 아직 미완성

그런데 '제3의 눈' 에 의하여 보다 더 깊이 들여다보면 인수위원회가 단행한 정부조직법 개편은 미완의 개편에 머물렀다는 느낌을 지울 수가 없다. 무슨 뜻이냐 하면 국가도 한 인간의 형상과도 같아서 몸과 맘이 동시에 어우러져 있는데, 인수위원회는 정부조직의 몸짱 만들기에만 급급한 나머지 국가의 정신과도 같은 맘짱 챙기기에는 너무 소홀했다는 것이다.

사람에게 있어서 정신적 가치가 얼마나 소중한가 하는 것은 정신지체장애자와 같이 직접 생활해 보지 않고서는 그 누구도 피상적, 관념적 수준에 머무를 수밖에 없는 법이다. 생물학적인 육체가 아무리 건강하고 튼튼하다고 할지라도 그것은 미완성의 시기에 한해서 부모가 그의 정신적 가치를 대신해주게 될 때의 이야기일 뿐이다.

21C는 모든 부분에 있어서 완성기이다. 그 누구도 나를 대신했던, 그리고 믿고 따랐던 부모를 떠나 홀로서기를 해야 하는 책임의 때를 시대정신으로 맞이한 것과 같은 높은 문화와 영성을 우리 인류는 소유하지 않으면 안 된다. 따라서 정신적 가치의 소중함을 몸적 가치와 동등하게 자리매김해야 할 때이다. 그래야 경제도 살릴 수 있고 정치도 제대로 굴러갈 수 있는 것이다. 경제의 위기는 정신적 가치인 철학의 부재에서 기인된다는 말을 깊이 명심해야 할 것이다.

새 정신부의 신설과 지방분권의 가속화

MB정부는 '경제 살리기' 와 '국민통합' 을 양 날개로 표방했음에도 불구하고 정신적 가치를 다듬기위한 정부조직법 개편은 간과했던 것이다. 지금이라도 늦지 않았다. 몸짱을 어느 정도 만들었으면 이제 '맘짱' , '혼짱' 을 만들기 위한 '새정신부' 신설을 두고 국민의 여론을 다시 모아야 할 것이다. 차기정부는 국민통합과 민족의 숙원인 통일을 앞두고 '새 정신부' 를 정부조직의 한 분과로 신설하고, 행정의 분야도 권한의 분산이나 이양이 아니라 행정의 상속과도 같은 지방분권을 조속히 착수해야 한다.

중앙집권적 행정시스템으로는 이제 더 이상 자의식이 성숙된 국민의 요구를 통제할 수가 없다. 국민에 의한 국가에 대한 정신적 책임의식과 행정에 대한 간여로서의 책임, 즉 지방분권은 민주주의 4.0 체제가 행정 분야에 있어서 더 이상 피해갈 수 없는 중요한 부분 중의 하나이다.

행정의 정치화와 민주화

산업혁명 이후 현대국가는 정부의 기능이 비대해지고 확대 되었으며, 정보화시대를 맞이하여 행정의 규모가 비약적으로 발전하였다. 또한 정치체제는 대중민주주의의 양상을 띠게 됨에 따라 의회가 국정의 중심이었던 대의제는 그 권위가 흔들리게 되었다. 따라서 19C 말에서 20C 초부터 이러한 위기를 극복하기 위하여, 행정국가가 대두되었으며 행정이 입법 · 사법보다 우위에 서면서 광범한 위임입법권委任立法權 · 재량권裁量權을 행사하게 되었고 정책결정에도 깊이 관여하게 되었다.

21세기의 행정과 정치는 상호 시스템적 교류(systematic inter-change)를 통하여 밀접한 관련이 되고 있으며, Paul. Appleby. Marshal · E. Dimock를 대표로 하는 정치행정일원론(기능적 행정학)이 주장되면서 행정도 고도의 정치적 성격을 띠게 된 것이다. 특히 우리나라는 지방자치를 시행하고 있지만 민주통제를 거의 받지 않은 강력한 중앙집권적 권력구조 하에 행정이 반독재에 가까운 고도의 정치적 기능을 수행하여 왔다. 기초자치단체의 정당 공천제도가 웅변해 주듯이 사실상 행정과 정치의 기능이 미분화未分化 된 채 정치체제에 대한 행정체제의 압도적 우월화의 상황이 계속되었으며, 국민의 정치적 참여는 극도로 제약되고 정치는 행정권의 시녀처럼 예속되어 있는 실정이다.

21C는 문화의 완성기이며 수평적 공존의 시대이다. 완경사緩傾斜적 균형의 시대를 열기위해서 행정인은 행정적 정치인(administrative statesman)으로서, 행정만능주의를 배격하고 지나친 행정의 정치화는 지양하되, 행정의 자율성을 지속적으로 확대해 나가야하며, 생활정치를 위한 국민 참여의 확대를 통하여 정치체제의 투입기능을 활성화시키기 위하여, 국민의 추천과 투표에 의한 행정의원(중앙과 기초자치단체장의 상원)제도를 동. 면단위까지 실시하여야 할 것이다. 그것의 구체적 실천 전략의 한 방법론이 지방분권, 즉 생활 행정이다. 이것은 또한 새로운 '행정체제의 4.0' 이 될 수도 있을 것이다.

행정문화의 쇄신과 전략

신행정 이론가 왈도(Dwight Waldo)는 "현대 행정학은 주체성의 위기(crisis of identity)를 극복하면서, 새로운 이론과 새로운 방법론을 모색하는 전환기에 놓여 있다"고 했으며, 하겐(Everett E. Hagen)과 맥클랜드(David C. McClelland)는 "인간의 퍼스낼리티가 자본주의의 발전이나 쇄신 또는 창업가정신(entrepreneurship)을 유발시키는데 큰 역할을 하며, 그 동기로써 가치관의 중요성"을 강조하였다.

또한 행정학자 김규정 교수도 "관료가 권력을 현명하게 행사할 수 있도록 그 능력을 향상 · 개선시키는 일이 현대 민주국가의 중요한 과제이며, 관료제와 민주주의가 조화 될 수 있는 최적대안이 모색되어야 한다. 이는 우리나라 행정의 사회변동의 전략으로써 규범적 전략인 가치관 · 태도 등의 변화를 통한 변동대상자의 자발적 협조 · 자율성 · 창의성의 향상 · 사명감 · 적극적의욕의 고취 등 심리적 측면에 중점을 두려는 전략이다. 우리나라 전략으로는 가장 효과적일 갓이다.

그러므로 전통적 행정문화와 근대적 · 합리적 가치관의 갈등 대립을 극복하고 새로운 행정문화를 확산 · 정착화 시키는 일은 우리나라 행정이 당면하고 있는 시급한 과제라 할 수 있다. 이를 실천하기 위해서 a)사회가치의 다원화 b)행정대상 · 행정규제 범위의 축소와 민간부문의 확대 c)연수제도의 강화 d)공무원 보수체제의 합리화 e)엘리트 취업기회의 다변화 등의 전략을 강구할 수 있는 것이다." 라고 하였다. 위에서 상술한 바와 같이 행정문화의 쇄신전략으로 심리적인 측면의 중요성이 언급되었다.

그런데 본질적인 근본문제에 대한 구체적인 분석연구에는 접근조차 하지 못하고, 일반적, 피상적인 차원을 벗어나지 않고 있다. 예를 들어 관료의 권위주의가 미완성기에서는 필요불가결한 요소였지만, 완성기에는 오히려 발전을 저해沮害하게 되는 법칙성을 갖게 되는 법이라는 인격 철학적 분석과, 미완성자는 자신의 부족함을 채우기 위해서 타인의 고통에 대하여 무감각한 법이며, 또한 자신의 어리석음을 채우기 위해 명예라는 잘못된 종교적 가치를 이용하고, 권력을 가져야 유 · 무형의 소유所有의 독점이 용이容易하기에 본심은 변화를 거부하면서도, 공개적 발언은 개혁을 말할 수밖에 없는 음흉한 이중의 가면을 갖게 된다. 이는 본질적 근원이 몰가치적 권력욕과 물권법의 지나친 자유의 허용이라는 자본주의체제의 도그마(dogma)에서 비롯되게 된 것이며, 또한 양극화 현상, 지역감정, 지역주의 정치의 구조가 고착화 되게 된 것도 국가예산의 독점을 위한 저급하고 꼴쫌한 천민자본주의적 경제관이 만들어낸 유치한 발상의 산물이다.

역사의 완성기에 접어들고 있는 21세기는 결혼기와 같아서 상호협력하지 않으면 덤(incentive)이 주어지지 않고, 오히려 서로에게 손실損失만 발생하게 된다는 등의 철학적 가치에 대해서 깊이 생각해 봐야 한다.

행정의 쇄신만으로는 한계가 있는 것이다. 왈도(D. Waldo)의 새 이론과 새 방법론은 과연 어떤 것일까? 행정의 쇄신은 자체만으로는 불가능하며, 가치혁신을 통하여 어떤 보다 더 큰 다른 대상(체제개혁)을 상대적관계로 설정하여 상호교류 할 때 진정한 개혁이, 모두가 공유共有하는 혁신이 가능한 새로운 이론과 방법론이 지금 여기서 세계라는 넓은 시장을 향해 공존체제라는 이름으로 던져지기 위해서 서술되어지고 있는 존재의 '성장변화발전成長變化發展' 의 인격이론과 '공생주의共生主義' 를 지향하는 정치적 블루오션전략의 새로운 방법론에 대한 바로 이것은 아닐까?

행정개혁과 통제, 그리고 지방분권

행정개혁(administrative reform)이란? 행정조직의 구조변화와 새로운 정책의 채택, 적용뿐 아니라, 국가체제의 변혁을 도모하고, 행정인의 가치관 · 신념 · 태도를 혁신시켜 개인과 조직의 발전을 동시에 통합시키려는 것이며,

행정체제의 쇄신과 변동대응 능력을 증진시키고 행정효과의 향상을 위한 새로운 아이디어를 창안하여 실천에 옮기는 것이라 할 수 있다. 그러나 문제는 행정의 개혁만으로 복잡한 사회조직을 일시에 혁신할 수 있느냐 하는 것이다.

역사에는 "의도하지 않은 결과(unintended consequence)"가 있는 법이라고 하였다. 사회주의체제의 붕괴가 그것일 것이며, 그 몰락의 원인과 자본주의 체제의 인격적 타락의 본질을 잘 파악한다면 서로의 장점을 하나로 결합할 수 있는 새로운 「제3의 모형」이 나올 수가 있음이 또한 그것일 것이다. 따라서 '가치혁신을 통한 블루오션전략'으로 새로운 방법론을 창안하여 행정개혁을 하여야 할 것이다.

그리고 행정개혁에는 관료제에 수반하는 역기능을 극복하면서 효과적인 민주적 통제장치를 어떻게 마련하느냐, 즉 몸집이 커지고 자의식이 생긴 큰 아들을 장가보내지 않고 어떻게 키울 것이냐 하는 것에 있다.

역사는 궁극의 목적을 향하여 성장하고 있음을 창조적 성장이론은 증시證示하고 있다. 사회체제도 부단한 발전과정에 있으며, 정치와 행정의 주체인 공직자도, 객체인 국민도 또한 성장의 과정에 있는 것이다. 따라서 시대정신에 맞게 국가제도는 행정체제를 개혁하고, 행정인 및 국민은 절대가치를 창조하여 이타적인 가치관으로 새롭게 개조하여야 질서 있는 입체적인 통제가 가능할 것이다.

따라서 필자는 행정개혁의 제도적 조건으로 '지방분권'을 상정하고자 한다. 완성기는 상속의 때이기 때문에, 수평적 협력의 시대이다. 부부와도 같이 중앙과 지방의 수평적 조화를 통한 협력의 책임행정시대를 열지 않으면 다변화와 세계화라는 높은 파고를 막아내기 힘들 것이다.

바야흐로 이제 무역의 장벽도 무너졌다. 이 물결을 타고 언제 어느 때에 행정의 자유화가 밀려올지 그 누구도 알 수 없는 일이다. 구시대적 행정의 수직적, 획일적인 중앙집권적 방법으로는 개성화 되고, 자유화된 국제적 업무를 감당하기 힘든 시대에 이미 들어왔다. 미래를 위한 준비 차원에서라도 지방분권의 조속한 시행은 선택이 아니라 필수임을 하루 빨리 인식해야한다.

예)

비록 국가체제와 행정의 궁극적 주체인 시민대중에 대한 쇄신은 아니었지만, 1936년 미국의 「Brounlow위원회」는 대통령의 행정관리기능에의 확충을 목적에 두면서 a)참모제도 신설 b)각종 관리기관을 대통령 직속 하에 두는 조치 c)인사행정의 개선 d)행정기관의 재편성 e)재무행정의 개혁을 건의 하였으며, 1947년 제1차 Hoover위원회를 다시 설치하여 정부행정부조직위원회를 조직하고 행정개혁을 실시하였다. 이에 한 부분이지만 우리나라행정의 문제점과 개선의 방향에 대해서 논의해 보고자 한다.

02 우리나라 행정의 문제점과 개선방향

정책과정과 기획

정책평가의 방향

정책 평가에는 여러 측면이 있으나 이를 관리도구로서 활용될 수 있어야 한다.

a.정책평가기능의 중요시와 예산과 인원확보 및 지원

b.정책결정과정과 예산결정에의 환류還流

c.평가가능성의 사전검토

d.조직내부인사의 적극적 역할

e.평가 작업계획의 계속적인 개발

f.정책 · 사업계획의 시험적 실시

인사행정의 문제점과 개선방향

중앙인사기관을 대통령직속 참모기관으로 개편 하는 게 바람직하다.

a.국민의 정치의식 수준을 공존의 기준까지 높일 것

b.민주적 공직관을 정립시킬 것

c.전문직업화의 향상을 도모할 것

d.행정풍토의 쇄신과 행정윤리의 확립

e.인사행정기관의 전문화 · 자율화

f.신분보장제도의 개선

g.보수報酬제도의 합리화(영국의 Priestley법 도입)

h.승진제도의 운영개선

I.교육훈련의 개선(공무원교육기관 창설 : F.E.I / E.N.A / C.S.C / C.A.G)

j.인간관계의 개선(고충처리제도의 적극적 활용)

직업공무원제의 문제점과 개선방향

서구는 직업공무원제의 결함을 극복하기 위하여 직위분류제 · 개방형 · 전문행정가 중심의 인사제도로 나아가고 있는 추세이다.

a.민주통제 곤란으로 관료주의의 초래가능성

b.변동 · 개혁에 저항하며 환경에의 적응력 부족

c.학력 · 연령제한은 기회균등의 제약

d.외부인사 임용금지 폐쇄閉鎖제 채택으로 전문가의 임용곤란

e.승진제로 행정 분야의 전문행정가 육성이 어려워짐

위원회제도의 문제점과 개선방향

자문위원회의 성격을 탈피하여 강력한 독립성이 실질적으로 확립되어야 한다.

a.정실情實인사를 배제하고 전문지식을 가진 유능한 적임자를 선임해야 한다.

b.유명무실한 위원회는 일몰법에 의한 존속여부를 평가하여 목적 · 권한 · 책임이 분명하게 해야 한다.

c.집권당의 파당적 압력으로 부터 주체성을 가질 수 있게 정치적 영향력을 배제해야 한다.

d.요식 행위적 운영이 안 되게 위원회제도의 인식을 고취시켜야 한다.

e.위원회 운영의 독자성을 인정하고 위원은 주인의식을 갖고 토의에 참가하여야 한다.

f.합의제에 따른 책임분산의 폐단을 막아야 하며 이를 위해 서명제도 도입과 공개투표 도입이 필요하다.

g.공정거래법의 제정과 규제관계위원회의 설치도 중요하다.

공기업의 문제점과 개선방향

우리나라 공기업은 정치적 압력과 경영관리기술의 부족으로 적자와 부실경영을 거듭해 왔으며, 창의성과 진취성이 없는 관료주의적, 무사안일적

인 운영을 청산하고, 공공성 · 능률성 · 자주성을 확보하는데 주력하여야 한다.

a. 실적주의 중심으로 인사관리를 합리화 · 경영책임제 확립해야 한다.

b. 통제의 일반정책사항 한정, 운영상의 자주 · 능률성을 광범하게 인정해야 한다.

c. 정치적 간섭이나 인사압력을 배제한다.

d. 민간교류가 필요하다.

e. 책임소재를 분명히 밝힐 수 있도록 전결專한을 위임, 관할 업무의 한계를 명확히 해야 한다.

f. 조직의 계층단계를 줄이고 기획 · 조정 · 예산 · 인사의 종합적인 관리체제를 확립한다.

재무행정의 문제점과 개선방향

관리 예산처는 단순한 예산기관이 아니며 행정관리의 개선과 법제업무까지 다루는 대통령의 참모기관이다. 따라서 우리나라의 경제기획원의 예산실은 행정수반에 직속시키는 것이 바람직하다.

a. 감사원의 회계검사기능과 감찰기능의 분리가 되어야 한다.

b. 감사원의 감사만으로는 부족하며 외부감사와 내부감사를 병행하여야 한다.

c. 결산위원회를 상설화하여 결산처리의 형식화를 방지하여야 한다.

d. 회계감사기능의 전문화를 꾀하여야 한다.

예산편성의 문제점과 개선방향

국정운영계획과 예산편성이 유기적인 통합관계를 가짐으로써 정부의 정책목표와 사업계획이 원활하게 진행되게 하여야 한다.

a.자원배분의 합리성(우선순위)과 원칙성 확립

b.예산단가의 현실화

c.계획 지향적 예산제도의 도입(통제보다, 관리·기획에 중점)

d.결산자료의 환유還流와 적극적 활용

e.분석기법의 이용(비용효과분석·정책효과분석 등 관리기법의 활용)

f.사업계획의 주기적 조사

g.예산편성과정에의 국민의사의 투입강화

h.예산조정기관의 적정화(철야작업 배제)

i.계획을 예산에 종속시키는 태도는 지양시킴(예산관계자의 태도변화)

예산심위의 문제점과 개선방향

국회의원은 국정의 전문성 · 복잡성에 대한 인식이 부족하고 예산행정에 대한 전문적 지식이 별로 없다. 따라서 예산에 관한 지식습득의 기회도 부여되지 않으며, 대상 부처의 소관업무에 관한 사전파악이 거의 없어서 예산심의에 의원의 경험을 반영하기 힘들다.

a. 예산전담기관의 국회직속상설기관으로 설치(미국의 의회 예산처)

b. 국민의 의사를 심의과정에 반영시킴

c. 예산결산위원회의 상설화(의원은 예산행정의 전문지식이 부족함)

03 '제3의 이념'과 '제3의 길'의 조화

절대가치와 정책정치

a. 서문에서 언급했지만 철학에 기반 한 정책정치를 위한 단적인 예로서, 2002년 미국의 대선에서 볼 수 있었던 조지. W. 부시 행정부와 개신교 복음주의의 연합에서 그들은 연합의 의의意義를 각각 표명하였는데, 부시는 "역사는 우리가 선택하는 것이 아니라, 하나님의 뜻대로 움직이는 것이다." 라고 했으며, 백악관의 정책 보좌관 마이클 거슨은 "정치에서 종교적 이상에 관한 부분이 빠진다면, 우리역사에서 중요한 원천을 제거하는 것과 마찬 가지다." 라고 했다. 또한 「목적이 이끄는 삶」의 저자 릭 워렌도 "인생의 의미는 신神의 사명을 따름으로써 구현 된다." 고 역사의 목적과 방향성을 알아야함을 역설하였다. 워렌 목사는 2007년 임기를 얼마 남겨두지 않고 고 노무현 대통령을 예방하기도 했지만 끝내 한국에서는 자신의 뜻을 이룰 수가 없었다.

b. 정치와 종교가 유착을 해야 한다는 뜻은 아니다, 그러나 정 · 교 분리 원칙의 상태에서 수립되는 국가정책은 단순한 과제, 즉 눈에 보이고 만져지는 1~3차원 이하의 것들에 대한 정책문제를 벗어날 수가 없다. 다시 말해 형태론적인 문제 이상의 정책과제에 대하여는, 창조적 해결이 불가능할 수밖에 없다. 따라서 새 가치관에 대한 국가의 정체성正體性(identity)과 '시대정신' 이라는 좌표座標(coordinates)를 먼저 세우는 일을 우선하지 않으면, 그 어떤 정당이라 할지라도 결코 미래를 장담할 수 없을 것이다.

고故 DJ 전 대통령은 그의 저서 「김대중 옥중서신」에서 "많은 종교가 개인의 죄악에는 현미경을 대고 찾을 정도로 엄격하면서 사회 구조적인 죄악에는 거의 외면한다." "공동체 의식과 사랑을 오늘의 기성교회에서는 찾아보기 힘들다. 몸은 교회의 집회에 나가서 어울리지만 맘은 여전히 외롭다."라고 말 했듯이, 종교에 대한 국가의 제도적 교류와 개입을 강强·온溫의 양면에 의한 보호와 질타를 통해, 새로운 종교개혁으로 국가적 의식의 역량을 고양시키고 함양시키지 않으면, 종교의 사회적 역할을 잃어버린 지금, 국가의 미래를 보장받기는 힘들 것이다.

c. 조용기 목사, 최수환 전 국회의원과 함께 한국기독당을 창당한 고 김준곤 목사는 "하나님을 우리 민족의 주님으로 삼는 나라 —시편 33:12—"를 통하여 종교개혁자 존 칼빈의 제네바 성시모델, 청교도들의 선상서약(Mayflower Compact), 스위스 로잔언약, 호주상원의원이자 기독 민주당 총재인 프레드 나일 목사의 "크리스찬들은 정부나 기독교정당에 참여하여, 한국과 세계 모든 나라에 기독교 정신에 입각한 정부를 수립해야한다." 라고 한 내용과 함께 아브라함 카이프의 영역주권사상(일명시스템정치체계)을 메시지로 설파 하였다. 하지만 종교적 이상주의에서 벗어나지 못하고, 정치적 현실에 대한 치밀한 조직과 정책(법과 제도에 의한 신정국가)에 대한 준비가 부족하였음을 부정 할 수 없다.

d. 열린우리당 지도부는 지난 2005년 재 보궐 선거 이후, 한명숙 전 총리를 대책위 위원장으로 "철학에 기반 한 새 가치에 의한 정책정당으로 탈바꿈하지 않으면 안 된다"는 중론을 회의의 결과로 채택 하였다. 하지만 완전한 정책정치는 지역적 정당구도를 뛰어넘는, 다시 말해 철학적 비전과 새로운 가치에 의한 정책정당이 아니면 결코 성공할 수 없으며, 참여정부의 정치참여만으로는 수세기 동안 관행으로 내려온 관료제의 권위주의 의식을 타파하기에는 역부족일 것이다.

왜냐하면 첫째 국민들로부터 지지를 받기 위해서는, 여론의 수렴가정에 필요한 명분, 즉 왜? 에 대한 구체적 설명이 부재한 것과 같아서, 첫째 국민과 공감대를 형성할 수 없을 것이며, 둘째 피부로 느낄 수 있는 참여가 불가능한 정치엔 국가에 대한 주인의식이 희박한 국민들로부터 진정한 협조가 있을 리가 만무하기 때문이다.

당 혁신위원회에서도 "철학에 기반 한 정책 연구가 안 되고 있으며, 정강과 정책이 보다 더 구체적 이어야 하며, 좋은 내용이라 생각되면 외부인이라고 할지라도 영입하여야 한다" 고 하였다. —영국의 노동당은 forethought program정책결정에 외부인을 참여시키고 있음—

21세기는 인류성장의 완성기이다. 문화와 사회 및 제도적으로 '사선(기우뚱)적 교류' 의 시대이다. 누가 누구를 일방적으로 지도하고 추종함이 없는, 즉 기우뚱한 균형의 과정적인 수평시대라는 뜻이다. 신新과 구舊, 여와 야, 정치인과 시민단체 및 종교단체가 모두 새로운 철학에 기반 한 정책 시스템에 의한, '언벨런스(unbalance)적 교류' 를 나누어야 하는 참으로 높은 지혜가 필요한 시점임을 자각해야 할 것이다.

e. 21세기의 정치적 대전환은 '인물 본위' 에서 '정책 본위' 로 전환하지 않으면 안 되며, 남성성에 의한 힘力의 정치에서 중성성에 의한 협력의 정치로 변화하지 않으면 안 된다. 중성성은 곧 정치적 종교성이요, 종교적 정치성이며 양심성이며 타협妥協의 상징이다. 이 나라의 정치, 경제, 종교지도자들은 혼란한 이 나라에 대한 책임을 마땅히 져야 할 것이며, 하늘과 땅에서 요구하는 '제3의 길인 민주주의 4.0' 에 의한 준엄한 제도적 구원의 소리(김대중 옥중서신 참조)를 외면하여서는 안 될 것이다.

시스템철학정책은 거시적 정책개혁의 핵(核)이며, 21세기 한국 정치의 큰 화두요, 정치 · 경제 · 종교의 유기적 조화를 통한 '민주주의4.0' 의 새로운 방법론이다. 시스템철학정책은 상호관련성이며, 상대적 관계와의 교류와 협력을 내포하고 있다. 따라서 새로운 창조적 정책연구의 '블루오션전략' 이며, '제3의 방법론' 이요, '씬테시스(Synthesis)' 이다. 따라서 기존의 정책연구의 방법이었던 사안별 땜질식 정책보수政策補修로 적당히 넘기는 무책임한 방법으로는, 21세기 정보화와 유비쿼터스 시대를 선도해 나갈 수가 없을 것이다.

f. 정치적 프로그램에 의한 정책인 청사진은 곧 금융거래에 있어서의 차용증借用證과 같다. 그런데 우리의 정치는 그 차용증에 대한 정책신뢰도의 가치를 100% 인정받지 못하고 50~60%의 선상에서 맴돌고 있는 실정이다. 따라서 신뢰도를 높이기 위해서는 철학에 기반 한 정책을 새롭게 창안해야 하며, 정책실패의 근본 원인이 인물에 의한 지구당 중심정치와 절대가치 부재의 저급한 근시안적 정책 때문이라는 것을 간과해서는 안 된다.

고려대 김우창 교수 —"정략적 대결을 넘어서 정치적 질서를 증명 하려는 정치적 프 로그램을 들고 나서는 정치세력을 볼 수 없는 것이 오늘의 정치 상황인 것 같다"

경기대 김재홍 교수 —"정치적 콘텐츠가 부재한 상태이다"

서울대 이달곤 교수 —"그 언제 보다도 정치개혁을 추진할 수 있는 절호의 기회가 왔다. 국민도 주인 의식을 회복하여야 한다"

숭실대 서병훈 교수 —"민주주의의 위기와 과잉 그리고 자제와 완화"를 지적함.

경남대 이수훈 교수 —"사회양극화의 심화로 강력한 재분배정책을 시행하여야한다"

구월환 세계일보칼럼 —"혁명적인 정치개혁을 이루어야한다" 고 역설함.

서울대 박세일 교수 —"한반도의 선진화를 위해서는 보수와 진보를 아우르는 새 가치관에 의한 정책정당을 준비하지 않으면 안 된다"

정치政治는 올바르게 리드하고, 다스리며, 배려함을 포함하고 있다. 무엇이 올바른 것인가? 에 대한 근본문제를 구체적으로 연구하지 않으면, 바른 정책과 제도를 개혁할 수 없다. 21세기 철학세계는 심리철학으로 관심을 돌리고 있는 추세이다. 이제는 한 인물(Boss)에 의한 정치적 기술만으로는 이미 정치가 불가능한 시대에 접어들었다. 기우뚱 한 균형의(수직과 수평의 중간) 지도력에 의한, 경제 분야에 대한 소유所有의 문제와 정치권력 분권의 문제는 물론이요, 종교와 철학 분야에 대한 양심의 문제 까지도 정치문제로 다루지 않으면 안 되는 다양성의 조화를 요구하는 시대이다. 더군다나 가상공간(Cyber S'pace)을 통하여 공상의 세계가 새롭게 생겨난 복잡한 시대에, '새 가치관' 에 의한 '정책정치를 수립하지 않으면 안 될 것이다.

따라서 '제3의 정치모델' 을 창출할 '블루오션정책과 책임행정' 은, 기존의 인물 중심과 지역구도에 의한 구시대적 정치 형태가 아니다. 서구유럽의 양비론적 신 중도좌파인 "제3의길" 이 제시하지 못했던 새로운 개념의「제3의 길」이다. 이는 곧 설계도 정치요, '정치적 로드 맵(Political Road Map)' 이며. 정치에 값을 부여해서 평가하게 되는, 즉 부분성을 초월하여 전체성을 갖는 시스템철학정치이며, '제3의 블루오션전략' 에 의한 새로운 철학을 기반으로 한 '민주주의 4,0' 이 될 것이다.

공존체제를 위한 창조적 중립정부

현실정치와 국민의 정치의식 수준은 이분법적 사유체계를 벗어나지 못하고 있다. 따라서 '제3의 상생 정책기구' 를 도입하여 '사회주의의 장점' 과 '자본주의의 장점' 을 결합한 '공존체제(통일체제)' 를 창출하기 위하여 '창조적 중립정부구성' 을 위한 제도와 정책연구를 해야 한다.

—창조적 중립국 정치—

경제 민주화를 위한 생활공동체 경제

1987년 헌법재판소는 헌법 제119조 2항 "경제주체간의 조화를 통한 경제의 민주화" 에 대한 개헌에 대해 "자유 시장경제 질서를 기본으로 하지만 사회적 시장경제 질서로서의 성격을 띠고 있다" 라고 해석했다. 따라서 성장과 분배의 병행을 통하여 실질적으로 서민층과 중산층에게 꿈과 희망을 가질 수 있는 '제3의 경제정책' 을 제시 하여야 한다. 그러기 위해서는 통일국가의 새로운 '공생경제모델' 에 대한 공론을 실천할 '경제민주화위원회' 를 창설해야 하며, 특히 '공 · 사 병행 유통제도' 를 도입해야 할 것이다. —창조적 시장공생경제 정치—

신문화창조로 선진관리시스템 구축

a. 정부 내에 콘텐츠와 디지털시대를 위한 사이버위원회와 사이버시스템을 구축하여, 민의를 먼저(선험적) 다양하게 수렴하고 결정할 수 있는 실질적 정책참여의 공간을 확보하여야 한다.

b. 새 가치관에 의한 평화교류를 위하여 동 · 서 · 남 · 북 화합위원회를 창설해야 한다.

c. 신문화창조를 위한 정치 · 경제 · 종교 간의 유기적 연계를 위하여 '새정신부를 창설' 해야 한다.

d. 새 사회 관리기능으로 "제3의 문화예술 중심국가" 를 수립해야 한다.

독일의 핏쳐(Fichter)교수는 "후진국後進國이란 경제나 과학기술수준의 후진국 이라기보다는 국가사회의 관리기능의 후진국임을 인식해야한다." 라고 했다.

찰스 R. 바이츠는 그의 저서 「현대국제정치이론」에서 "사회현상이 변함에 따라 이론 역시 거기에 맞도록 변화해서 새로운 현상을 설명할 수 있는 새로운 이론이 쉴 새 없이 창출되어야한다" 고 주장하였으며, 토마스 쿤도 "패러다임의 이행에서 새로운 구조로의 변화" 를 역설하였다.

역사는 새로운 변화와 함께 새로운 패러다임을 요구한다. '제3의 이념' 에 의한 새 가치관 정치와 정당을 필요로 함을 부정할 수 없는 다급한 현실이다. 이에 새로운 정치체제에 대한 제3의 대안으로, 시스템 철학정치(기계론적 시스템과는 차별됨)와 책임행정을 제시하고자 하는 바이다.

4장 신문화운동과 평화공존

01 신문화 창조의 본질적 근거와 방법론

「문명의 공존」의 저자 하랄트. 뮐러(H. Muller)는 새뮤얼 헌팅턴의「문명의 충돌」에 대한 비판을 가하면서, "순수한 의미의 문명적인 갈등" 은 없으며, 다만 문명의 차이가 기존의 전통적인 갈등을 심화시킬 수 있을 뿐이다. 따라서 문명 간의 상호개방, 소통, 이해가 있어야 하며, 중요한 과제는 여러 문명文明들의 사상체계와 가치체계들 간의 공통점과 근본적인 차이점을 탐구하는 것이다. 그러므로 문명의 공존은 낯선 상대에 대한 앎으로부터 출발하여, 대화를 통하여 공통점과 차이점을 확인할 때, 상대에 대한 경계를 풀고 분쟁을 막을 수 있게 되는 것이다.

낯선 상대는 위협의 대상이기도 하지만, 동시에 자신의 정체성을 확인시켜주는 그리운 대상이기도 하다 "문명의 이질성이 세계질서나 평화를 위협한다는 것은 지나친 비약일 뿐이다. 갈등의 지배적 원인은 국경 · 영토 · 자원 · 인종문제이다." 라고 하였다. 또한 저자는 "문화적 현상은 제로섬(zero-some)게임의 원리에 따라 일어나게 된다. 둘 중 한사람이 게임에서 이겨

하나를 얻으면 다른 한사람은 필연적으로 하나를 잃는 다는 것을 의미한다. 문화적 선택은 전부가 아니라 전무全無이다. 상이한 두 문화가 적정한 정도로 타협하거나 조화를 이루는 경우는 어렵다. 특히 종교사와 같은 정신적인 경우는 더욱 그러하다. 왜냐하면 문화적 정체성은 타자 곧 다른 개인 · 민족 · 국가 · 문명과의 차이를 통해 정의되기 때문이다.

문화적 범주에서의 변증법적 종합, 즉 조화는 어느 한쪽의 승자와 다른 한쪽의 패배, 또는 둘 모두에 부정을 전제로 한 것이다. 이것이 바로 문화 또는 문명 조화의 딜레마이며 아이러니이다. 따라서 조화시킨다는 것은 어느 하나의 부정, 파괴 내지는 조화의 대상이 되는 상이한 문화적 정체성 모두를 파괴하는 것에 불과 하다. 이러한 문화의 속성 때문에 문화의 현상에서 조화는 곧 문화 헤게모니 싸움을 불러일으킨다. 문화는 오직 이기느냐 지느냐하는 문제만 남을 뿐이다".라고 설파하였다.

한국학술학회는 대우재단과 조선일보사 공동주관으로 2004.5.12일 제 5회 석좌교수초청 강연회를 열고 「전통과 연속과 변화 : 도전받는 한국종교와 사회」라는 제목을 통해, 정재 식 美 보스턴대학 교수는 "문화의 근본이 종교이기 때문에 새 문화를 이끌 새로운 종교 가치를 찾아야 하며" 인류 공동체를 위하여 민족과 국가, 종교와 교리를 넘어서는 포용과 화해의 문명을 창출하지 않으면 안 된다고 역설하였다.

그러므로 각기 상이한 문화와 체제를 형성하고 있는 남한(유일론)과 북한(유물론)간의 제도적 현실 앞에, 새로운 하나 됨을 위해서는 상대적 대립관계를 초월할 수 있는 절대적 가치를 창출하여야할 것이며, 또한 새 문화 창조를 위해 필수불가결한 요소로서, 새로운 이론 이성理性의 요청이 요구됨은 명확한 시대적 소명인 것이다.

종교 정의에 대한 절대적 개념이 나와야 한다.

"기독교 불교 남태평양 군도, 멕시코의 토속종교에 공통적으로 적용되는 종교의 정의가 없었다." —G. Simmel—

"종교개념에 대한 절대적 정의가 없음. 즉 전체적이면서 개체적이며 부분적이면서 포괄성을 갖는 종교란 무엇인가? 에 대한 뚜렷한 정의가 없음"을 토로했다. —존재의 근원문제를 적나라하게 풀어헤쳤으며, 양미론 사상인 제3의 이념(**영철학 : 창조적 성장론**)을 그 대안으로 제시한다.—

○종교의 입장에선 종교 상호간의 화합은 불가능하다. 모든 종교의 목적(**종교적 이상**)이 같음은 주지의 사실이다. 때문에 종교초월을 설명할 수 있는 절대가치 영성靈性으로서의 인격적인 새 사상이 나와서 새로운 공생의 장을 펼쳐야 한다.

○종교적 이상사회를 정치적 현실로 연결시킬 수 있는, 즉 하늘의 계획을 땅에서 이룰 수 있는 제3의 방법론을 창출해야한다. 국가법 아래에 존재하는 사단법인에 의한 도덕적 자율에 의한 규제로는 —법의 강제성이 전무한— 종교집단끼리의 화합은 불가능한 법이다.

○남북통일을 전제하지 않는 종교화합은 불가능하다. 종교 집단의 소유권 문제와 기복 종교화된 종교인의 자질의 부족을 획기적으로 향상 시켜야 한다.

○사회제도와 종교의 유형에 있어서, 사회주의도 자본주의도 과정주의이며, 하늘의 인격성이 결여된 그 어떤 종교도 궁극적으로 과정적 종교이기 때문에, 목적적 이상인 공존의 제3의 국가모델이 제시되지 않는 한 종교화합은 있을 수 없는 법이다. —국가적 종교 모델—

○사랑의 완전성이 결여된 성장과정(부족과 무지)에 있는 인류에게 자율성을 부과할 수 없기 때문에 국가 주도(법의 강제-선의 독재)의 화합운동이 아니면 불가능하다.

김대중 전 대통령의 옥중서신의 지혜가 필요함

"세계정부수립의 대 과제인 인류통합의 마지막단계의 사명을 우리는 피할 수가 없습니다."

"교회가 사회구원이 오직 교회를 통해서만 이루어지는 것으로 오만한 생각을 가져왔다. 그러나 뜻밖에도 하나님은 교회와는 상관없이 선교활동을 꾸준히 해 오셨는데, 그것이 계몽주의자 · 인도주의자 · 민주주의자들에 의한 제도적인 방법으로 이루어졌음을 20세기 신학자와 지도적 교회의 각성이 되어가고 있다."

○종교화합의 절대적인 과제는 절대적 가치체계로서 사랑(박애 · 자비 · 인)으로 대표되는 희생과 영靈철학에 의한 양미론적 사고로 모든 철학적 방법론과 인식론을 배타하지 않고 크게 포괄할 수 있는, 즉 존재(being)와 생성(becoming)의 다양성과 복잡성을 하나로 통섭할 수 있는 새로운 '존재론적 존재론' 과 '인식론' 및 '절대가치' 를 창출해야 한다.

○종교화합은 모든 화합의 상징이다. 왜냐하면 모든 문화의 근본 뿌리가 종교이기 때문이다. 따라서 종교화합을 위해서는 절대가치에 의한 새로운 종교철학을 세워야 한다. 다시 말해 범신론적 사유와 초월적 신神과의 신비성을 통합적으로 다루지 않으면 안 되기 때문에 종교와 정치와 경제를 통섭하고, 신학과 철학과 과학을 꿰뚫는 제3의 모델을 수립해야 한다.

5장 새 정신운동 특별법 제정과 3대 국민운동

"오늘날 우리나라 행정사회에 있어서는 행정체질의 개선, 행정인의 의식구조, 가치관의 혁신, 행정풍토의 쇄신 등이 강력히 요청되고 있으며, 행정발전이나 행정의 근대화는 행정인의 사고방식내지 가치관의 변혁 없이는 도저히 기대할 수 없는 것이다"라고 김규정 박사는 설파하였다. 그러나 그것은 행정의 궁극적 주체인 국민대중의 의식구조와 가치관과의 상호교류의 중요성을 간과한 분석일 뿐이라고 하겠다. 왜냐하면 현대사회는 수직적 사회구조에서 수평적 구조로 사회체제가 변화되는 과정에 있으며, 국민의 행정에 대한 관심이 그 어느 때 보다도 높으며, 큰 힘을 발휘하게 되었기 때문이다. 따라서 행정주체와 행정대상이 완경사(inclined system)적 모형을 이루는 가치관의 개혁 없는 국가의 빌진은 결코 불가능하다.

01 새 정신운동의 3 요소

절대가치 수립(가치의 Blue Ocean 전략을 수립하여야 함)

존재의 궁극목적과 역사의 방향성과 인생의 의미를 교육하여야 한다. 존재목적은 가치추구 욕과 가치실현 욕을 위한 동기유발의 본질적 근거이다. 따라서 목적성은 적극성의 원천이다.

역사의 방향성은 시간과 공간에 있어서 사회변동의 목표와 시대정신을 규정해주는 바로미터이다. 따라서 창조적 성장의 이론은 서구적 발전 시간관보다 더 구체적인 발전과 미래지향적인 시간의식을 갖게 한다. 시간은 발전을 이끌어 내는 데 있어서 매우 중요한 요소이다. 서구 선진국의 발전이 시간을 진보적, 합리적 시간으로서 인식하였기 때문에 가능하였다고 하였다.

인생의 의의는 삶에 대한 가치추구에 있다. 존재의 질적 가치와 의미에 대하여 무지해서는 발전심리와 행위에 대한 책임의식을 가질 수가 없으며, 사회적 인간으로서의 자격을 잃고서 주변을 혼란에 빠뜨리게 할 뿐이다.(이타적 세계에 대한 존재론 교육)

그리고 철학을 기반으로 하는 정책과 비전을 제시할 수 있는 새 가치관을 수립하여, 정치 · 경제 · 종교 · 사회 · 문화를 오히려 올바르게 이끌어 주어야 한다. 절대가치에 대한 학문적 체계의 수립은 인류역사에 있어서 세계사적 의미를 갖게 되는 전무후무한 가치를 갖게 될 것이다. 왜냐하면 상대가치에 의한 사유의 편향성 때문에 치룰 수밖에 없었던 모든 투쟁을 종언終焉하고, 인류 대 평화를 위한 화합의 세계관을 제공해 줄 것이기 때문이다. 철학은 왜? 를 쫓는 학문이기 때문에 왜를 설명할 수 있어야 한다.

21C는 역사의 완성기이다. 모든 물음에 대하여 왜를 밝히지 않으면 안 된다. 그래야 국민이 솔선수범하눈 자율성이 행위주체를 향해 협조의 양팔을 벌릴 것이다.

새 정신운동 특별법을 조속히 제정

법과 제도에 의하지 않으면, 지속성을 가질 수 없는 법이다.(동·서 고금을 통하여 개인과 단체가 초월적 국가를 변혁시킨 예가 없었음) 완전책임을 다할 수 있는 국민으로 진정한 참여를 유도誘導하여야 하며, 참여정부의 정치참여는 과정적 목적(수단) 이상일 수 없는 법이었다. 왜냐하면 정치의식의 민주화 없이는 행정과 경제의 민주화를 뜻하는 '민주주의 4.0' 은 성공할 수 없기 때문이다.

그리고 정신적 행정부(새정신 기관)를 신설하여 '인재를 양성' 해야 한다. 새마을운동처럼 새정신운동을 일으켜 국민의식을 높이지 않으면 선진시민으로 성장할 수 없을 뿐만 아니라, 불원간 다가올 통일시대를 미리 대비하기 위해서라도 가치관교육을 위한 특별법을 조속히 제정하여 국가적인 차원의 신문화운동을 벌려야 할 것이다. 따라서 정신적 공무원을 전국의 시·군·구·읍·면·동·통·반에 배치해야 한다.(행정의원 : 민주화운동자·종교인·독립 및 국가유공자 등을 중심으로 하는 국민추전제 도입-모든 기관 및 기업체)

모든 분야를 유기적(System)으로 연결시켜야 한다.

경제와 정치와 종교가 상호관련성을 갖고 밀착되어 있음을 간과看過해서는 안 된다. 그리고 통일과 공존체제를 위한 '창조적 중립정부' 를 수립하여야 하며, 새 가치관교육을 병행해야 한다.

02 새 정신운동의 방법론

평화통일운동을 내內 · 외外 양면으로 추진해야 한다.

(공존체제·정책교육), (용서·화해·나눔을 위한 북에 생필품 나누기 운동)

통일은 모든 화합(동서·남북·계층·빈부 등)의 시원이요, 가치변혁(정치·경제·종교 / 과학·철학·신학)의 원천이며, 세계사적 축복과 평화를 위한 희망의 판도라상자가 되게 해야 한다.

새마을 기旗를 내리고, 새정신 기旗를 새롭게 게양해야 한다.

새마을운동처럼 새 정신운동을 범국민운동으로 확대하여야 한다.

관공서 및 사이버공간을 적극적으로 활용하여야 한다.

03 3대 국민운동

민족의 통일과 세계평화를 위해서는 새 가치관과 제도적 방법에 의한 21C형 새로운 패러다임을 창출해 내어야 한다. 그러기 위해서는 '제3의 길' 에 의한 공존체제 수립과 함께 정신혁명이 병행되어야 한다.

국민의식개혁을 위한 새 가치관운동

가) 의식개혁은 가치관의 전환과 제도의 변혁을 병행해야 효과적이다. 따라서 철학적 이념과 종교적 가치에 대한 새 교육과, 정치제도와 경제구조의 변혁을 통해 이기적인 요소들을 청소해야한다. 그러므로 체제변혁과 새 가치관 운동을 위한 새정신운동특별법을 제정하지 않으면 안 된다.

나) 21세기는 문화의 완성기이다. 따라서 절대가치를 통한 국민교육으로 현 세계에 대한 주인의식과 책임의식을 갖출 수 있게 교육해야 한다.

다). 완성기는 독립과 함께 상속기이기 때문에, 수평적 상호교류의 시대이다. 따라서 모든 학문의 제 분야와 사회의 구조가 수평적인 협력구조로 변화지 않으면 파멸을 부를 뿐이다.

남북통일을 위한 새 사상운동

가) 미완성기는 무력전(힘)의 시대요, 완성기는 사상과 경제전이 공존하는 시대이다. 따라서 21세기는 문화의 완성기이므로, 남북통일을 위한 사상전과 경제체제에 대한 대전환이 반드시 일어나게 될 것이기에, 그에 대한 적절한 대비책을 세워야한다.(양미론 사상, 정부와 시장의 협조, 유통의 공유화 등)

나) 남북통일은 사상전과 체제전을 피할 수 없다는 것이다. 왜냐하면 남북의 분단은 경제적 이념에 의한 체제의 다름의 분단이기 때문이다. 따라서 미구에 닥쳐올 김일성 주체사상과 공존체제를 위한 제도적인 대비책을 마련하지 않으면 안 된다는 것이다.(96.9.12 스칼라피노, 이 홍 범 교수는 남북통일을 위한 새 사상이 있어야 함을 역설하였음)

다) 남북통일은 남남북녀의 결혼과 형제와의 조우(성서의 야곱과 에서의 만남)와

도 같다. 따라서 새 사상을 중심한 공존체제를 창출하지 못하면 통일은 요원하며 21세기를 주도할 수 있는 새 모델 (왕정 대 민주론 제도)의 종주국이 될 수 없다.

라) 통일된 '제3의 공존체제' 는 종교적 이상사회를 정치적인 현실로 이루게 될 것이다. 왜냐하면 사회주의와 자본주의 과정적인 제도를 목적적인 제도로 성취시킬 수 있는 인류역사상 전무후무한 계기가 될 것이기 때문이다.

마) 남북통일은 '제3의 경제학' 에 의한 '인간적 경제학' 을 필요로 하게 될 것이다. 왜냐하면 남북이 재산의 사유와 공유라는 소유의 문제를 조건으로 분단되었기 때문이다. 따라서 소유권의 절충인 창조적 상 · 하한제도를 찾아야 한다.(동 · 서의 갈등도 소유권의 우위를 점유하기 위한 권력싸움의 산물일 뿐)

바) 남북통일은 '제3의 이념(영철학)' 이 없으면 불가능할 것이다. 왜냐하면 양미론에 의한 공생共生사상과 공존주의만이 좌익과 우익으로 구분하는 양비론을 포용할 수가 있기 때문이다.

신문화창조를 위한 국가적 종교의 화합운동

가) 21세기는 열매와도 같은 인류의 완성기이며 동시에 공존共存의 시기이다. 따라서 공존하지 못하면 결혼結婚하지 못한 외로운 존재와도 같기 때문에 정치 · 경제 · 종교도 공존제도를 찾지 않을 수 없다는 것이다.

나) 완성기는 개혁改革의 때가 아니라 문화의 대전환기이다. 따라서 모든 분야에 있어서 삼위일체 된 조화(종교·정치·경제 / 신학·철학·과학)의 일대 전환운동이 일어나지 않으면 살아남지 못한다는 것이다.

다) 완성기의 종교개혁은 자체 내부의 개혁이 아니라, 공존共存인 국가제도에 의한 다른 차원의 화합(결혼)이라는 것이다. 왜냐하면 완성기의 자기변화는 발전이 아니라 파멸을 불러 오기 때문이다.

라) 21세기는 경전종교의 완성기이다. 따라서 지금은 사랑(인격)종교의 새 자녀를 잉태하여야 하기 때문에, 종교 공존인 국가종교와 함께 생활국가國家・제도制度종교가 되지 않으면 안 되는 때이다.

마) 완성기는 개인의 영적靈的 구원과 함께 전체적 사회 구원의 때이다. 따라서 종교적 이상사회(종교결혼)를 국가의 법에 의한, 제도적인 구원(신정국가)으로 새 역사를 이루어야 한다.

주요 정책 3요소

1. 완성된 민주주의 (공존주의)
2. 창조적 시장경제 (공생경제)
3. 생활공동체운동

민주주의 4.0 / 공존주의 1.0

국민생각

「사회통합에 대한 전문인들의 어록語錄」

다음의 글들은 사회통합에 대한 전문가들의 의견을 모은 것들이다. 그런데 조금 아쉬운 것은 사회통합에 대한 전문인들의 관심과 의지는 높게 평가한다. 다만 그 실천적인 방법론이 구체적이지 못하고 대부분 일반론에 가까운 당위성에 거친다는 것이다. 이해를 돕기 위해 그 요점만 기록한 것이니 참고로 삼길 바란다.

박재목 칼럼

1) 21C형 창조형 사회통합 패러다임을 새롭게 구축해야 한다. —디지털과 저출산, 양극화와 고령화, 다문화와 통일의 기운으로 급격하게 재구조화 되고 있는 한국의 사회통합에 대한 기본적 가치체계가 먼저 구상되어야 한다.—

2)공유의 가치성, 신뢰의 투명성, 소통의 교감성, 기회의 다양성 창출이 21C 미래 사회가 나아가야할 사회통합의 혁신적 전제조건이 아닌가?

김호기 연세대 사회학 교수

세계적으로 정부가 갈등을 일방적으로 해결하기보다 시민사회와 함께 협력하는 방향으로 가고 있는 것에 주목해야 한다.

장석창 칼럼

지역간의 갈등에 대한 원인을 찾아내고, 공동체 의식을 민초들에게 일깨워 주는 운동을 벌여야 함.

장지연 칼럼

사회통합은 전시적인 상징성만으로는 이뤄지지 않는다.

전문가들

통합에 대한 철학의 빈곤.

프란시스 후쿠야마

사회통합의 저해 요인들

ㄱ) 빈곤의 확대와 소득불균형

ㄴ) 부와 안전의 증대

ㄷ) 그릇된 정부정책

ㄹ) 종교의 쇠퇴와 가족 등 공동체적 의무 보다 자기만족을 우선시 하는 문화적 변동의 결과

「대통합의 변」

1. 남북통일과 사회통합, 그리고 세계평화는 불과분의 관계이다. 왜냐하면 국민통합 없는 남북통일이나 남북통일 없는 세계평화는 절대 불가능한 법이기 때문이다.

2. 통일은 분리, 즉 나누어짐 · 찢김 · 갈라짐 등… 을 전제로 성립되는 개념이다. 따라서 새로운 이어짐, 접착, 붙임이 없는 통합은 결코 불가능한 법이다. —통일과 통합의 수직적 개념을 화해 또는 결혼 · 화혼이라는 인격적 수평의 개념으로 바꿔 사용하는 것이 보다 더 끈끈한 개념일 것이다. 왜냐하면 문화는 수직적인 제로섬게임(Zero Some Game)의 성격을 갖기 때문에 수평적 통합이 불가능하기 때문이다.—

3. 한반도 통일은 세계역사의 중심이며, 축소판으로서의 가치를 갖는다. 왜냐하면 남북한 간의 통일을 만들어 내는 과정에서, 각 체제의 장점들을 결합한 '민주주의 4.0 또는 공존주의 1.0' 이라는 새로운 사회제도의 모형이 놀랍게 창출 되어, 모든 하나 됨, 즉 전 세계와 온 인류의 평화를 위한 새로운 '모델(Roll Model)' 을 창도하게 될 것이기 때문이다.

4. 분리는 소통의 막힘이요, 대화의 단절을 뜻한다. 이는 갈등과 여론의 분열, 즉 고장이 났음에 대한 다른 이름이다. 그러니까 20~21C의 지구촌이 시대정신의 궤도를 이탈한 것이다. 따라서 이것을 고치기 위해서는 수리를 해야 하는데, 하늘은 먼저 분해라는 방법을 썼다. 분해의 기氣가 찬 도구는 이기적 감정 조장(이데올로기)이요, 그 방법은 무력(전쟁)이다.
그 첫째가 세계 제1, 2차 대전에 의한 사회주의와 자본주의의 세계요, 그 둘째가 한일관계요, 그 셋째가 6 · 25에 의한 남북관계요, 그 넷째가 5. 18에 의한 동서관계요, 그 다섯째가 노사모와 연청의 관계며 친 이계와 친 박계의 관계이다. 그리고 여섯째가 한나라당의 텃밭인 경남과 민주와 열린우리당의 지도자였던 김두관 경남도지사와의 관계이다.

5. 단체성을 갖는 모든 외형적인 분해는 이제 끝났다. 그런데 아직도 남아 있는 마지막 미세한 분해가 하나있다. 그것은 한 인간의 맘(Mam)과 같은 국민 개개인의 내부에 들어있는 저급한 영성과, 몸(Mom)과 같은 사회체제에 의한 비효율적인 정책과 제도 때문에 양산 되는 양비론의 이분법적 사유가 만들어 낸, 사회주체 세력들 간의 서로 상이相異한 이념에 대한 가치의 분해(분별)이다.

6. 이제는 화해를 통한 통합만 남았다. 그런데 내용 없는 통합이 얼마나 어려운가? 를 입법부의 지금 여 · 야 뿐만 아니라 종교단체는 물론이요,

경제의 주체들의 이기심이 말없이 웅변해주고 있다. 따라서 새로운 제3의 인격적 방법론에 의한, 즉 대통합의 문화적 가치를 표방한 개헌과 권력의 분권에 의한 엔터테인먼트정치(양원제 또는 삼원제)를 통해 새로운 문화를 창출해야한다. 그렇지 않은 모든 통합과 응집에 대한 논의는 오히려 또 다른 분란만 조장할 뿐이다.

7. 통합은 역逆순이다.

완성기의 시대정신은 먼저 내적內的으로 과거 미완성기 때부터 우리 각자의 가치관에 잘못 뿌리내리고 있는 부정적인 '양비론적 사고' 로부터 탈피하여, 자기 내부에서 아직도 잠재우고 있는 고급한 의식인 '양미론적 가치(깨달음/사랑)' 의 눈뜸이며, 그리고 난 후 두번째가 정치권력의 독점에서 개헌에 의한 분권으로의 이동이며, 세번째가 자본주의 시장경제체제의 중요핵심인 소유의 양극화를 해소하기 위한 새 경제체제를 창출해야한다.

그 새로운 패러다임을 완성한 후 외적外的인 분리에 대한 결합을 시작해야 하는데, 첫째가 단체로서 경남의 우파와 좌파 지도자의 화해와 함께, 친 이와 친 박의 화해, 그리고 연청과 노사모의 화해이며, 둘째가 동서의 화해요, 셋째가 남북의 화해이며, 마지막이 한·일 및 전 세계와의 화해이다. 내부 조립도 못하면서 그 규모를 무리하게 확대한다는 것은 궁극에 있어서 욕심이며, 결국에는 또 다른 갈등을 불러오는 원인이 되게 될 뿐이다.

8. 21C의 인간은 '인간은 생각하는 존재' 를 넘어 "사랑하는 신인神人이다." 따라서 인간 존재의 가치를 생각에서 사랑이라는 4차원으로 끌어올려야한다.(생각의 시대에서 사랑의 시대로) 그럴 때 3차원 이하의 생각에서 갈라진 양비론兩非論적 사유는 사랑 중심인 4차원의 양미론兩未論에 의해 비로소 통폐합이 가능한 법이다. 그러기 위해서는 철학의 3요소인 '존재론적 본질에 대한 해명' 과 '4차원적 영성인식론(초정밀 논리학), 그리고 새 가치관을

새롭게 수립하여야 하는 데 그것의 근본을 해결하기 위한 것이 바로 '제3의 이념' 인「양미론 사상 / 영靈철학」이라 할 수 있다.

9. '인간은 사회적 존재' 라는 '관련의 존재' 이다. 왜냐하면 전체성에 있어서 전체와 관련 될 때 비로소 완성 될 수 있게 개체성을 미완성된 존재로 창조했기 때문이다. 한 개인의 탄생 초기에는 부모(신)의 절대적인 보호가 필요한 법인데, 이는 미시적 관점의 인간이든 거시적 관점의 인류이든, 아직은 완성을 위해 서로의 힘을 합치(한 가정과 가족이론)지 않으면 안 됨을 중시하는 것이다.

10. 통합과 통일은 나와 국가와의 관계를 벗어날 수 없다. 개인은 '각자의 가치관' 을 개혁하고, 국가는 '제도와 체제' 를 동시에 개혁해야 한다. 사회 · 자본주의는 '과정주의' 일 뿐이다. '목적주의' 인 '창조적 통일국가' 을 새롭게 창출하지 않으면 안 된다. 왜냐하면 이 지구상에 '중립국' 으로서 스위스나 일본, 최근의 중국 등이 따로 존재하지만, 그것은 결국 '완성된 중립국을 위한 '가교적, 예비적, 과정적 중립국' 일 뿐, 종교와 정치문제, 그리고 경제와의 복잡한 관련에 있어서 절대적으로 그 체제가 완성이 되어 있어서, 또 다시 정비를 하지 않아도 되는 그런 완벽한 중립국이 아니기 때문이다.
따라서 한반도 통일은 '갈라진 종교와 정치 및 경제를 크고 높은 다른 차원에서 다시 통합을' 시켜야 하며, 그런 대통합이라는 '제4의 모델, 즉 '이상사회, 용화세계(국가복지)' 를 이 땅에 새롭게 세워야한다. 아침의 태양이 다시 산허리를 비집고 찬란하게 올라오듯이 수천 년의 역사를 돌아 '국운융성' 이라는 절호의 찬스가 이 한반도에 가까이 오고 있다. 사전 준비를 통해 우리에게 주어지는 역사적 호기를 잘 활용해 새로운 미래를 맞이해야 할 것이다.

(2009. 1. 19 서울 프레스센터에서 행한 [공존의 이념]/[대통합] -권추호 저- 출판기념회에서)

「역할분담 국회론과 삼원제(三院制)」

본 내용은 우리나라 국회와 정당의 구조에 대해 역할분담이론을 전제로 가상적으로 구상해 본 것이다. "사회적 갈등이 GDP의 27%를 감소시킨다" (삼성경제연구소. 2009. 6. 23)는 연구결과가 말하듯이 사회적 갈등은 심각하다. 사회통합을 위해 많은 부서의 변혁도 중요하지만 그 중 가장 많은 문제와 갈등을 안고 있는 입법부의 역할과 그 변혁을 위한 새로운 방법론을 연구한 것이다. 참고해 보길 바란다.

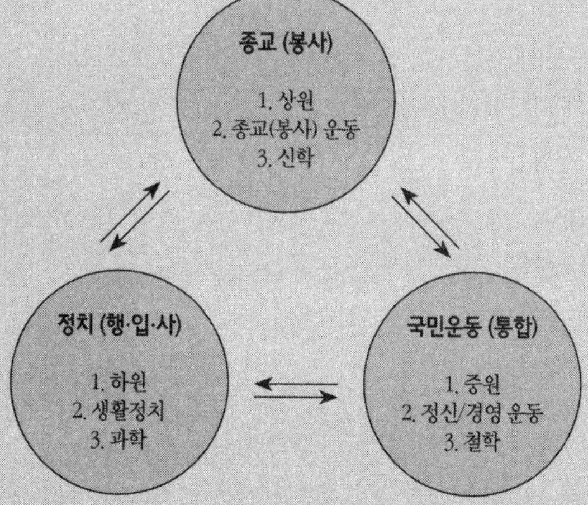

ㅇ**종교**

ㅇ**상원의 역할** —문화예술과 종교적 업무를 담당해 시대정신에 맞게 모든 종교의 사회적 기능을 제도, 즉 법제(**제도적 종교**)화 시키는 일을 해야 한다. (**예-정신교육을 위한 기구창설과 각종의 교육프로그램을 창출하고 법제화 하는 입법 활동**)

ㅇ**정치**

ㅇ**중원의 역할** —입법, 사법, 행정의 업무를 담당해 국민의 수평적 정치 참여와 함께 정치적 책임을 요구하는 생활정치를 실현하여 국민 모두가 주인정신을 갖게 하는 일을 해야 한다. (**생활속에서 사회적 갈등을 줄이고 민심을 이반하는 각종의 사건들을 해결하고 새로운 대안들을 창출하여 법제화하는 입법활동**)

ㅇ**경제**

ㅇ**하원의 역할** —과학과 경제적 업무를 담당해 창조적 시장경제를 발전시키고, 창조적 분배의 방식을 창출하는 일을 해야 한다. (**예-유통의 공유화 및 대중소기업간의 상호협력 제도를 법제화하기 위한 입법 활동**)

국민통합을 위한 행동화 포럼 창조적 비판

필자는 대학을 마친 후 곧 바로 저술활동을 시작했다. 왜냐하면 대학졸업을 얼마 남겨놓지 않고 미국 유학을 준비하고 있던 도중, 필자에게 참으로 믿을 수 없는 놀라운 사건이 두가지 일어났었는데, 이 일로 인하여 필자는 모든 계획을 송두리째 바꾸지 않을 수 없었다. 지도 교수님 조차 필자의 내면세계에서 펼쳐진 사건은 인간적인 지식공부로 도달할 수 없는 세계라 할 정도의 그런 사건이라고 했다.

첫번째 사건인 '빅뱅' 을 거쳐, 두번째 사건인 지성(영)적 개벽 사건이라고 부를 수밖에 더 이상 다른 표현이 가능한 방법이나 언어가 없는, 그런 영적 대지진이 일어났다. 그 첫번째 사건에 대해서는 나의 졸저「영靈철학(제3의 이념)」서문에 상세히 기술 되어 있다. 그러니까 그 두번째 사건으로 인해 '영靈철학(양미론)' 이 구체적인 학문의 방법의 형태로 세상에 나오게 된 계기가 되었으니 저술활동치고는 좀 특별하다고 하겠다.

본인의 첫 책인「신본론」이 출간된 것이 대학 졸업 이후 4년 만인 1994년 이었는데 그때가 필자의 나이는 33의 혈기 왕성한 어엿한 청년이었기에 사명감으로 불타고 있었다. 그 이후 출간을 마무리하고 1995년 새정신운동 국민연합(경남 사회단체 76호) 이라는 시민단체의 회장이 되어 전국 방방 곳곳을 다니며 각종 세미나를 통한 국민 의식 개혁운동을 줄기차게 펼쳤었다.

그러던 중 2003년 초 필자에게 새로운 계기가 찾아왔다. 의식개혁운동을 통한 사회운동의 한계를 철저하게 몸으로 체험했다. 의식은 맘과 같은 내적 존재로서 사회구조의 한 부분일 뿐이다. 몸과 같은 외적인, 즉 단체를 초월한 국가라는 존재의 정치와 정책이라는 거대한 힘 앞에 의식운동과 같은 순수한 사회단체는 한갓 티끌과 같은 초라한 존재이다. 물론 다른 운동을 하는 사회단체는 그 영향력이 막강한 편이지만 말이다.

아무튼 그 날 이후 필자는 정책이라는 매력에 끌려 이미 절대가치로서의 새로운 철학을 기반으로 정책연구에 몰두했으며, 그 결과 새로운 정책의 패러다임을 나름대로 정교하게, 그리고 경제문제와 연계하여 깊이 있는 정책들을 찾아낼 수가 있었으며, 또한 영향력 있는 유명 인사들을 상대로 정책강의에 정성을 쏟았다.

그러던 중 어떤 한 유명 인사로 부터의 소개가 인연이 되어 다음의 내용들에 대한 창조적 비판을 결심하게 되었던 것이다. 덕망과 지성을 고루 갖춘 높은 학문적 라이센스를 충분히 보유하고 있지 못한 필자로서 감히 올려다보기도 힘든, 이 나라의 국보급에 가까운 박학다식한 석학들의 논문을 평가한다는 것이, 그것도 창조적으로 비평한다는 것이 얼마나 어려운 작업인가를 생각하면 비평의 어려움 보다 인간적 도리를 어기는 일이어서, 다시 말해 예의를 벗어나도 한참 벗어난 행위인 것 같아 뻔뻔스럽게 고개를 들 수가 없다.

하지만 큰일을 계획하는 단체가 앞으로 나아가는 일에 이 평가의 작업이 조금이라도 보탬이 된다면, 그리고 올바른 방법론과 존재론적 가치를 이 논문들이 얼마나 어떻게 갖췄는가를 분석하는 일은 서로를 위해 어쩌면 유익할 수 있겠다는 판단에 마음을 굳혔으며, 발심은 곧 바로 작업으로 이어졌다. 내게 주어진 논문이 그 어떤 분의 것이라고 할지라도 기본에 입각해 가감 없는 비평이 가해졌다. 무릇 모든 비평에는 그 평가를 위한 준거의 틀, 즉 기준(답안지)을 설정해야 할 것인바. 여기에는 '영철학과 민주주의 4.0(제4의 길)' 이라는 새 가치관과 정책 자료집에 의한 필자의 저작물이 그 평가의 기준이 될 것임을 밝힌다.

창조적 비판

환자에 대한 정확한 진찰은 의사의 의무 중에서 어쩌면 가장 중요한 1차적인 행위일 것이다. 왜냐하면 진단의 결과가 어떠하냐에 따라 처방이 달라지기 때문이다. 인격에 비유하면 국가도 이와 다를 바 없을 것이다. 따라서 필자는 우리나라의 대내외적 몸과 정신의 상태를 진단하여 세 가지로 결론짓고자 한다.

첫째는 갓 태어난 영아이다. 머리의 크기가 몸과 다리보다 월등하게 커서 일어나지 못하고 누워만 있어야하는 형상이다.

둘째는 사각 링 위의 투사이다. 피터지게 싸우는 데에만 열중한 나머지 종료를 알리는 종소리조차 듣지 못하고 입가에 거품을 물고 씩씩거리는 사나운 투사의 형상이다.

셋째는 자폐증 환자이다. 주변과의 교류가 단절 된 채 오직 자신 속에 빠져 혼자만 생활하는 정신지체인의 형상이다. 육체만 잘못 된 것이 아니라 정신상태도 엉망인 한마디로 구제불능의 구조이다. 일반적인 처방으로는 도저히 완치가 불가능한 것이야말로 절망의 구조이다.

어디서부터 손을 써야할 지 엄두가 나지 않는 구조이다. 우리나라 속담에 "선무당이 사람 잡는다." 라는 말이 있다. 섣부른 판단과 처방은 차라리 하지 않는 것이 좋을 지도 모를 일이다.

그동안 내놓으라할 정도로 '용하다' 는 준비된 숫한 명의(YS, DJ, 노짱) 들이 최선을 다했지만 능력의 한계였거나, 아니면 하는 체만 한 건지, 그것도 아니면 국민들이 통 따라주지 않았던 것인지 어쨌거나 백약이 무효였던 것이다. 이제는 포기상태인 것이다.

그래서 버려야 하니까 어떻게 되어도 책임을 묻지 않겠지 하고, 시험 삼아 너도 나도 호기심에 가득 차서 아직 라이센스도 없는 세미프로(인턴)들 까지도 한번 찝쩍거려 보려고 야단들인데 결단코 아니 될 말이다. 초월적 제3의 눈을 뜨지 못한 모든 청맹관이의 실력으로 어설픈 처방을 내려서는 안 된다.

이 나라가 어떤 나라인가? 풋내기 인턴들이 한번 도전해보고 싶으면 스승의 조언을 듣고 그리고 스승의 입회하에 진찰과 처방을 하여야 할 것이다. 그리하여 진료에 있어서 한 치의 오차가 생겨서도 아니 될 것이다. 생명을 대함에 있어서 연습이란 없는 법이다.

어떻게 감히 국가라는 수천수만 년간 면면히 이어져 내려온 존귀한 생명을 허름한 시험대 위에 올려놓고 어설프게 아마추어들의 손에 의해 난도질하게 할 수 있단 말인가? 나라를 걱정하는 그 충정은 높이 평가할 수 있지만 어디 세상만사가 의욕만 갖는다고 다 되는 것이 아니지 않은가?

그런데 이번에 필자는 희망을 보았다. 민주평화통일 수석부의장 이기택 총재를 상임고문, 그리고 전 대한적십자사 제 23대 이윤구 총재를 대회장, 사) 국민통합 조동회 회장을 준비위원장이 주축이 되어, 다양한 분야의 각계각층의 전문석학들로 구성되어 발제한 「국민통합을 위한 국민통합행동화 포럼」의 "정책리포트"를 면밀히 분석해 본 결과 나름대로 높은 의미를 내포한 가치적인 연구의 결과물들이라고 여겨진다.

그런데 국가의 대의를 앞두고 만에 하나 실수하면 어쩌나 하는 노파심에서, 모처럼 의욕적으로 출범한 국민통합위원회가 나아가고자 하는 길에 보탬이 되고자, 지난 2008년 2월 19일 여의도 63빌딩 국제회의장에서 행한 포럼의 의제들을 중심으로 "창조적인 비판"을 결심하였다.

각 의제의 내용을 추호도 폄훼하거나 비방하지는 않을 것이나, 혹여 미숙한 부분이 있다면 바로 잡아야 할 것인바 표현상에 다소 문제가 비춰진다 할지라도 넓은 아량으로 이해해줄 것을 빌어마지 않는다. 아울러 국민통합이 이루어지기위해서는 역사의 흐름과 현실 문제를 해결할 수 있는 조감도와 같은 전체적인 큰 그림이 필요한 법이다. 따라서 필자가 오래 전부터 준비해온 내용으로서 필자의 행사 때 마다 빠트리지 않고 제일 먼저 싣는 취지문을 상재하고자 하니 먼저 일독해 보길 바란다.

새 가치관운동의 당위성

"남북통일과 외교문제 및 양극화의 해결을 위한 공존제도의 창출은, 동서화합과 평화통일 나아가 세계평화를 위한 범 인류사의 초석이 될 것임을 확신하며, 이를 위해서 새 가치관과 제도적 방법에 의한 새로운 정책인 [제3의 정치 모델]을 제시하고자 한다.

다시 말해 사회주의의 몰락 이후 자본주의를 고수하고 있는 대부분의 민주주의 국가에서도 좌익과 우익의 가치관 다툼으로 사회적 갈등이 계속되고 있으며, 이를 극복하기 위해 '양미론兩未論철학' 에 의한 21c형 공생사상共生思想과 공존주의共存主義에 의한 새로운 정책 모델의 패러다임(틀)을 제시하자는 것이다."

새천년과 꿈의 나라

새천년은 인류역사에 있어서 사상 유래 없는, 대변혁기임은 주지의 사실이다. 각 나라마다 새 시대에 대한 계획안을 세우기에 여념이 없다. 그러나 세계는 여전히 미래에 대한 역사의 방향성과, 존재의 근본에 대한 철학적 비전을 제시하지 못하고 있으며, 인류의 문화사는 위기에 봉착했다. 더군다나 수많은 사회제도들과 종교 · 철학 사상들이 그 효력을 상실한 채 더 이상 인간과 사회구원의 방법론에 대한 무지로 인하여, 불신 · 부정부패 · 계층 간 · 빈부 간의 양극화와, 음란 · 실업 · 인종차별 · 종교문제 및 가공할 테러 등등이 오히려 가중되고 있는 실정이다.

우리나라도 정치에 있어서는 아직도 윤리적 미성숙(ethical immaturity)기의 지역주의정당으로서, 후진성을 벗어나지 못하고 있으며, 당리당략의 파벌싸움과 패거리정치로 귀한 시간을 허비하고 있다. 지역주의정치를 벗어나 정책정당의 생산적 정치를 펼치기 위해 야심차게 출발했던 참여정부와 열린우리당 조차 2005. 5. 31 보궐선거 실패 이후, 당 혁신위원회를 열어 "철학에 기반 한 정책을 수립하지 못하면 결코 미래는 없다"라고 자평하였으면서도, 그 대안적 비전을 제시하지 못하고 결국 비참하게 좌초하였다.

그리고 불원간 밀어 닥칠 통일을 앞두고 벌어진 가공할 북한의 핵실험과, 잠자는 호랑이로 비유 되는 중국에 의한 동북공정의 큰 사태는 차치하고서라도, 좌 · 우익의 갈등과 남 · 북의 갈등, 여 · 야의 정치적 갈등을 목도할 때 남북으로 갈라지고 동서(Ⅰ)로 찢긴 십자가(+)적 처참함이 무엇을 의미하며, 누구 한사람 총체적總體的이며 절대적 가치 체계에 의한 이념과 방법론을 제시하지 못하고, 자유 시장경제나 서구 유럽의 제3의 길을 답습하기에 급급한 현실을 볼 때, 역사는 지금 세계를 바라보는 새로운 시각의 변화를 준엄하게 요구하고 있다는 것을 간과해서는 안 될 것이다.

국가사회체제인 과정주의로서의 사회주의와 자본주의가 아닌, 새로운 '제3의 공존의 체제' 를 창출해 내어야 한다. 그러기 위해서는 지역 주의적 패거리정치를 청산하고, 철학정책에 의한 가치적 능력중심의 정치체제에 대한 제도적 정책혁명과 함께 병행시켜야 할 것이다.

정신혁명과 정책적 제도 변혁이란?

우리가 체험하고 경험한 정신현상과 정책구상을 시대에 맞게 새롭게 뜯어고쳐서, 종교적으로나 정치적 사회적으로 새로운 변혁의 물결을 일으키고자 하는 것이다. 그러나 진정한 의미의 정신혁명과 정책혁명은 새로운 사상과 제도적인 조건위에서 싹을 틔우는 새 가치관과 새 정책이 아니면 안 된다.

왜냐하면 가치관이란 주관적인 뜻을 만족시키는 사유체계의 원동력이기 때문이요, 정책이란 객관적인 실천을 통하여 현실적으로 실현하는 "지금 여기" 에서의 행동이기 때문이다. 따라서 정신혁명을 위해서는 가치관의 개혁이 필요하며, 정책혁명을 위해서는 목적적 프로그램에 의한 "정치적 로드맵" 이 필요한 법이다.

우리에게는 여러 가지 민족의 전통을 이어온 가치관과 정책이 많이 있었다. 신시神市시대의 화백제도와 화랑정신에 의한 신라의 삼국통일과 원효의 화쟁和諍사상 및 문화군주라 불려 졌던 세종과 탕평책 · 개혁정책으로 정치세력을 통합했던 정조 등등… 그러나 그렇게 좋은 이념이나 선열들의 가치관이 현시대에 와서 무참히 무너져 내리는 근본 이유는 어디에 있는가?

그것은 실천의지의 부재와 그 실천을 이끌어 내는 21세기에 부합하는 현실적인 새로운 사상적 · 정책적 대안이 없기 때문이다. 그렇기 때문에 우리 민족의 무한한 잠재력이 사라져 가고 있으며, 의식개혁과 새로운 정치의 구호나 외침은 많이 있어도 진정한 국가의 변혁이 뿌리내리지 못하고 있다. 그래서 '제3의 이념' 과 정책에 의한 '정책정당' 으로, 그 실천적인 대안을 제시해 보자는 것이다.

이 시대에 맞는 정신혁명을 위한 새 사상과 새 정책의 필요성을 세 가지로 제시할 수 있다.

첫째는 우리사회구조의 의식개혁을 위함이다.

먼저 의식개혁과 정책개혁은 우리사회의 도덕성 회복을 위해서 필요한 것이다.

도덕이란 인간이 걸어 나갈 선善의 가치이며, 정언 명령이다. 이 도덕을 뿌리로 충과 효의 열매가 맺힌다. 그러나 우리는 무엇이 선이고 무엇이 악인가에 대하여 무지하며, 가치지향에 있어서도 창조론과 진화론 —존재세계의 인격적인 관여를 인정하지 않고, 목적 없는 발전이론— 의 양대 가설 사이에서 혼돈하고 있을 뿐 그 무엇 하나 명확한 선택을 할 수 없는 실정이다.

외형의 사회법은 약속에 의한 결과를 위주로 처벌하는 죄형법정주의로, 증거가 있느냐 없느냐에 따라서 판결이 이루어지고, 내면의 종교법은 양심에 의한 원인을 놓고 이기적인 마음과 이타적인 마음에 대한 가치적인 판결로 행위에 대한 보이지 않는 보응으로 나타나고 있을 뿐이다.

따라서 가치철학인 「영철학 - 양미론」과 공존체제에 의한 설계도정책으로 선 · 악의 문제와 창조 · 진화의 문제 및 '사회주의' 와 '자본주의' 의 "과정주의" 를 풀지 않고서는 이 시대의 도덕 문제와 「사회통합」에 대한 근본 뿌리를 찾아 세울 수가 없을 것이다. 왜냐하면 새 사상의 절대가치에 의한 공존체제는 나 자신에 대한 생존권의 문제인 동시에 사회적공동체를 위한 질서사상의제 조건이 되기 때문이다.

둘째는 다가오는 남북통일을 위함이다.

정신혁명과 체제혁명은 앞으로 다가올 남북통일을 대비하기 위하여 동시에 꼭 필요하다는 것이다.

탈냉전 시대로 접어든 오늘날 여타민족은 하나 되어 통일을 노래하지만 유독 우리 민족은 분단의 슬픔을 간직하고 있다.

36년간의 식민지 생활에서 60년간의 남북분단의 단련을 거쳐 지금 이 시대를 살아가는 우리 책임은 분단된 민족을 하나로 묶는 작업이다. 비록 우리의 의지에 의해 선택할 수 있었던 역사는 아니었지만, 분명한 사실은 국민 모두가 통일의 방관자가 아니라 통일된 한민족을 이끌어가야 할 시대적인 책임이 있다는 것이다. 주한 독일대사였던 클라우스 폴러스는 "양 체제를 포기해야" 하며 ,한반도 문제 전문가인 스칼라피노(Robert A. Scalapino, 1919~)교수는 "통일을 위한 새 사상이 있어야" 함을 역설하였듯이 통일을 위한 노력도 필요하지만 통일이후 한반도를 대비해야 하는 것이다.

"통일은 목적이 아니고 수단이다."

왜냐하면 양 체제가 갖고 있는 모순矛盾을 해결하여 사랑을 바탕으로 한 '제3의 길' 를 탄생시키기 위한 과정으로 통일을 필요로 하기 때문이다. 세계는 지금 테러와 전쟁 · 동북공정 및 핵위협을 통한 힘과 무력에 의한 평화가 아니라 사회악의 근본 뿌리를 제거하고 사랑을 바탕으로 한 생활공동체를 통한 평화의 세계를 요구하고 있다.

북한은 남북통일을 목전에 두고 이미 핵실험을 강행하였으며, 6자회담을 통하여 비록 핵 폐기프로그램을 이행하기 위한 노력을 다하고 있지만 공존체제의 창출 없는 근본적 치유는 불가능한 법임을 명심하여야 한다. 그리고 핵의 위협은 우리로 부터 사상전과 체제 전을 오히려 걸어오게 한 미끼인 것이다. 왜냐하면 남북분단의 근본원인이 이념理念에 의해 일어났기 때문이다. 그들은 이미 실패했음을 알면서도 자존심까지 버린 것은 아니다. 흡수할 수도 그렇다고 흡수당할 수도 없는 노릇이다. 그래서 한판 붙자고 옆구리를 쿡쿡 찌르는 것이다. 그들은 이미 모든 것을 훤히 알고 있는 것이다.

남 · 북 간에 한판 맞붙는 일이 일어난다고 할지라도 그것은 사상전과 체제전일 뿐 서로를 죽이는 물리적인 전쟁이 아니라 서로를 살리기 위한 정신적인 화쟁和諍으로서, 결국 새로운 체제를 잉태하기 위한 단련의 변증법적 논쟁과 거대 담론의 시간이 될 것이다.

그렇다 불원간 남북 간에 전개될 사상전과 체제전은 공존의 체제를 만들어 내게 될 것이며, 21세기를 이끌어갈 지구촌의 새로운 '이상사회의 모델' 이 되어 세계최초의「제3의 정치모델」을 창출하게 될 것이다.

성장의 완성기는 결혼기와 같아서 공존의 시기이다. 다시 말해 양 체제의 부족을 제거하고 자본주의 장점과 사회주의 장점을 서로 결합시킨 새로운 한민족 공동체주의를 재창조해야 할 것이다.

그러기 위해서는 그 사상적 대안으로 "공생주의"를 추구하여야 함과 동시에, 체제로는 "공존체제"를 새롭게 배태해 내어야 한다. 그것은 자유민주주의가 아니라 완성의 책임민주주의이며, 무한의 자유시장경제가 아닌 공존의 창조적 시장경제이다. 이는 가치관과 소유권에 대한 제도적인 대사변事變(소유권의 창조적 상·하한제)이 일어나야 함을 의미 하는 것이다.

서구유럽의 신 · 중도 좌파인 제3의 길은 양비론적 사이비 샛길이요, 가치척도에 의한 상 · 중 · 하의 비율판단이 아니라, 좌 · 우, 선 · 악, 흑 · 백의 2분법적 판단의 오류이며, 경제 정책적인 경향일 뿐, 한반도 통일을 통해 세계에 제시해야 할 사회 불평등구조인 소유권의 공유와 사유문제, 권력의 분권문제, 존재의 유 · 무에 대한 이념과 체제 극복이라는 3대 과제 — 제3의 경제학과 존재에 대한 절대가치를 창출하지 못함— 를 해결할 수 있는 철학적인 이념과 비전을 제시하지 못하였다.

셋째는 지구촌 시대의, 새 가치관(신문화) 창조를 위함이다.

절대가치에 의한 사랑 회복으로, 21세기 지구촌 시대의 새 가치관 창조를 주도하기 위해서도 꼭 필요하다.

지금 세계는 경제적으로 WTO 체제를 출범시키고 하나의 경제권 시대로 돌입하였다. 또한 세계는 국제연맹에서 국제연합(UN)발전되어 300개 이상의 지구적 정부 조직과 500개 이상의 초국적 비정부 조직(NGO)과 함께 이미 지구적 통치(Global Goverance)가 시작되었고 지구적 시민사회가 출현하고 있다.

이처럼 세계통합은 자유의지적인 인간의 선택의 문제가 아니라 결정적인 역사의 섭리이다. 역사의 섭리 앞에 우리 스스로 21세기를 주도하기 위해서는 국제경쟁력 강화와 함께 양대 중심축으로서 새로운 가치관과 정책정치의 확립을 필요로 하고 있는 것이다.

왜냐하면 정책에 의한 제도적인 변혁과 새로운 가치관을 열지 않고서는 국제화와 세계화를 외칠 수 는 없는 문제이기 때문이다. 다시 말해 종족주의나 민족주의적인 시각으로 국제화 세계화를 외칠 수는 없는 문제이다. 따라서 현실에 기반 한 새로운 가치관과 정책정당의 재창조가 선행(先行)되어야 한다.

21세기 우리의 진정한 세계관

부시 행정부의 정책보좌관 마이클 거슨은 "정치에 있어서 종교적 이상理想(절대가치)에 관한 부분이 빠진다면, 역사의 중요한 원천을 제거하는 것과 같다" 고 하였듯 세계주의에 의한 인류는 한 가정이요, 한 형제자매라는 공존共存주의적 사상이어야 하며 그 가치의 근본은 하나님, 즉 종교의 신이어야 한다. 그리고 이념적으로는 존재론적 절대가치이어야 한다.

"인간은 생각 하는 갈대이다." 라고 한 파스칼(B. Pascal)의 명제에 한할 때 인간은 이념적인 존재다. 칼 막스의 변증법적 유물론에 기초하여 제기된 사회주의의 인본주의적 이념을 신봉하는 좌익과, 상대적 개념으로서 자본주의의 신본주의적 이념만 대립하고 있는 현실에, 신본적 인본주의에 입각한 제3의 가치관이자 새로운 철학적 패러다임인 공동체주의에 의한 '공생사상共生思想 (양미론)' 으로 좌 · 우익의 이념논쟁을 해결하고, 한반도의 평화공존, 나아가 세계평화를 위한 '민주주의 4.0' 을 모색하는 학문적인 교류와 정책정치의 방법론에 대한 국민적 논의가 활발하게 이루어지기를 기대하는 바다.

01 시대정신과 국민통합

01 역사를 견인하는 에너지

기획위원장 황의철

요약

사회의 다원화는 필연적으로 '갈등구조' 의 함정에 빠질 수밖에 없다. 최근의 한국사회의 '갈등구조' 는 그 어떤 사회에 비해 위험수위에 이른 상황이다. 이명박 신정부가 「경제 살리기와 사회갈등 치유를 통한 국민통합」이라는 역사적 소명을 감당해야 하는 상황에서 갈등치유의 방법을 제시하고자 한다. 전 근대시대로부터 지금까지 갈등구조는 더욱 첨예화 되고 복잡해졌다. 더 확장되고 대립되는 현실인 것이다. 이를 위해서 갈등구조를 해소하기위한 지속적인 노력과 전담조직의 구성 등 대안이 있을 수 있다. 하지만 무엇보다 중요한 것은 신명나는 통합의 에너지를 결집하기 위해 국민들에게 강한 동기부여를 해야 하는 것이고 이는 신정부가 강력히 추진해야할 우선 과제인 것이다. 국민의 마음에 온기를 불어 넣으며 차가워진 응어리를 푸는 해빙이다.

1. 문제제기와 과제도출

인류사회가 다원화 되어가고 과학문명이 발전해온 과정과 결과는 항상 성과적 측면이 강조됨과 동시에 그로인해 발생되고 있는 많은 문제와 직면하게 된다. 시장경제를 표방하고 있는 나라와 사회는 창의와 경쟁이라는 두 축에 의해 목표제일주의와 성과만능주의를 추구하고 있고, 그 과정에서 첨예하고 철저한 경쟁논리가 중심이 되어있다. 이에 따라 강자와 약자, 성공과 실패가 극명하게 나타나면서 양극화와 대립을 확대 생산시켜오고 있는 것이다.

그리고 이러한 요인들은 인간의 다양한 욕구와 어우러져 권력과 지배, 저항과 피지배라는 2분법적 양태를 만들어 왔다. 끊임없는 욕구와 충족지향적인 인간의 의지는 '갈등' 이라는 함정을 만들어 온 것이다. 인간관계에서 개인의 갈등, 사회집단 속에서 발생되는 집단 간의 갈등, 지역 간의 갈등, 정치적 갈등 그리고 종족간의 갈등과 종교 갈등 등에 이르기 까지 실로 역사의 발전이란 욕구충족활동과 그에 따른 갈등의 산물로 이어져 왔다고 해도 과언이 아닐 것이다.

대한민국의 현대사는 세계에서 그 유래를 찾아볼 수 없을 만큼 충격적인 곡예를 하듯, 사건과 문제와 첨예한 갈등으로 점철되어 왔다. 강대국의 힘의 논리로 남북이 갈라졌고, 사상의 갈등은 민족의 비극을 낳았으며, 이후 한 서린 가난과 산업화를 거쳐 오면서 빈부갈등을 증폭시키며 독재와 민주, 동과 서라는 극단적인 대립구조를 만들어 왔다.

한때 민주와 반민주는 선과 악의 잣대가 되었고, 반민주가 퇴색한 정치 · 사회지형에는 무책임한 진보와 생산 없는 평등이 권위주의를 밀쳐 내면서 대책 없는 스펙트럼을 넓혀 놓있다. 적화야욕으로 남쪽을 향해 총부리를 겨누고 있는 북한의 위정자들이 핵무기를 만들고, 미사일을 쏘고, 살상무기를 만들어 우리 목 앞에 들이대고 있어도 지난 10년간 우리의 지도자들은 동족이니까, 우리가 더 살만하니까, 햇빛으로 해방을 시키겠다고, 그 비용이 전쟁 치르는 비용보다 싸다는 편향된 논리를 앞세워 진보라는 포장으로 좌파주의·종북주의를 살찌어 왔다.

국민은 고통받고 힘들어하고 목 메이게 절규하는데도 지도자는 자기의도와 다를 때 그들은 마치 타도해야 될 적으로 삼고 대립하며 갈등을 증폭시켰다. 평등이라는 이름으로, 균형발전이라는 이름으로 역逆평등을 만들고 역균형을 만들어 이 나라를 갈기갈기 찢어진 누더기처럼 만들어 버렸다.

무엇이 그토록 조급하게 하였을까? 무엇이 그토록 자기가 만든 것, 자기가 하는 것이 지고지순한 가치라고 고집하게 하였을까? 왜, 그 많은 이 나라의 인재들을 소외하고 지혜를 모으는데 인색하였을까?

그 결과 우리는 '경제적 양극화와 사회갈등의 전면화' 라는 곤혹스러운 훈장을 달게 되었다. 어떻게 하면 이 불명예스러운 훈장을 지혜롭게 떼어낼 수 있을까? 어떻게 하면 차갑게 얼어붙은 국민들의 마음에 온기를 불어넣을 수 있을까? 무엇으로 우리국민을 신명나게 할 수 있을까? 지난 현대사를 성찰해 보면서 그 해답을 찾을 수는 없을까?

2. 선택과 집중

앞에서 살펴본 바와 같이 창의와 경쟁이라는 시장논리가 주는 정正의 역할과 아울러 부否의 영향은 사회갈등 요인으로 심화되어 오고 있다. 정치제도가 대의代議를 도구로 한 대국민 서비스라고는 하지만 권력과 지배논리가 본류를 형성하면서 지역 간·계층 간 갈등을 증폭시키는 중요 요인으로 작용하고 있다.

지도자의 대립적이고 편향된 리더십은 대의를 왜곡시키고 국민들의 시너지를 저하시킨다. 이러한 요인들은 국가예산을 낭비하는 것 못지않은 사회적 손실비용으로 고스란히 국익과 국력에 반영되고 있다.

국가의 힘國力, 국가의 이로움國益, 이것을 만들어 내는 에너지는 무엇일까? 그것은 바로 국민의 마음이고 국민이 흘리는 땀이다. 신명나는 마음, 기꺼이 흘리는 진한 땀방울이야 말로 웅대하고 희망의 역사를 견인하는 에너지이다. 이러한 에너지를 모으고 올바르게 사용하는 것이야 말로 대통령을 정점으로 한 리더들의 몫이다.

바로 이것이 17대 대통령과 새 정부가 지향해야 할 가장 중요한 시대적 소명이다. 왜냐하면 그것은 역사를 견인하는 주체인 국민의 압도적 선택으로 정당한 소명을 부여했기 때문이다.

'경제 살리기와 사회갈등 치유를 위한 국민통합' 두 수레바퀴는 17대 대통령선거를 통하여 새 정부의 시대정신이자 소명으로 귀결되어있다. 선택과 집중!! 새 정부를 준비하고 있는 대통령직 인수위원회는 생략….

경제 살리기를 위한 방안으로 상위조직인 정부조직을 대부처 주의로 통합·슬림화하면서 Re-engineering & Re-structuring을 통하여 규제혁파를 통한 시장기능의 활성화 전략으로 이해된다.

이는 경험 없는 학자들을 중심으로 현실을 이론에 끼워 맞추려는 "어젠다 만들기"로 세월을 보내고 갈등만 일삼았던 지난 정부와는 확연히 다른 '창조적 실용주의'로 실행과 성과를 중시하는 시장경제에 부합되는 전략이라 하겠다.

이와 같은 전략적 선택은 초기에 집중적으로 추진하여 견고한 기반을 구축하여야 이후 하위조직으로의 파급효과가 극대화 될 수 있을 것이다. 이하 생략…

3. 갈등구조와 해소방안

「표3-1」 시대적 관점에서 본 우리나라의 사회갈등 구조

생략…

시대적 관점에서 사회갈등구조를 분석해보면 산업화시기 이전까지는 비교적 국가차원의 문제를 중심으로 갈등구조가 형성되었으나, 민주화시기 이후부터는 노사갈등, 지역갈등, 빈부갈등, 이념의 갈등 등 갈등의 구조가 훨씬 복잡해지고 생활과 관련된 이슈중심으로 확장되고 대립하는 양상을 보이고 있다. 따라서 이에 대한 갈등해소방안 또한 간단치 않을 뿐만 아니라 전략적이고 체계적인 접근을 요구하고 있다 하겠다.

본 정책연구에서는 앞서 이어져 온 갈등들을 종합적으로 안고 있는 "양극화시기" 를 중심으로 그 해소 방안을 요약 정리해 보고자 한다.

첫째, 국가와 국민이 지향해야할 전략적 관점에서 체계적이고 지속적인 추진기반을 구축하는 것이다. 구체적인 추진기반으로는 '법제화' 와 '전담조직화' 를 들 수 있으며 이를 통한 정통성과 실행체제를 갖추는 일이다.

둘째, 지속가능하고 효과적인 정책에 의한 자원(인적 · 물적)의 배부와 교류이다. 여기서 주목해야 할 부분은 배부뿐만 아니라 교류의 중요성이다. 제 갈등구조 간 · 요인 간 교류를 계량적으로 목표를 설정하고 달성해가는 노력이 필수적이다(MBO : management of objective).

셋째, 실행조직에 의한 행동화 교육 · 훈련이다. 행동과학자들은 정교한 학습을 통한 체계적이고 효과적인 성과를 강조하고 있다. 전국에 분포되어 있는 각종 교육기관과 연수원 등을 이용하여 우선 각 부문의 갈등해소 담당자(Complex agent : CA)를 양성하고 이들을 통하여 갈등해소의 체계적 교육훈련 · 카운슬링 · 현장관여 등을 감당하는 갈등해소 전도사가 되도록 하는 것이다.

넷째, 다민족과 다원화된 문화에 대한 차별해소와 조화다.

다섯째, 인적자원의 글로벌화를 위한 제도와 시스템구축이다.

결어

이하 생략…

창조적 비판과 그 대안

비판

복잡하고도 난해한 사회현상을 어렵사리 분석하느라 온 신경을 모아 집필한 황의철 저자의 노고에 우선 경의를 드린다. 필자 또한 부족하고 아직도 더 천착하여야 할 과제가 산더미 같이 남아 있지만 결코 짧다고 할 수 없는 지난 20 년이라는 세월을 새정신운동국민연합을 이끌면서 어떻게 하면 '국민통합' 을 통한 '남북통일과 세계평화' 라는 시대과제를 이룰 수 있을까?라는 과제를 붙들고 씨름해 온 터라 저자의 글을 대하면서 새로운 감회에 져졌다.

각설하고 저자의 논문 중 「문제제기와 과제도출」에 있어서는 "양극화와 대립의 확대 생산이 시장경제를 표방하고 있는 나라와 사회는 창의와 경쟁이라는 두 축에 의해 목표제일주의와 성과만능주의를 추구하고 있고, 그 과정에서 첨예하고 철저한 경쟁논리가 중심이 되어있다." 라고 했으면서 「선택과 집중」의 끝 부분에서는 "새 정부는 '창조적 실용주의' 로 실행과 성과를 중시하는 시장경제에 부합되는 전략이라 하겠다." 라고 한 것은 조금 어긋 진 논리적 비약처럼 보인다.

완성만이 흠이 없는 법이다. '자본주의 시장경제' 든, '사회주의 계약경제' 든 어차피 이 두 경제체제는 많은 문제를 안고 있는 과정적 방법론으로서 '편파적 경제제도' 인 것이다. 따라서 미완성 된 제도하에서의 갈등은 우리에게 '흥' 을 요구할 수밖에 없는 것이다.

첫째, 「갈등구조와 해소방안」을 보면 전략적 관점에서 구체적인 추진기반으로는 '법제화' 와 '전담조직화' 를 제시하고 있는데, 이것은 상징적 수준의 조감도와도 같이 보인다. 실천을 위한 구체적인 프로그램의 체계화가 요구 된다고 하겠다.
필자는 오래전부터 이것의 법제화를 위한 '새정신운동특별법제정' 을 위해 노력해 왔으며, 전담조직화의 메인스트리움(주도세력)을 구성하기 위해 '국가와 시민조직의 병행' 을 주장하였다. 어느 한 조직만으로는 결코 성공할 수 없는 법이다. 그 근본이유는 필자의 저작물 상위에서 이미 언급하였다.

둘째, 지속가능하고 효과적인 정책에 의한 자원(인적·물적)의 배부와 교류 또한 마찬가지이다. 이것은 첫째의 부분이 이루어지고 난 이후에 추구하여야할 콘텐츠로서, 관점에 따라서 다를 수 도 있겠지만 문제는 효과적인 정책을 창출한다는 것이 얼마나 어려운가 하는 것이다.

셋째, 실행조직에 의한 행동화 교육 · 훈련이다. 이 또한 첫째의 부분이 구성되지 않으면 불가능한 일이며, 그렇게 하기위해서는 국민의 합의를 도출하기위한 구체적인 프로그램을 먼저 창출하여야 할 것이다.

넷째, 다민족과 다원화된 문화에 대한 차별해소와 조화다. 이 부분은 나중의 대안 부분에서 다루기로 하겠다. 왜냐하면 가치관의 문제임과 동시에 간단치 않은 복잡하고 심원한 종교의 문제이기 때문이다.

다섯째, 인적자원의 글로벌화를 위한 제도와 시스템구축이다. 좋은 의견이다. 그리고 이것은 큰 그림이다. 필자는 새정신부를 신설하여 새 가치관 교육에 의한 국가적인 인재양성기구를 만들지 않으면 안 되기 때문에, 정부조직법 개편으로 양산된 잉여자원을 전국의 시군구읍면동에 새롭게 교육(절대가치)하여 정신공무원으로서 파송하여야 하며, 민간(종교)조직에 의한 사회봉사단체인 수호천사연합을 창설하여, 관과 민이 음 · 양이 되어 유기적으로 연대하는 「범정부조직을 제도적으로 구축」하여 사회문제에 적극적으로 관여함은 물론이요, 모든 혼란을 수습하는 주도세력으로 자리해야 한다고 하였다.

대안

역사는 부족한 미완성으로부터 출발하여 흠이 없는 완성을 향하여 성장하고 있는 것이다. 역사의 성장, 즉 정확한 역사철학의 가치에 대한 진단이 중요한 이유가 이 때문이다. 따라서 국민통합을 실현시키기 위해서는 저자가 제기한 많은 처방도 물론 중요하겠지만 무엇보다도 중요한 것이 '완전한 목적적 제도의 창출' 에 있다고 하겠다. 그래서 통일이라는 과제가 중요한 것이다.

남북통일을 통하여 과정적으로 부족할 수밖에 없었던 국가체제를 완전한 '완성체제' 로 만들지 않으면 어떤 방법으로도 부족한 사회제도 때문에 발생하는 갈등과 혼란을 막을 길이 없는 것이다. 그러므로 통일을 이루기전에 '공존체제의 모델' 이 되는 사회주의 계약경제의 장점과 자본주의 시장경제의 장점을 결합한 일명 "창조적 시장경제" 인 '창조적 중립정부' 를 구성하지 않으면 모든 노력도 허사일 수밖에 없는 법이다. 절대가치부재상태의 자본주의적 이기심은 국민통합을 방해하는 가장 큰 악폐이다.
그러나 그것만으로 갈등구조를 없앨 수 있었다면 먼저 중립국가가 되어있는 가까운 일본이나 부단히 중립국을 지향하며 열을 올리고 있는 중국이 먼저 이상사회가 되었거나 앞으로 될 수 있을 가능성이 더 많을 것이다.
그것만이 아니다. 인간은 영적인 존재이기 때문에 국가도 영성이 있는 법이다. 국가의 영성은 개인의 영성과 비례하는 법이다.
부족하고 미완성 된 어린 이기심으로는 결코 생활공동체가 목표인 국민통합을 이룰 수가 없는 것이다. 국민의 영성을 21세기에 맞게 업그레이드 시키지 않으면 안 되는 것이다.
그러기 위해서는 무엇이 필요한가?
첫째, 기존의 철학적 종교적 가치를 뛰어 넘는 '절대가치를 창출' 하여 모든 종교를 통폐합하지 않으면 안 된다는 것이다.
둘째, '철학에 기반 한 정책' 에 의해 새로운 정치와 정당을 창출하여 인물 중심의 지역 구도를 타파하고 전국정당의 형태를 이루어야 할 것이다.
셋째, 첫째와 둘째의 그 터 위에 통합을 위한 기구와 제도적 보장을 위한 '국민통합특별법' 을 제정하지 않으면 결코 국민통합은 불가능한 일이 될 것이다.
이 얼마나 엄청난 일인가? 국민통합이 말로는 간단한 용어하나 만으로서도 족하다. 따라서 필자는 이 세 가지의 선행조건으로서 첫째, 절대가치로서 동서양의 모든 철학사상을 통폐합하였으며, 둘째, 철학에 기반 한 정책을 완성시켰다. 그래서 필자는「영철학 & 소통 그리고 창조적 통일」을 따로 엮어 책으로 간행하였다. 일독을 바란다.

02 왜 '국민통합'이 시대정신인가?

정책연구실장 최요한

사회갈등 해소방안 모색과 대안론에 대한 고찰

요약

2008년 현재 한국사회의 심각한 위기는 외형적으로는 경제적 양극화와 갈등구조의 전면화로 보이나, 내재적으로는 해방 이후 지속적으로 이어져 내려온 심각한 국론분열과 제 정치세력간의 생존의 사활을 건 제로섬 게임에 기인한다. 이런 구조적 모순의 내·외적 조응은 급기야 국가의 대표성(representativeness)은 물론 통치능력(governability)과 정치체제의 안정성(stability)조차 위협하는 커다란 문제가 되었다. 국민통합 행동화 포럼은 이 구조적 모순의 문제를 단순한 정치차원의 재분배·재배치의 차원이 아니라 정부와 시민사회의 공통적 해결과제로 인식하여 적극적인 문제제기를 하는 바이다.

1. 문제제기

우리사회는 지난 20여 년간 전 세계적으로 유래가 없는 '정치실험'을 진행하였다. 이른바 정치권은 물론 학계와 시민사회까지 모두 '권위주의 체제'의 해체가 공동체 성원의 '삶의 질'을 높일 수 있는가에 대한 해답을 찾는 과정을 걸어온 것이었다.

비싼 경험을 통해서 알게 된 과정의 결과는 '권위주의 체제'의 해체가 공동체 성원의 행복을 담보할 수 없으며 '민주적 거버넌스'의 회복이 곧바로 국민통합과 사회갈등해소로 이어질 수 없다는, 우리 사회의 보수진영이든 진보진영이든 공통적인 깨달음이었다.

1987년 시민 민주화 투쟁의 결과로 이룩한 '6 · 29선언' 은 한국 민주주의의 발전에 있어서 일종의 결절점結節占으로 작용하였고, 그 이후 평화적 정권교체가 세 차례 진행되어 민주주의 이행(transition to democracy)의 주요과제가 이루어졌다고 생각했으나 궁극적으로는 이 모든 과정의 결과물이 현재 목도하는 바, 경제적 양극화와 사회갈등의 전면화라는 최악의 상황으로 귀결된 것이다.

「(사)국민통합」은 경제적 양극화와 사회갈등의 전면화라는 한국사회의 현상적 갈등구조는 물론 대내외적인 갈등구조의 형성에 결정적으로 미치는 현대사회의 근원에 대해서 고민하고자 한다. 또한 국민통합을 위한 내 · 외부적 과제와 세계적 과제를 차례로 정리하면서 대안을 모색하고자 한다.

'세계체제로서의 자본주의' 에 편입되어 있는 대한민국 사회가 자국의 안녕과 질서유지에만 급급한 모습을 보인다면 우리 스스로 '천박한 자본주의' 의 카테고리 함정에 빠지는 결과이다. 궁극적으로는 우리의 커다란 갈등구조 축인 고질적 지역주의와 계층 간의 갈등 역시 현대사회의 갈등구조의 외적 양태이기 때문에 이의 해결은 곧 세계적 갈등양태의 해결에 단초를 제공할 수 있는 것이다.

이하 생략…

2. 국민통합의 대내외적 과제

이하 생략…

대내적 과제의 해결은 이렇듯 단계적으로 해결된다 하더라도 여기에 머무르는 것은 미완의 '작품' 이다. 우리에게는 엄중하고도 냉정히 바라보아야할 대외적 국민통합의 문제가 남아있다. 바로 남 · 북간의 갈등이다.

이렇게 되면 필연적으로 대두되는 것은 거대한 테제로서의 동북아시아 안정과 세계평화의 논리이다. '개인-사회', '사회 구성원 - 국가', '국가 - 국가' 의 논리로서 한반도를 위시한 남북 그리고 미 · 일 · 중 · 러의 갈등 구조에 대한 주도적 책임을 우리가 져야한다. 우리가 살아갈 우리 땅 한반도를 둘러싼 갈등이니만큼 이 주도권은 누구에게도 빼앗길 수 없는 고유의 우리의 주체적 권리이자 고유의 행위이다.

국민통합이라는 다소 추상적 개념의 효과성과 그 의미는 이렇듯 나 → 사회 → 국가 → 세계로 이어지는 카테고리로 그려질 수 있다. 또 추상적 개념의 효과성을 더욱 풍부히 한다는 것은 세계 → 국가 → 사회 → 나로 이어지는 통합의 효과를 누린다는 것이다. 구체적으로는 각종 사회적 갈등이 해소되고 생활이 풍요로워 진다는 것이고 국가로서는 융성해진다는 의미이다. 우리로서는 꼭 가야만 하는 길이다.

3. 국민통합을 위한 각국의 노력

이러한 노력은 비단 우리나라만이 시도하는 특수성은 아니다. 세계 각국은 유행처럼 국민통합(National Intergration)부部를 만들고 있다. 스웨덴(국민통합양성평등본부), 벨기에(공공사회통합부), 노르웨이(노동사회통합부)등 소득이 높은 북유럽 국가들 외에도 브라질, 인도, 이탈리아, 호주 등도 이런 사회통합, 국민통합을 위한 부서를 설치하고 구체적인 노력을 경주하고 있다.

이들 국가들이 이렇게 예민하게 반응하는 것은 사회변화의 물결이 과거의 패러다임으로는 도저히 감내할 수 없는 부분까지 이르렀기 때문이다. 정치커뮤니티는 그저 단순히 이웃에 산다는 이유로 연결되는 것이 아니라 새로운 가치의 공감, 기존질서에 대한 부정 등 다종다기 한 기준에 의해 만들어지고 움직이기 때문이다.

또 사회의 다변화는 기존 커뮤니티의 결속력을 현저히 저하시키는데 이는 다른 가치가 기존의 커뮤니티를 대신 할 수 있기 때문이다. 또 대신 할 수 있는 커뮤니티조차 그 수명이 점점 짧아지는데 이는 끊임없이 규율과 예상과 지속성이 달라질 수밖에 없기 때문이다. 이러한 변화된 상황에서 기존의 패러다임으로는 공동체적 가치의 확인조차 힘든 상황이니 각 국에서 변화에 발맞추어 국민통합을 위한 특별 부서를 두는 것이 이상한 일이 아닌 일이 되었다.

결어

이하 생략…

비판과 대안

저자는 "1987년 시민 민주화 투쟁의 결과로 이룩한 '6 · 29선언' 은 한국 민주주의의 발전에 있어서 일종의 결절점으로 작용하였고, 그 이후 평화적 정권교체가 세 차례 진행되어 민주주의 이행(transition to democracy)의 주요 과제가 이루어졌다고 생각했으나 궁극적으로는 이 모든 과정의 결과물이 현재 목도하는 바, '경제적 양극화' 와 '사회갈등의 전면화' 라는 최악의 상황으로 귀결된 것이다." 라고 하였는데 표현에 있어서, 우리나라의 '정치적 민주화' 는 어느 정도의 결실은 보았지만 '경제의 민주화' 와 '종교적 가치의 민주화' 는 아직 요원하며, 이는 앞으로 우리가 국민통합운동을 통하여 해결하고 넘어가야하는 무거운 짐이며, 이것이 국민통합운동을 해야 하는 절대적인 당위성인 것 같다. 라고 구체적으로 분석하여 강조했었더라면 좋았지 않았겠나하는 생각이다.

"궁극적으로는 우리의 커다란 갈등구조 축인 고질적 지역주의와 계층 간의 갈등 역시 현대사회의 갈등구조의 외적 양태이기 때문에 이의 해결은 곧 세계적 갈등양태의 해결에 단초를 제공할 수 있는 것이다."

지당한 논리이다. 세계는 지금 사회주의의 몰락이후 새로운 세계체제를 창출하지 못하고 브레이크가 파열되어 제동을 걸 수가 없는 형국이 되어 어쩌면 자멸의 길을 가고 있는지 모른다. 92년 빌 클린턴 정부는 토니 블레어 정부에게 막대한 지원을 아낌없이 하면서 새로운 정치의 모델을 창출해 줄 것을 희망했다.

그런데 제3의 길은 얼마가지 못하고 파산을 맞이하였다. 대한민국은 세계정치의 중심이다. "우리의 커다란 갈등구조 축인 고질적 지역주의와 계층 간의 갈등 역시 현대사회의 갈등구조의 외적 양태이기 때문"이라고 갈파했듯이 우리나라처럼 이데올로기의 대립이 남·북과 동·서로, 아니 시쳇말로 따불, 따따불로 이루어진 국가는 전 세계 어느 나라도 눈을 씻고 찾아보아도 없다는 것이다. 따라서 저자의 "이의 해결은 곧 세계적 갈등양태의 해결에 단초를 제공할 수 있는 것이다."라고 한 언명은 높이 평가하고도 남는다고 하겠다.

02 발제원고

01 사회갈등해소 방안과 국민화합을 위한 행동화 과제

발제 1. 존중과 배려의 정치 · 사회 · 문화의 선진화

노동일 (교수 · 경북대학교 총장)

1. 문제의 제기

이하 생략…

2. 사회통합의 선진화

이하 생략…

3. 현안의 갈등과 이에 대한 인식

이하 생략…

3-2) 갈등에 대한 인식

사회학자 다렌도르프(R. Dahrendorp)는 갈등은 드러내놓을 때 오히려 건강한 사회를 만들 수 있다고 설파한 적이 있으며, 정치학자 샤츠슈나이더(E. E.

Schattschneider)는 민주주의는 갈등을 인정한 바탕에서 가능한 정치라고 단언한 바 있다.

이는 무책임하게 갈등을 방치하고 조장하는 의미가 아니다. 갈등은 없애버릴 수는 없지만 조정할 수는 있다. 경쟁하는 정당이 있고, 다양한 해석을 내리는 가치와 이념이 있고, 그 기반이 되는 다원적 시민사회가 있고, 그를 기초로 합리적 토론이 있고, 합의를 유도해 내는 정당한 권위와 리더십이 작동해야만 한다.

갈등해소를 위한 사회통합에서 구성원들의 '화합' 은 '차이를 없애고 의견을 통일시킴' 이 아니라, '서로 상대를 인정하고 대화 하는 관계 수립' 을 의미한다. 별것 아닌 듯해도 민주화 이후 우리 사회의 갈등 양상을 보면 이것이 얼마나 어려운지 알 수 있다.

사회통합을 이끄는 리더십은 대화의 조건을 만들어 내고, 대화의 의제를 제시하고, 대화의 결과를 응집시키는 리더십이다. 이 과정을 거쳐 갈등은 보다 나은 미래를 위항 밑거름이 될 수 있다.

4. 갈등조정의 원칙

4-1)헌정체제의 기본정신과 리더십

구성원의 입장차이가 필연적이라면 갈등은 불가피한 것이며, 그 갈등을 힘써 조정하고 그로부터 단절 없는 합의를 지속해 내는 것이 관건이다. 선거를 통해서든, 정책적 합의를 통해서든, 국회를 통해서든, 시민토론을 통해서든 이러한 모든 합의를 창출하는 과정을 부정하지 않는 것이 바로 민주화 이후 사회통합의 요체이자, 우리가 지향하는 민주공화국의 근본적 가치이기도 하다.

당사자들의 의견에 대한 경청과 숙고, 서로 다른 입장으로부터 합의를 이끌어내는 중재와 설득, 그리고 도출된 합의에 의한 책임 있는 실현, 과정과 결과에 대한 국민의 참여와 생산적인 비판, 사회통합을 이끄는 리더십의 요소는 이렇게 정리할 수 있다. 결코 쉽지 않겠지만 이 원칙이 자리 잡고 구현된다면 새 정부는 60년 전 우리선배 세대가 희망했던 우리체제의 정당성과 수월성에 대한 신념을 당당히 증명할 수 있을 것이다.

4-2) 10년의 교훈과 정권교체

지난 10년 동안 우리사회는 민주화운동을 주도한 세력이 개혁을 이끌어 왔다. 민주화를 위한 개혁을 추진하면서 갈등을 대하는 태도와 그것을 해결하는 방식이 위와 같은 민주적 원칙을 벗어난 점은 하나의 아이러니다.

민주화 이후 각 정권들은 산업화 이후 불가피하게 소외되었던 지역 및 계층의 입장과 의견을 대변하려 했고, 사회적 시민권을 일정하게 보장한 성과는 사뭇 의미 있는 것이다. 그러니 도그마(Dogma)식 사고와 스스로의 가치를 절대화 시키려는 태도는 타산지석의 교훈을 주고 있다.

자유민주주의 체제에서는 정책이나 제도의 내용과 목적에 대한 평가와 별개로, 절차와 방식이 중요하다. 지난 10년간 사회통합의 요건들이 적잖이 훼손 되었고, 그로부터 사회 구성원들이 조정과 합의의 방향을 모색하기보다 자신의 입장만을 관철시키려 한 측면은 우리가 회고하고 성찰해야 할 경험이다. 비단 정권 담당세력에게만 해당되는 것이 아니라, 그 대척점에 있던 세력에게도 책임이 있다. 이점 새 정부가 특히 유념해야 한다.

5. 갈등해소와 사회통합의 처방에 대한 제언

첫째, 동서 간 지역주의는 지역주의를 재생산하는 여야 정당 정치인들이 각자의 이념과 정책을 기초로 하여 전국정당을 진정성 있게 건설하려 할 때 극복할 수 있다. 새 정부와 집권당 역시 특정지역이 아닌 대한민국 전체의 관점에서 공당으로서의 이념과 가치를 상징하고 대변할 수 있는 전국화를 실현할 수 있어야 하겠다.

이하 생략…

둘째, 수도권과 지방의 격차와 갈등은 앞선 정부들의 시행착오를 얼마나 극복하는 가에 달려 있다.

이하 생략…

셋째, 계층 간의 양극화를 실질적으로 해결하기 위해서는 계층 간의 차이에 대한 합리적 조정을 수행하고 실용적 대안을 생상할 수 있는 유연하고 효율적인 정부의 역할이 중요하다. 시장경제의 원칙은 존중되어야 하며, 이는 조건의 형평성 확보, 공정한 게임의 법칙 확립, 합리적 결과에 의한 승복의 과정이 정착됨으로써 가능하다.

이 과정에서 정부의 강권적, 일률적 지휘로 모든 것을 추진할 수는 없다. 능동적이고 자율적인 사회의 역동성을 극대화 시킬 수 있는 방안을 마련하여 개인, 기업, 민간단체를 비롯한 모든 시민사회 구성원들이 계층갈등을 생산적 결과로 승화시킬 수 있는 자율적 권한과 책임을 발휘할 때 가능한 것이다. 결과에 관계없이 구성원들이 그 과정에서 얼마나 역할을 했는가에 따라 갈등은 훨씬 원만하게 조정될 수 있다.

이하 생략…

창조적 비판과 대안

"첫째, 동서 간 지역주의는 지역주의를 재생산하는 여야 정당 정치인들이 각자의 이념과 정책을 기초로 하여 전국정당을 진정성 있게 건설하려 할 때 극복할 수 있다. 새 정부와 집권당 역시 특정지역이 아닌 대한민국 전체의 관점에서 공당으로서의 이념과 가치를 상징하고 대변할 수 있는 전국화를 실현할 수 있어야 하겠다." 라고 언급한 노동일 교수의 현실정치에 대한 분석은 참으로 적절한 표현인 것 같다.

그런데 필자가 '기氣' 를 쓰고 정당의 대표들을 찾아다니며 새 가치관에 의한 정책정치를 다년간 외쳐보았지만 만사가 허사였다. 물론 필자의 능력이 부족한 탓도 있었겠지만 말이다.

어쨌거나 인문학의 수준은 그 나라 국민의식의 바로미터이다. 그리고 정치지도자의 수준은 곧 그 나라 국민들의 수준과 비례한다. 지도자들의 음흉한 이중성과 국민들의 정치의식수준이 바뀌지 않는 한 전국정당화는 결코 쉬운 일이 아닐 것이다. '꿈' 은 종교인의 밥일 수는 있어도 정치인의 간식조차 될 수도 없는 것이다. 그러니까 정치는 '꿈' 을 먹고 사는 것이 아니라 지극한 '현실' , 즉 바로 '지금여기' 라는 당장의 '표' 와 국민의 '이기적 여론' 을 먹고 살더라는 것이다.

우리는 지금 '새정신운동' 의 시급함을 외치고, '인문학의 위기' 를 목 놓아 울부짖어도 본질적인 주인정신을 잃어버리고, 강 건너 불 보듯 하는 물질만능의 '물신주의' 에 찌들어 버린 지 이미 오래이다.

그런 저급한 문화를 탈피하지 않고 어떻게 "여야 정당 정치인들이 각자의 이념과 정책을 기초로 하여 전국정당을 진정성 있게 건설할" 수가 있는가? 라고 한 저자의 내용을 두고 필자와 함께 어디 한번 머리를 맞대고 진지하게 고민해 보고 싶다.

전국정당의 절대적 조건은 가치성이다.

요즘 그 가능성의 조짐이 보이기 시작했다. 이제 막 떡잎이 밀고 올라오는 중이니까 잎이 무성하게 자라나면 될 것이다. 씬테시스는 언제나 새로운 제 3에 의해 발생되는 법이지 않는가? 그 말이다.

그리고 전국정당의 상대적 조건은 개헌에 의한 분권으로 양원제에 기반해야 한다. 우리나라 국회의사당을 지을 때 의사당의 자리를 양원제 구도에 맞추어 배치하지 않았는가? 또한 남북통일을 위해서도 반드시 양원제 형태의 전국정당이 안되면 안 된다.

왜냐하면 북쪽은 오직 노동당 하나만 존재하기 때문에 여 · 야가 형성되기 어려울 뿐만 아니라 수평적 여 · 야 구도는 대결적 계약구도로서 결코 양 정당 간의 정쟁을 피할 수 가 없다. 따라서 수직적 가치에 의한 정적情的구도인 상 · 하원제로서의 양원제가 되어야 함이 마땅하기 때문이다.

성장제일주의의 장점은 가난으로 헐벗고, 배고픔을 이겨내기 위해 허리를 동여매었으며, 추위로 온몸을 부들부들 떨며 몸부림치던 고통으로부터는 벗어나게 했는지 모르겠으나, 상대적으로 인간이기에 인격적으로 갖추어야할 인문학적 가치는 천박하다 못해 이기심에 눈이 멀어버려 인간금수로 돌연변이가 되어버린 것같이 느껴진다.

따라서 '국민통합운동' 은 그 시기를 일각이라도 늦춰서는 안 되는, 말 그대로 경제 살리기와 함께 국정지표의 양대 날개임이 분명한 것이다. 우리 국민들의 의식을 이대로 방치해서는 절대 안 된다. 뿐만 아니라 그렇게 했다가는 경제도 국가도 다 같이 큰 위기에 직면하게 될 것임은 명약관화한 사실이다.

혹 요행으로 경제가 기적같이 부풀려 진다고 할지라도 인격적 가치가 부재한 인간은 결국 그 물질의 노예가 될 수박에 없는 법이다. 왜냐하면 경제의 발전이 인문학적 가치인 삶의 목적에 대하여 무지한 존재를 오히려 압살시켜버릴 수 도 있겠기 때문이다.

그러므로 MB는 서울이 아니라 이 한반도와 전 세계를 하늘에 바치는 참으로 선의 집념으로 가득 찬, 그리하여 국민통합을 위한 가치적이고도 인문학적인 전무후무한 희생적 지도자가 될 수 있으면 얼마나 좋을까 하는 그런 바램이 왠지 자꾸 일어남을 금할 길이 없다.

발제 2. 국민통합의 과제

이현청(교수 · 호남대학교 총장)

국민통합의 과제

1. 국민통합 무엇이 문제인가?

이하 생략…

국민통합의 저해요인

첫 번째 우선 5과 현상적 구조는 과잉, 과열, 과인경쟁, 과잉보호, 과도편견 등으로서 지나치게 자기중심적 경쟁에 치우치게 되고, 결국은 국민이나 나라보다는 자기와 자기연고에 집착하게 만드는데 기여해왔다.

두 번째 요인으로는 3미이즘 문화를 들 수 있다. '나도주의(me-too-ism)', '나 먼저주의(me-first-ism)', '나 아니야 주의(not-me-ism)' 를 들 수 있다.

세 번째 요인으로는 계층 간, 지역 간, 세대 간, 학력 간의 격차구조를 들 수 있다.

네 번째는 폐쇄, 배타적 구조를 들 수 있다.

다섯째는 감성적 민주주의의 경향을 들 수 있다.

2. 동서화합과 계층갈등 해소의 과제 무엇인가?

동서화합과 계층갈등의 원인진단은 쉽지만 과제는 간단치 않다. 긴 기간 동안 뿌리내린 구조적 문제이기도 하고 해결책이 복합적이어서 간단치 않은 까닭이다. 우선 동서화합의 과제로는 무엇보다 정치지도자의 역할과 균형발전, 그리고 보이지 않는 동서 벽 해소 정책을 적극적이고 지속적으로 발전시키는 일에 두어야 한다.

1) 동서화합

① 3김 청산

이하 생략…

② 동서균형발전

동서균형 발전은 영남과 호남이 지니고 있는 발전 저력이나 환경적 · 산업 구조적 차원의 특성과 차이에도 불구하고 지속적으로 대두된 문제였다. 동서균형발전은 전국적 차원의 지역균형발전 정책과 함께 적극적으로 시행되어야하고 특히 약자우선주의 차원의 「개발복지」개념을 도입해야 할 것이다.

그리고 균형발전에서 빼놓아서는 아니 될 영역이 공동개발 정책으로서 일예로서 지리산 공동개발정책, 남해안 공동개발정책, 농수산 생태계 보존정책, 고유문화 정책 등 지역적 특성을 고려한 다양한 동서화합 정책이 적극추진 되어야 한다.

③ 동서 벽 해소(남남문화 정립)

동서 벽은 없는 듯하나 있고, 있는 듯하나 없는 부분이다. 동서 벽 해소는 정치문화의 개선만으로는 해결될 수 없는 문제로서 의식적인 차원에서의 대책이 필요하고 「세계 속 대한민국」의 개념 하에서 이루어져야 한다. 좋은 예가 동서 벽, 이념, 성별, 연령을 초월한 월드컵 응원 문화 같은 문화정립과 환경, 복지 그리고 인간본연의 덕성개발과 연관 지어 정책이 수립되어야 한다.

2) 계층 간 갈등해소

이하 생략…

3. 국민통합의 방향모색

국민통합은 단순한 획일적 통합이나 일사분란 한 몰개성이나 국가주의적 관점이 아니다. 통합속의 다양성, 갈등관리가 담보된 의견 수렴체계, 편견이 아니라 합리적 비판, 약자를 중시하는 배려문화 그리고 지역연고를 뛰어넘는 세계시민성 함양을 목표로 해야 한다.

이점에서 다양성과 차별성을 인정하는 국민통합복지정책 구현과 국민통합 안정망 구축이 매우 중요한 방향이라 생각 된다. 국민통합을 위해서는 우리나라 전체 차원의 종합 정책과 지역적 차원에서의 보완정책이 동시에 추구되어야 하고, 무엇보다 국민통합안정망 구축을 대전제로 해야 한다.

첫째, 국민통합안정망은 교육안전망, 복지안전망, 동서화합안전망, 정치복지안전망, 그리고 갈등관리안전망 등 사회갈등 해소를 위한 안전망 이어야 하고 이러한 안정망을 제도적으로 통합 조정할 수 있도록 적극 검토되어야 한다.

둘째, 인도의 카스트 할당제, 중국소수민족보호정책, 뉴질랜드 마이오족 보존정책, 미국의 교육고용 평등정책(affirmative act)과 같은 사회 통합지원법 제정과 국민통합 비서관제 도입 등 정부차원의 통합관리 시스템과 함께 민간차원의 SGO(Semi-governmental Organization)네트워크를 활성화해야 한다. 지역협의회, 사회지도층 국민화합 Task force, 국민통합 프로그램 등을 체계화 시켜야 한다.

셋째, 전 국민의 국민통합을 위한 화합 사이트(Korea Care Site)를 구축하여 상호이해의 폭을 증대시킬 필요가 있다. 의견수렴, 갈등해소, 국민의 질 향상 등이 중요 내용이 되어야 한다.

넷째, 동서화합을 위한 한시적 기구를 설정하여 적극적이고 종합적인 국민통합책을 모색해야 한다. 영남과 호남 광역자치단체는 물론 중앙정부차원 그리고 비정부 기구차원에서 통합기구를 확대해야 한다.

다섯째, 이하 생략…

여섯째, 우리나라 지역정서와 갈등구조를 완화할 수 있는 세계 속 한국정신 함양과 「새로운 한국운동(New Korea Movement)」등을 적극 추진해야 한다.

이외에도 동서화합을 위한 구체적 실천방안

가) 교육복지구현을 위한 교육정책

나) 감성적 민주주의 타파

다) 과잉 경쟁현상 해소(we-ism과 me-ism 조화)

라) 영호남 연합공천제 도입, 영호남 지정투표제 도입

마) 교차공천 동반당선 프로그램

바) 영호남 지방자치단체 협약 예산제 도입

사) 군 시민 방문 대회, 전 시군협약

아) 10% 교수 교류제 도입, 학생. 교수, 직원교류 단위학교 협약

자) 교차 인턴십, 교차 교양강좌, 교육교류 활성화, 교차 수학여행

차) 동서 통합기업 육성(사원의무 교류), 공동개발 프로젝트

카) 화합이벤트 프로젝트

- 동서공동장터 개장

- 혼인장려
- 동서 대담정기화
- 사투리 배우기
- TY특집 정례화(동시방영시간 설정)
- 공동향우회
- 국민통합 사이트 운영

창조적 비판과 대안

저자의 원고는 다른 내용도 중요하지만 동서화합을 위하고 국민통합을 위한 아이템의 연구와 깊이에 저어기 놀라울 정도이다. 꿈은 이루어진다고 하였다. 저자의 건승을 빈다. 필자도 국민통합을 위해서는 무엇보다도 동서화합을 이루어야 한다는 일념으로 숫한 나날들을 동서로 넘나들며 활동했었다.

그러던 중에 작은 깨달음이 하나 있었다. 자녀를 둔 부모는 부부싸움은 할지라도 원수까지는 되지 않는다는 것과 미풍은 태풍에 의해서 조정 된다는 것이었다. 물론 서로 간에 하나 되기 위한 작은 노력도 중요하지만 동서화합을 위해서는 자식과도 같고 태풍과도 같은 남북통일이라는 과제를 통해서 포괄적으로 일괄타결을 하는 방법론이 더 효과적이기도 하고 어쩌면 유일한 대안이 될 수 있는 것은 아닐까? 라는 생각을 하곤 했었다.

왜냐하면 동서의 갈등은 남북 간의 갈등과 유사한 철학적 이념의 문제가 오랜 기간 동안 첨예한 대립으로 이어져 내려왔기 때문에 그 골(gap)이 너무나 깊게 파여져 있다는 생각 때문이었다.

그러니까 이 말뜻은 남북의 문제처럼 인간적인 의지와 노력을 넘어선 어떤 섭리사적인 일로서 '제4의 초월적인 세계'에 대한 국민전체의 대오각성이 아닌 일개인의 힘과 노력으로서는 그 어떠한 방법론을 동원한다고 할지라도 진정한 화합으로 이끌기가 쉽지 않을 것이라는 것이었다.
그러고 보면 극단적인 대립의 양상은 비단 남북이나 동서뿐만이 아니다. 양극화 또한 빼놓을 수 없는 그 어떠한 노력이나 방법으로도 하나 되게 할 수 없는 문제이다. 이 모두가 원만히 해결되기 위해서는 통일이라는 지상과제를 성취하지 않으면 안 될 사안들이다.
그래서 필자는 국민통합을 위한 방법론으로 통일운동을 민과 관이 동시에 연합하여 새 가치관운동과 함께 범국민운동으로 추진하는 것이 더 효과적이면서도 정확한 방법론이 아닌가 한다. 그러니까 일부 단체에서만 자의적으로 행하던 종교적 가치의 완성과도 같은 깨달음 운동과 북녘 및 남쪽의 최 약자 돕기 운동을 전 국민이 다함께 하게 되는 결과가 되는 것이다.

우리는 지금 충분하지는 않지만 북녘을 도울 수 있는 환경을 마련해 놓았다고 할 수 가 있다. 그리고 전 국민이 동시에 깨달을 수 있게 될 절대가치도 외람 된 말씀이지만 그런대로 이미 필자가 마련해 놓았다. 그렇게 하지 않으면 둘 다 성공을 보장받기 힘들 것이다. 국민통합도 남북통일도 말이다. 이제 실천에 있다. 우리에겐 망설일 시간이 더 이상 없다. 오직 행동만 있을 뿐이다.

02 국민의견 수렴과정을 통한 정책실행의 성공화 전략

발제 1. 사회통합정책의 실현을 위한 전략과 실천 방안

정재훈 교수(전 인하대 경영대학원장)

1. 국가시스템의 경쟁력 제고를 위해서는?

국가시스템의 경쟁력은 한 국가의 질적 성장의 견인차로서 최근에는 국가경쟁력 대신에 시스템경쟁력이란 개념을 사용.

—시스템적 접근은 환경 속에서 시스템을 구성하는 요소뿐만 아니라 이들의 상호작용을 종합적으로 분석하는 방법.

—국가시스템은 '정부, 기업, 사회, 개인' 의 4개 부문과 이들의 상호작용을 규정하는 시장 메카니즘 및 사회적 자본(social capital)으로 구성됨.

사회적 자본 : 사회적 자본은 금융자본이나 인적자본과는 달리 사람과 사람 사이의 관계를 의미(Colemen, 1988). 사회적 자본이란 사회의 생산적 잠재력을 증진시켜주는 네트워크, 규범, 그리고 신뢰(Trust)를 의미(Putnam, 1993). 사회구성원 간의 신뢰를 사회적 자본으로 규정(Fukuyama, 1995)

시스템 경쟁력이 경제전쟁의 승패를 좌우

—선진국들은 강한 시스템경쟁력을 보유 : 부문경쟁력뿐만 아니라 부문간에 상호작용을 촉진하는 연계(network)가 필요

—한국의 시스템경쟁력은 OECD 30개국 중 21위

현재의 시스템경쟁력으로는 선진국 진입이 불가능

—한국은 개인과 기업보다는 사회와 정부 부문의 경쟁력에서 열위에 있으며, 부문 경쟁력보다 네트워크 경쟁력에서 현격한 차이를 보여줌.

—21위의 시스템경쟁력으로는 선진국들과의 경쟁이 불가능.

2. 사회통합정책 종합계획 수립방안

명확한 사회통합정책의 목표 및 우선순위 제시와 달성 가능한 구체적 목표(가능한 한 수치화)제시.

사회통합정책 종합계획을 실천하기위한 정책시행체계의 확립. 특히 경제정책과 사회통합정책의 연계강화, 중앙과 지방정부의 역할 분담 등.

정책효과에 대한 감시, 평가 및 사후관리 방안 수립.

중앙정부, 지방정부, 노사단체, NGO, 기업 등 다양한 경제주체의 참여 네트워크 형성.

3. 사회통합정책의 실현을 위한 전략과 실천방안

국정중심과제로서의 사회통합정책의 위상 정립

—경제우선정책에 밀려 자칫 사회통합정책이 후순위로 밀리거나 소홀하게 취급되는 일이 없어야 할 것임. 경제정책과 사회통합정책의 균형이 중요하며, 사회통합정책은 국정중심과제로 자리매김 되어야 함.

사회통합정책에 대한 장기 전망 명시

—정부는 사회 양극화와 지역균열 구조의 해소를 국정의 중심과제로 명확히 제시하고, 그 실현을 위한 사회통합정책의 목표와 방향에 관한 거시적

틀을 설정해야 함.

—이를 위해 사회통합정책의 기본담론을 구축할 필요가 있는 사회통합정책의 이념 및 논리가 개발 되어야 하고, 가급적 단순한 구호로 그 지향점이 명시되면 더욱 바람직 함.

—사회통합정책 분야에서 국가차원의 종합적 실천계획을 수립할 필요 있음. 이를 통해 향후 정권의 성격에 관계없이 지속 될 수 있는 한국 사회통합정책의 장기적 제도화를 지향.

사회통합정책에 대한 적극적 담론 개발

—생략

—생략

—시장경제에 필연적으로 수반 되는 계층화 및 갈수록 심화 되는 양극화가 생활에의 불안을 가중시켜 국민통합을 갈수록 저해하고 있음. 국가의 적절한 소득재분배 기능은 소외된 계층의 통합 및 개인의 생애 불확실성을 낮추어 사회통합에 기여할 수 있음.

—생략…

사회통합정책 추진을 위한 집행체계

사회통합정책 추진을 위한 집행체계 정립의 필요성

—지난 정부의 사회통합의 실패의 원인은 사회통합정책의 위상을 정립하는데 실패했다는 점과, 이와 연계된 실패요인으로 핵심적인 사회통합정책 추진 주체가 매우 모호 했다는 점.

—청와대, 행정부처, 국책연구소, 각종위원회 등 사회통합정책을 입안·추진 주체들 사이의 커뮤니케이션 문제 발생. 자문 및 실행조직의 파편화와 연계성 부족(예컨대 국민통합 연석회의 실패)

—이는 불가피하게 인력분산, 중복과제 수행, 조율혼선 등을 야기하면서 정책적 자원을 낭비시키고, 정책추진 및 집행체계의 부실화, 그리고 관료주의적 책임회피 경향을 야기.

사회통합정책 추진체계의 정립 방향

사회통합정책 추진을 위해서는 그 책임주체들의 정비와 적절한 집행체계를 마련할 필요 있음.

사회통합정책 총괄기능 강화 : 사회통합 부 총리제를 신설하고 사회부처장관회의에 보다 공식적인 기능과 예산조정권 등을 부여함으로써 사회통합정책의 위상 강화.

—사회통합정책의 지속적인 추진을 위해서 사회통합정책을 전담할 수 있는 집행체계 및 공동의 논의와 작업을 위한 틀, 즉 청와대(외곽 자문 조직 포함), 행정부, 여당 등을 체계적으로 묶을 수 있는 커뮤니케이션 채널과 제도적인 틀의 구축이 필요함.

—예를 들면 스웨덴의 경우 정부조직에 다른 조직논리(예를 들어 자발성을 중시하는 시민단체 등)를 도입하여 운영하는 등의 실험을 지속적으로 추진하여 정책의 효과성이나 효율성 면에서 상당한 성과를 거둠.

정책자원의 적극적 투입

—사회통합정책의 효율적 실천을 위해서는 인적·물적 자원의 충분한 확보와 배치가 선행되어야 함.

—재정 등 물적 자원과 함께 적절하고 충분한 인적 자원의 적극적 투입이 필요. 사회통합정책 분야 고위직에서 비전과 능력을 갖춘 개혁인사를 수혈할 필요가 있음. 이때 가능한 한 사회통합정책 분야 관련 전문가가 충원되도록 하여, 사회통합정책 분야가 경제정책 논리에 종속 되는 등의 사태를 방지.

사회통합정책 추진의 지지기반 확충

사회통합정책에 대한 지지기반 확충의 필요성

—적절한 사회통합정책이 지속적으로 추진되기 위해서는 그 추진주체가 효과적으로 육성되어야 할 뿐만 아니라 사회통합정책에 대한 광범위한 지지기반이 창출되어야 함.

사회통합정책에 대한 지지기반 확충의 방향

—계층적 이해관계가 뚜렷이 표출되지 않는 한국의 현실에서 국민들의 이해관계가 단기적이고 파편적인 물질적 이익추구로 흐르지 않고 제도개혁을 통한 사회공동체의 발전이라는 보다 거시적이고 연대적인 방향으로 진전될 수 있도록 정부는 적극 노력하여야 함. 이를 위해 모든 수준에서의 사회통합정책 형성 및 수립에 있어 시민사회단체, 노동조합, 기업 등의 참여를 일상적으로 보장하는 참여형 사회통합정책 추진이 필수적임.

—이를 위해서는 민관의 다각적인 노력이 요구됨. 정부는 일관성을 가지고 사회통합정책의 구체적인 내용을 일반 시민에게 알기 쉽게 전달하려는 노력을 기울여야 하되, 구태의연한 일방적인 홍보로 변질 되지 않도록 세심한 주의를 경주하여야 함.

—아울러 민간차원에서도 사회통합정책에 대한 이해와 지지를 확산시킬 수 있는 다양한 노력이 전개되어야 함.

창조적 비판과 대안

시스템과 관련된 저자의 논문은 그 내용은 다르지만, 필자의 저작물에 대강의 개념이 기록되어 있다. 그리고 앞서 논구했던 비판과 대안에 간략하게나마 언급된 것 같기에 중복을 피하기 위해 저자에 대한 비판은 생략하기로 한다.

발제 2. 창의시회를 여는 국민통합의 방향과 방안

-문화적 접근을 중심으로-

전택수 교수(한국학 중앙연구원)

1. 문화적 관점에서 본 갈등 발생원인

이하생략…

갈등이 발생하는 원인을 크게 대별하면 경제적 손익관계, 가치관의 차이, 인정(recognition) 투쟁 등이라고 할 수 있다.

이하생략…

갈등의 종류를 보면 이념갈등, 계층갈등, 노사갈등, 세대갈등, 지역갈등, 민족갈등, 종교갈등 등이 있다.

이하생략…

2. 창의성 지향의 국민통합 방향

갈등을 해소하여 국민통합을 이룬다는 명제는 누구도 반대할 수 없는 것이다. 2008년 2월 25일에 출범할 신정부는 경제 살리기와 국민통합을 국정

운영의 양대 날개로 삼겠다고 선언했다. 그러나 갈등요인을 줄여 국민통합을 이룬다는 명분에 도취되면 현상유지 혹은 상대적인 저발전의 나락으로 빠질 수 있다. 특히 민주주의에 기반으로 하여 '하나됨(oneness)' 혹은 '우리주의(we-ism)' 를 강조하다 보면 창의적인 개인들을 질곡에 빠뜨릴 수 있다. 이하 생략…

국민통합의 방향은 어떠해야 하는가?

선진국들은 지식기반 사회, 창의사회(creative society)를 지향하고 있다. 이 사회의 특징을 학자들은 재능(talent), 관용(tolerance), 기술(technology)이라는 세 가지 요인, 즉 「지속가증 · 발전을 위한 3T」로 규정한다. 우리사회의 국민통합도 개인의 재능과 창의성을 마음껏 발휘할 수 있는 사회, 관용적 사회를 만드는 방향으로 가야하지 않을까?

창의 사회는 상상력에 기반을 둔 창의성이 중심적인 역할을 하는 사회이다. 굴뚝산업시대 이후의 지식기반 사회에서 강조되는 창의성은 기존의 문제나 새로운 문제를 해결하는데 도입되는 '새로운 아이디어이' 다. 새로운 아이디어는 독특한 체험에 바탕을 둔 상상력으로부터 발생한다.

요즘 우리 사회에서 CEO들 사이에 '인문학적 상상력' 이 새로운 화두로 등장한 것은 우연이 아니다. 창의사회에서의 생산수단은 아이디어, 개념, 노하우가 되고, 생산물의 형태는 다양하면서도 독특한 특성을 가지며, 생산물의 가치는 네트워크에 의해 관리되고 있다. 그래서 선진국들은 개인들이 창의성을 발휘할 수 있도록 창의적 생활공간을 조성하는 것을 지역 및 도시 발전의 중심내용으로 간주하고 있다. 이제 우리는 국민통합이 창의성을 제고하는 사회를 만드는데 도움이 되는 방향으로 이루어져야 함을 알 수 있다. 그 구체적인 내용을 다음과 같이 제시할 수 있으며 다소 구체적으로 살펴보기 바란다.

1) 개방적이고 관용적인 사회 확립

이하 생략…

도시화의 역사가 긴 서구사회의 도시를 보면 지역문화축제, 이웃 간의 파티, 자원봉사, 지역공동체 만들기 등 다양한 운동이 있고, 첨예한 갈등이 생기면 여러 결사체들이 모여 머리를 맞대고 타협안을 찾기도 한다.

우리사회는 이런 경험이 적기 때문에 사회갈등을 해결하는데 극단적인 수단 아니면 숫자의 위력이 동원되는 일이 너무 흔하다. 극단적인 수단이나 숫자의 위력은 상대방을 고려하지 않고 나의 입장을 무조건 관철시키려는 데서 자주 사용 된다.

이것은 개방적이고 관용적인 사회와는 반대되는 모습이다. 개방적이고 관용적인 사회는 슬로건이나 도덕 교훈으로 만들어지는 것이 아니라 시민들의 학습과 노력, 정부의 노력에 의해 서서히 형성되는 것이다. 앞서 창의 사회의 세 가지 특징가운데 하나가 관용이라고 했는데, 우리사회는 관용정신을 증대시킬 수 있는 다양한 프로그램을 개발해야 한다.

2) 느슨한 형태의 네트워크사회 확립

관용이 있는 사회는 다양성을 허용하는 사회이다. 다양성의 사회는 관용보다는 더 적극적인 의미이다. 다양성의 사회는 남과 타문화를 대등하게 인정하는 것이다. 철학자 찰스 테일러의 표현을 빌면, 차이의 인정에 기반한 문화다원주의 이다. 그에 따르면 다문화성은 차별성을 전제로 한 것으로 통약 불가능한 다양성의 존재와 관련되어 있다.

통약 불가능한 다양성이 충돌로 전화되지 않기 위해서는 상호인정(mutual recognition)이 필요하다. 즉 상호간의 수평적 존중과 상호간의 정체성의 인정을 통해 서로 공존할 수 있어야 한다. 우리사회는 오랫동안 단일 언어, 단일민족, 단일문화권이라는 전통적 관념 속에서 살아왔다. 그래서 문화적 다양성에 대한 이해가 발달되어 있지 않다. 외국인 100만 시대에 살고 있지만 외국인들이 우리 사회에서 체감하는 배타성은 우리의 상상을 넘어선다.

다문화주의는 외국인을 대할 때만 필요한 것이 아니다. 우리 국민들 사이에도 상호인정과 상호존중이라는 다문화주의가 반드시 필요하다. 우리 국민들 사이에 다문화주의를 저해하는 큰 요인은 우리문화 속에 있는 연고주의이다.

같은 부류의 사람끼리 뭉치고 뭉쳐 단단한 패거리 집단을 형성한다. 사회적 공익보다는 패거리 집단의 이익을 앞세운다. 자기 패거리 이익이 아니라 사회적 공익을 주장하면 배반자로 낙인찍혀 외톨이가 되기 때문에 결국 패거리 문화는 시민공동체, 거시적 국민통합을 방해한다. 패거리간의 연대와 네트워크를 '폐쇄적 사회자본(bonding social capital)' 이라고 한다.

물론 사회자본이 사회발전의 핵심요소이기는 하지만 이러한 폐쇄적 사회자본, 즉 강한연대(strong ties)는 사회발전과 국민통합의 장애요인이 된다. 국민통합과 사회발전을 위해서는 타 집단 간의 네트워크, 느슨한 연대, 다양성에 기반 한 연대를 강조한다.

이것은 '연계적 사회자본(bridging social capital)' 이라고 한다. 이는 패거리들의 연대에 비해 느슨하기 때문에 '약한 연대(weak ties)' 라고 한다. 약한 연대가 사회발전 및 국민통합에 도움이 되기 때문에 '약한 연대의 강점(strength of weak ties)' 이라는 역설적 표현이 생겨났다. 서로 견해를 달리하는 집단 간, 서로 다른 계층 간, 문화적으로 다른 집단 간의 만남과 소통을 위해 다양한 방안을 모색할 수 있다. 여기에는 특정한 정답은 없고, 각 집단들이 창의적으로 노력해야 한다.

물론 정부는 이러한 시민적 노력에 도움을 줄 수 있다. 다양한 집단들의 공동문화행사를 지원할 수도 있고, 다양한 집단들이 자연스럽게 어울릴 수 있도록 문화의 거리나 '산책로(pedestrian streets)' 를 만들 수도 있다. 지역문화 축제나 스포츠 등도 적극적으로 활용될 수 있다.

3) 미래지향적인 정체성(Project Identity)의 확립

불교에서는 깨달음을 가장 귀한 가치로 여기고 있는데, 이 깨달음은 사회통합을 위해 대단히 중요한 역할을 할 것이다. 민일 사람들이 사회의 변동에 대해 방어적인 태도를 취하게 된다면 사회변동을 멈추거나 도피하게 될 것이다. 이하 생략…

학교와 정부는 시민들이 사회의 방향을 올바로 인식하도록 도와주어야 할 것이다. 즉 창의사회로의 발전 방향에 맞게 자신의 아이덴티티를 설계하는 미래지향적 아이덴티티, 다시 말해 Project Identity를 확립하도록 도와주어야 할 것이다. 물론 여기에는 창의력과 개성의 교육, 정부의 지원 뿐 아니라 개인들의 노력도 매우 중요하다. Project Identity는 과거의 적대관계와 대립을 넘어 미래건설을 통해 국민통합을 하는 데도 크게 기여할 것이다.

3. 선진화 지향의 국민통합 방안

국민통합은 어느 정부든 무시할 수 없는 과제이다. 위에서 새 정부가 직면한 국민통합을 새 시대의 키워드로 풀어보았다. 문제는 실천이고 행동이다. 여기는 제도적 차원, 문화적 차원으로 나눠볼 수 있다.

앞서 말했듯이 제도적 차원의 노력은 참여정부에서 상당한 진전이 있었으므로 그 장단점을 분석하여 장점을 활용할 필요가 있다. 부족한 부분은 선진국들의 사례들을 벤치마킹할 수도 있다. 필자의 전공인 문화경제학의 입장에서 문화적 측면의 행동방안을 좀 더 강조하고자 한다.

나아가 대안적 분쟁해결(ADR)을 적극적으로 활용하고 조정 및 중재 전문

인력을 양성할 필요가 있다. 현재 갈등관리에 관한 규정에 나타나는 '갈등조정협의회' 이외에 대안적 분쟁해결(ADR)에 관한 명시적인 규정은 없다. 그러나 공공갈등관리의 정착과 확산을 위해서는 갈등이 있을 때 당사자가 마주앉아 협상하거나 중립적이고 신뢰할 수 있는 제3자를 통해 조정 혹은 중재를 할 수 있는 시스템을 갖추는 것이 필요하다.

지금까지 공공갈등이 발생하면 정부와 이해관계자 또는 시민단체와의 사이에 대립만 부각된 탓에 합리적인 대안을 모색하거나 중립적이고 신뢰할 수 있는 조정자나 중재자를 통해 갈등을 해결하려는 노력은 많지 않았다.

갈등관리 시스템이 정착하기 위해서는 정부가 대안적 분쟁해결의 필요성과 중요성을 인식해 이를 적극적으로 활용할 뿐만 아니라 공공갈등관리에 관한 경험과 전문성을 갖춘 인재를 선별해 조정인과 중재인자격증 제도의 도입을 검토해볼 필요가 있다.

우리나라에서 공공갈등관리를 정부주도하에 본격적으로 확산시키겠다는 목적 하에 갈등관리에 관한 규정을 제정했지만 현실적으로 이 규정에 담겨있는 다양한 관등관리 프로세스를 이끌어나갈 전문 인력이 턱없이 부족한 실정이다. 그리고 공공갈등 관련 전문 인력이 부족한 배경에는 대학을 비롯한 민간부문에 '공공갈등관리' 에 특화된 기구나 조직이 거의 없고 공공갈등 관련 전문교육도 제공되고 있지 않기 때문이다.

1) 사회의 각 구성 세력들의 역할

국민통합은 도덕교육이나 구호로 달성될 수도 없고, 국가의 강제력으로 달성될 수도 없다. 주민을 철저히 통제한 국가사회주의가 겉으로는 국민통합이 잘된 것 가지만, 실제로 국가체제의 붕괴는 매우 순식간에 일어났던 것에서 보듯이 이들 나라의 국민통합은 실패하였다고 볼 수 있다.

다양성과 창의성을 강조하는 21세기 사회에서 국민통합은 사회구성원들의 적극적인 노력이 더욱 절실히 요구된다. 학교의 역할은 아무리 강조해도 지나침이 없을 것이다. 과거와 같이 교훈적 교육보다는 다양한 실천 프로그램을 개발하여 학생들의 참여를 유도해야 한다.

점수로 전락해 버린 자원봉사 교육을 정상화시키는 것도 중요하다.

또 대학에서는 실제로 '연계적 사회자본' 을 만드는 임상과목을 운영할 수 있다. 임상과목을 들으면서 학생들은 실제로 지역사회에 나가서 지역사회의 갈등해결, 지역사회의 연계적 사회자본 만들기 활동에 참여할 수 있다. 이러한 교과목은 교육학. 사회학, 행정학, 정치학, 법학, 복지학 등 여러 분야에서 개설 될 수 있다.

다음으로 종교단체의 역할을 들 수 있다. 종교단체는 사회봉사에의 참여를 중요한 실천덕목 가운데 하나로 삼고 있다. 창의성과 관용의 사회에 맞는 사회통합 프로그램이나 사회봉사 프로그램을 종교단체들이 적극 실천하도록 유도할 수 있다. 종교가 종교집단 내부에만 머물면, 종교 간의 갈등을 유발할 수도 있고 사회전체에 대한 저항적 공동체로 전락하여 사회갈등의 요인이 될 수도 있다.

인간관계의 형성, 네트워크 형성을 강조하는 미국 텍사스 지역의 '산업지역 재단' 운동은 각 종교단체들이 벤치마킹을 할 수도 있겠다. 물론 우리사회에도 종교단체들의 다양한 사회통합운동을 발견할 수 있으므로 우리사회의 최상의 사례(best practices)를 찾아 확산하는 것도 중요하다.

그리고 기업과 시민사회의 협력 프로그램 개발을 들 수 있다. 좌우대립이 강한 시대에서는 기업은 시민사회의 대립자이고 시민사회는 기업을 감시하는 자였다. 그러나 지금은 '기업시민(corporate citizen)' 이라는 말이 사용될 정도로 기업의 사회공헌 활동이 보편화되고 있다.

우리사회에서는 기업의 사회공헌 활동이 장학이나 복지에 치우쳐 있지만 국민통합을 위한 다양한 프로그램을 개발할 수 있는 여지가 대단히 많다. 기업을 돈만 대는 존재로 인식하는 것이 아니라 국민통합운동의 파트

너로 인정할 때 기업도 적극적으로 참여하게 될 것이다. 위에서 언급한 교육이라는 측면에서 기업의 공헌활동 프로그램을 경영대학에서 활동체적으로 교육할 필요도 있다. 기업윤리 교육을 넘어 실제로 CEO가 사회참여와 봉사를 어떻게 할 수 있는지 사례교육을 실천할 수 있다. 구미의 경영대학원에서는 이러한 교육이 중요시 되고 있다.

마지막으로 소수자의 적극 참여를 유도하여야 한다. 인정의 정치학(politics of recognition) 이전에는 소수자는 주류문화로의 통합대상이었다. 주류문화를 교육하여 하루빨리 주류사회에 성공적으로 통합하여 생활상의 불편이나 불이익을 극복한다는 것이었다.

이것은 지극히 지배자의 입장이고 자기중심적 견해였다. 자기입장, 즉 불교식으로 말하면 아상(我相 : 외고집)에 빠진 이런 정책은 관용과 창의력과는 거리가 멀다. 소수자들이 적극적으로 자기 문화의 가치를 향유할 수 있게 하고 이러한 소수자 문화가 주류사회를 풍요롭게 살찌울 수 있다는 것을 강조해야 한다.

2) 문화적 차원 : 문화예술의 활용

사회학자들이 문화의 기능을 사회통합이라고 규정한 데서 알 수 있듯이 국민통합에 문화의 역할이 중요하다. 그런데 사회학자들은 "체계속의 기능"이라는 의미에서 이해했기 때문에 "정책으로서의 문화", "행동전략으로서의 문화"라는 측면에서는 관심이 적었다.

오히려 사회주의권에서는 문화를 국가선전의 도구 내지 사회변혁의 도구로 적극 활용하였다. 중국의 문화혁명은 단적인 예이다. 참여정부에서도 문화예술계의 '인사정책'과 문화정책을 정부의 보조적 수단으로 활용한 측면이 없지 않다.

이 글에서는 이러한 소극적 의미로 문화를 접근하자고 주장하는 것이 아니다. 저의 제안은 국가나 정부가 문화를 동원하자는 것이 아니다. 오히려 문화예술인의 창의적 노력을 강조하고 문화예술인들과 지역사회의 파트너십을 강조하자는 것이다.

연계적 사회자본, 다양한 네트워크 형성을 통해 사회발전을 추구하고 있는 퍼트남(하바드 대학교 케네디 스쿨) 교수는 이렇게 말한다.

> "예술은 그 자체로서도 중요하다. … 단순히 사회적 기능이 아니라 심미적 목적이 분명히 중요하다. 그렇더라도 예술은 통상적인 사회적 장벽을 극복하는데 대단히 중요하다. 더욱이 사회자본은 순수한 예술적 목적으로 전개된 문화 활동들에서 생겨난 귀중한 부산물인 경우가 자주 있다." (Putnam 2004 : 411)

지금 각 지자체들이 문화예술 공간을 마련하기 위해 '예술의 전당'을 경쟁적으로 건축하고 지역의 문화축제를 위해 많은 예산을 집행하는 것은 당연시되고 있다. 그렇지만 지금까지의 성과를 보면 문화관 건립이나 문화축제가 다양한 사회통합 프로그램과의 연계성을 높이지 못했다. 그 이유는 예술문화와 사회통합 프로그램이 별개로 진행되거나 예술문화 활동을 수단적 측면에서만 접근하려는 태도가 있었기 때문이다.

인식의 잘못과 아울러 더 근본적인 것은 사회적 인프라가 부족하다는 점이다. 다양한 집단이 문화예술을 다양한 프로그램 속에서 활용하고자 한다면 누구나 쉽게 접근할 수 있는 문화 인프라가 구축되어야 할 것이다.

이하 생략…

창조적 비판과 대안

원인 없는 결과는 없는 법이다. 통합이 필요한 이유는 무엇인가. 그리고 그 언제부터 이었던 나누어짐이 있었다는 뜻을 내포하고 있는 것이리라!

일제식민지든, 6 · 25동란이든, 5 · 18항쟁이든 말이다.

"모든 화해의 주도권자는 피해자이다." —엔드류 성 박
"모든 화해의 주체자는 하나님이다." —로버트 슈라이트

위의 두 언명 중에 전자는 아무리 사과를 던져 와도 피해당사자가 받아드리지 않으면 안 된다는 뜻을 함축하고 있는 것이요, 후자는 필자가 일제식민역사에서 논했듯이 인간들끼리는 원수가 되어 으르렁거리고 있지만 알고 보면 우리인간의 배후에는 초월적인 신의 뜻이 개입 되고 있어서 조종자로서의 하나님의 뜻을 깨닫게 되면 피해자에게도 하늘에 대한 잘못이 있음을 알게 되어 서로 감정을 풀 수 있다는 뜻이다. 따라서 절대정신의 의도를 파악한다는 것은 모든 화합을 위한 제1의 의의이다.

"불교에서는 깨달음을 가장 귀한 가치로 여기고 있는데, 이 깨달음은 사회통합을 위해 대단히 중요한 역할을 할 것이다." 라고 한 전택수 교수의 말에서 보듯이 섭리의 비밀에 눈을 뜨기가 결코 쉬운 일은 아니지만 아주 중요한 화해의 키포인트이다.
그러므로 절대가치에 의한 역사철학적 인류의 역사관을 바로세우는 것에서부터 모든 통합은 비로소 시작 되게 되는 것이다. 필자는 창조적 성장사관을 세워 모든 역사관을 통폐합시킨바 있다. 참고해 볼 일이다. 문화적 접근을 중심으로 창의사회를 여는 국민통합의 방향과 방안에 대한 고찰은 매우 고무적인 저자의 혜안이라 하겠다.

"군거본능은 모든 저급한 존재의 산물이다."
따라서 무리를 짓는 패거리 사회는 스스로의 저급함을 자인하는 것과도 같다. 왜냐하면 미완성된 존재는 부족한 존재의 대명사이기 때문에 그 부

족함을 보충하기 위해서 서로 무리를 짓지 않으면 안 되기 때문이다. 그러므로 느슨한 형태의 네트워크사회 확립은 완성된 존재에 의한 깨달음의 산물이다. 따라서 국민통합의 첫 과제는 그 무엇보다도 절대가치에 의한 범국민 "새 가치관교육"을 우선하지 않으면 안 되는 것이다.

민주주의 4.0 / 공존주의 1.0

국민생각+

1장 통일을 위한 블루오션전략

필자가 통일에 대한 관심을 갖게 된 것은 대학 초기에 겪었던 '빅뱅' 사건이후 부터이다. 초등학교시절에 담임선생님을 따라 우리의 소원은 통일이라는 노래를 부르긴 했지만, 사실 그땐 통일에 대한 의식이 전무했을 때다. 여하튼 통일에 대한 관심을 갖게 된 이후부터 지금 까지, 한 시도 멈추지 않고 통일에 대한 연구만 어언 25년의 세월이 흘렀다. 물론 시간이 중요한 것은 아니지만 그러다 보니 이젠 조금은 통일이라는 단어 앞에 익숙해지는 느낌이 든다.

필자는 세상에 수많은 전문 분야가 있지만 통일보다 더 어렵고 힘든 분야가 어디 하늘아래 또 있을까? 하고 자문자답할 때가 한두 번이 아니다. 왜냐하면 통일은 어느 한두 분야에 대한 연구만으로 접근할 성격이 아니라, 국가와 국가의 하나 됨을 만들어 내어야 함을 뜻하기에 나라 안에 있는 모든 분야를 골고루 연구해서 대통합을 이뤄야하는, 즉 전일적 패러다임(holitic paradigm)을 창출해 내어야하는, 멀티 플레이어가 되지 않으면 그 복잡한 퍼즐을 맞추기가 힘든, 실로 초월적 경지에서나 풀어낼 수 있는 천상의 암호와도 같은 엄청난 일이기 때문이다.

'패레스트로이카' 와 '글라스노스트' 를 외치며 사회주의의 개혁과 개방을 이끈 전 소비에트연방의 서기장 미하일 고르바초프와 노벨평화상에 빛나는 고故 김대중 전 대통령은 이구동성으로 "남북통일은 사회주의의 장점과 자본주의의 장점을 결합한 통일이어야 함" 을 설파했다. 그런데 서독이 서로의 장점을 결합한 통일의 비밀을 풀어내는 일이 얼마나 힘들었으면,

체제가 다른 동독을 막대한 자금의 희생을 감수하고서 흡수통일을 시도했겠는가를 생각하면, 이해 못할 바도 아니다.

물론 독일의 분단이 남북의 분단과 같은 내용으로 전개 된 것은 아니다. 어쨌든 25년이라는 긴 세월을 초지일관 오직 남북통일을 위해 모든 분야에 대한 연구에만 매달린 끝에 이제 서야 비로소 한쪽의 반발을 필연적으로 야기하게 되는 '흡수통일' 의 방식을 뛰어넘는 '정책방식' 에 의한 통일의 비밀을 풀 수 있었으니 말이다.

'흡수통일' 은 막대한 자금을 필요로 하지만 서로의 장점을 결합한 제도적 '정책적 통일' 은 전적으로 우리가 모두를 부담해야할 '내발적 자금' 을 통한 통일이 아니다. 왜냐하면 세계경제의 위기로 새로운 세계의 모델을 만들지 않으면 안 되는, 즉 온 세계가 우리의 남북통일을 통하여 자국을 살려야하는 '롤 모델(Roll Model)' 의 통일이기 때문에 통일기금을 각국에서 보내오지 않을 수가 없는 통일이기 때문이다. 그리고 정책방식의 통일을 준비하는 과정에서 이루어지는 상상을 초월하게 될 인센티브를 통해 엄청난 자금을 확보할 수가 있게 될 것이다.

덧붙여 흡수통일은 그것이 어떤 방식이라 할지라도 미완의 통일 일뿐 완전한 통일일 수가 없다. 사회주의가 붕괴되고 자본주의조차 금융위기로 해체의 위기를 맞고 있는 세계의 현실이 이를 반증하고 있는 것이다. 서로의 장점을 결합한 새로운 '제3의 통일(민주주의 4.0은 공존주의 1.0)' 그것만이 우리가 원하는 통일이요, 세계가 바라는 통일이다.

다음의 1~4의 내용은 앞부분에 나온 역사해석의 다양성과 식민시대, 남북분단, 평화통일 등 몇 부분과 함께 앞서 출판되어 이미 시중에 배포 된, 필

자의 저작「대탈출 KOREA」이라는 미래서에 실려 있는 것들이다. 본 책의 출판 목적에 부합 되는 중요한 부분이라 생각해서 부분적 수정을 거쳐 다시 첨가한다. 참고하길 바란다.

---

1. 한국판 디아스포라(해외동포)의 엑소더스 & 통일

AD이전 그러니까 BC의 시기에 이스라엘 민족이 나라에 기근이 들어 이웃나라로 이사를 했던 것처럼 한민족이 이민을 시작한 것은 러시아의 연해주로 부터이다. 그 이후 1902년부터 정부의 수민원(이민국)을 통해 희망자의 모집이 있었다.

미국으로의 이민은 1903년 100명의 한인이 제물포항을 떠나 하와이 사탕수수 농장으로 가면서 이루어졌으며 유학생과 1965년 10월 3일 존슨 대통령에 의한 하트 - 셀러법(Hart - Celler Act)이라는 새 이민개정법 이후 본격적으로 시작 되었으며, 현재는 250만에 육박한다, 멕시코의 에네껜 등 1985년 중남미의 약10만의 이민, 유럽은 1962년 독일의 광부와 간호사 등을 중심으로 약10만, 캐나다 약10만, 일본으로의 이주는 1907년 유학생이 5백명에 달했다. 그리고 중일전쟁 발발 이후 일제의 징용정책에 의해 약100만명이 강제 연행되었으며 현재는 약 200만이다. 현재 750만 재외동포가 세계 170개국에 흩어져 살고 있다.

—「재외동포의 참정권」-남문기 저—

민단과 조총련의 역사와 만남 그리고 사명

먼저 1905년 을사보호조약의 체결로 한반도의 조선은 이스라엘 민족의 애굽고역과도 같이 식민지배라는 이웃 섬나라 일본의 일방적인 강권, 즉 우리의 의지와는 무관하게 역사적 산 제물로 바쳐졌던 민족이었다. 1945년 8. 15광복을 맞이하였지만 강제징용 등으로 인하여 현해탄을 건넜던 200여만 명 중 60만은 고향을 찾지 못했다. 그러나 현재 200만에 가까운 동포들이 언젠가는 환고향還故鄕을 꿈꾸고 있으리라!

그런데 하늘도 무심했던 것이다. 해방 된지 얼마 있지도 않고 연이어 벌어진 냉전 이데올로기의 피비린내 나는 동족상잔의 비극이 남북을 여지없이 갈라놓는 터에 현해탄 건너 타국 땅에 머무른 동포들 끼리 갈라져, 또 다른 나라 일본의 남북이 될 수밖에 없었던 고통과 애환의 상징인 재일동포 일명 민단과 조총련이 아니었던가?

본국을 떠나온 외로움과 함께 분단된 국가라는 조국의 아픔을 한 몸에 부여안고 한민족을 대신해, 척박한 이국땅에서의 삶은 그야 말로 이스라엘 민족이 애굽에서 430년 동안 노예생활을 하듯이 학대와 핍박과 멸시 속에서 견뎌낸 기나긴 생활과 흡사한 것이었음은 직접 겪어보지 않고서는 결코 그 심정을 헤아리지 못할 것이다.

그런 재일동포인 일명 거류민단과 조총련의 역사적인 만남이 있었다는 뉴스가 지난 해 겨울(2009)을 맞이하여, 이 나라와 일본의 언론을 통하여 대대적으로 보도된 적이 있었다. 실로 역사적인 일이었으며 매우 고무적인 사건이었다고 아니 할 수 없을 것이다.

그리고 고향을 떠나본 자만이 고향의 소중함을 더욱더 크게 인식할 수 있는 것일까? 몇 해 전 일본의 제2의 도시 오사까의 대운동장에서 수만 명이 모여 평화적인 남북통일을 촉구하는 재일교포의 뜨거운 함성이 있었다. 필자는 그 때 그 사건을 통하여 많은 것을 생각하게 되었으며, 또한 역사의 피치 못할 아이러니를 깊이 느꼈었다.

한민족에게 있어서 해외동포의 의미!

재일동포뿐만 아니라 한민족이 고국을 떠나 전 세계로 피난민처럼 이동하여 노예로 살게 된 배경은 과연 무엇일까를 두고 필자는 깊은 고뇌에 차 있었다. 그러던 중 찰나처럼 지나치는 직관적 깨달음, 즉 그것은 먼 훗날 그러니까 이 민족을 위한 제3의 그 무엇이 되게 하기위한 것 이었구나! 였다. 다시 말해 하늘은 이들을 동족상잔의 전쟁터로 내몰아 희생시키지 않고 보호하면서 후일 조국의 새로운 '통일' 을 위한 대탈출을 도모하게 하기 위해 이국땅(애굽)에 머무르게 하면서 때가 되기 전에는 본국으로 돌아오지 못하게 했던 3가지 큰 이유가 있었다는 것을 깨닫게 되었던 것이다.(물론 몇몇의 동포들은 의용군을 조직하여 참전하였으며 훗날 귀감이 되었다)

그것은 한민족의 미래에 닥쳐올 통일의 한때를 앞두고 타국에서부터 동포의 하나됨을 이끌어 내는 사건을 일으켜 그것을 하나의 길잡이로 삼기 위함이 그 첫째요, 아울러 세계의 모든 해외동포에 의한 제3의 힘이 있어야만이 본국의 민족통합과 남북통일을 이룰 수 있는 새로운 외적 에너지를 증폭시킬 수가 있음이 그 둘째이며, 또한 이데올로기에 의한 각기 다른 체제가 분단의 근본 원인이었기 때문에 앞으로 통일이 이루어질 때를 대비하여 양 체제가 서로 공존하는 '제3의 길(공존주의 1.0)' —(창조적 중립국 : 세계 최강국의 위치에 있는 재미동포의 큰 사명 또한 절대적이겠지만, 특히 일본은 중립국)—를 경험시켜 모든 서로간의 화해와 만남, 그리고 결국 통일이 어떻게 이루어져야 효과적일 수 있는가를 알게 함이 그 셋째였던 것이다.

왜냐하면 본국에 있는 당사자들은 전쟁의 직접적인 피해자로서 그 감정의 골이 너무 깊어 한 맺힌 응어리를 풀기가 결코 쉽지 않은 법이다. 그리고 이념의 대립에 의한 파벌 싸움으로 인하여 현실적으로 진정한 하나 됨을 결코 이루기 힘들겠지만, 여타 해외동포들을 비롯해 특히 재일동포들은 감정대립에 있어서 그 강도가 상대적으로 약하기 때문에 하나됨에 있어서 보다 더 용이할 수 있는 법이기 때문이다.

따라서 거류민단과 조총련은 남북통일에 대한 하늘의 깊은 뜻이 있음을 깊이 알아야 하며, 더불어 누구보다도 먼저 서로가 하나 되어야하는 의무가 있음도 결코 인식하지 않으면 안 될 것이다.

통일의 방법론 창출, 그리고 역사의 방향성을 숙지해야

문제는 전 세계해외동포와 하나 됨, 특히 '민단' 과 '총련' 의 통합과 민족의 통합 나아가 평화적인 남북통일을 위한 방법론을 어떻게 새롭게 창출해 내는가하는 것이다. 그리고 한반도에 있어서의 역사의 방향성과 모든 해외동포에게 부여 된 조국통일의 역사적 사명에 대한 이해가 무엇보다도 우선 되어야한다는 것이 과제로 남게 된다는 것이다.

필자는 '시스템(System)에 의한 단계별 성장의 역사 법칙' 으로 볼 때, 한반도 통일에 대한 섭리적인 천운의 도래를 논리적으로 기술하였으며, 또한 '블루오션(Blue Ocean)철학정책' 으로 구성된 공존체제, 즉 '민주주의4.0 or 공존주의 1.0' 을 '제3의 모델' 로 제시하였다. 그리고 필자의 졸저 「영靈철학」을 통하여 양비론에 의한 좌 · 우 이데올로기가 아니라, 양미론인 좌 · 우를 초월한 경제체제인 '공생주의共生主義' 를 새로운 '제3의 이념' 으로 그 방법론을 제시하였다. 한 재일동포 학자도 "서로가 하나 되기 위해서는 민단과 조총련이 해방 이전으로 돌아가 한민족의 장래에 대한 철학과 비전을 새롭게 제시하지 않으면 안 된다." 고 역설했다.

따라서 동포들은 남북통일을 위해서는 먼저 「제3의 이념」에 의하여 서로 하나가 되어야 하며, 하나 된 그 힘을 본국의 '사회통합' 과 '창조적 중립정부 구성' 을 위하여 물심양면의 노력을 더해야 할 것이다.

해외동포들이여 일어나 빛을 발하라!!

필자는 창조적 성장의 역사에 있어서 하늘은 한민족 중심의 시대를 열기 위한 역사를 한시도 쉬지 않고 꾸준히 전개하고 있다고 강변한다. 무지無知는 모든 갈등의 근본 원인이다. 무지에서 벗어나 우리의 온 겨레가 통일의 깊은 의미를 새롭게 인식하여야 한다.

온 인류에게 있어서 한반도의 통일이 몰고 올 가공할 파장은 인류역사상 전무후무할 감히 상상을 초월한 내용일 것이리라! 그런 통일에 대한 책임이 지금 바로 여기에서 모든 해외동포의 양 어깨위에 무겁게 내려져 있음을 두 단체는 하루 빨리 깨닫기를 빌어마지 않는다.

비단 남북통일은 우리민족만의 작은 통일이 아니다. 유사 이래 인류 역사의 모든 것을 총괄하는 평화세계의 창건인 세계대통일인, 아니 미래의 역사를 새롭게 창도해 나아갈 실로 천주적인 '대통일' 인 것이다.

역사의 시간은 '연장' 이라는 방편을 사용하지 않는 법이다. 조국의 미래가 남들의 자유의지에 맡겨져 있음이니 모든 재외동포는 일어나 빛을 발하라!!

'유통공사' 와 '평화통일시범마을' 창설

구체적인 실천을 위해 고국으로 돌아와 '제3의 체제' 의 못자리가 될 '유통공사' 와 '평화통일시범마을' 이라는 통일체제의 경제방식 창출'과 통일도시의 '모델하우스' 건설에 동참해야 한다.

앞으로 세계 경제역사와 세계의 국가체제 역사를 다시 쓰게 될, 유통공사와 통일시범마을 창설은 자본주의와 사회주의의 장점들만을 전 분야에 걸쳐 세밀하게 간추려서 결합한 새로운 국가체제여야 하며, 선진 외국에서 체득한 높은 국민의식을 조국을 위해 체계적으로 전수해야 한다. 그리고 그것이 한민족으로서 통일된 평화의 나라를 세계중심국의 위치에 세우게 될 해외동포에게 주어진 역사의 마지막 막중한 임무임을 깊이 인식해야 한다.

2. 창조론과 진화론에 의한 분단 그리고 창조적 성장론에 의한 통일

마르크스의 「자본론」은 '변증법적 유물론' 을 철학적 본질로 삼고 출발한 것이지만, 사실상 "자본론은 노동관계에 대한 과학적 패러다임일 뿐 어떤 철학적인 깊이를 갖고 있는 것이 아니다." 라는 도올 선생의 언명처럼 사회주의는 철학과 종교의 부정에서부터 비롯된 체제이다. 종교의 부정은 결국 창조론의 부정으로 이어지게 되고 창조론의 부정은 부득불 유물론의 학문적 근거가 되는 진화론을 끌어들일 수밖에 없게 되었던 것이다.

'철학이 진정한 철학이 되기 위해서는 존재론적 가치를 부정해서는 철학으로서의 가치를 가질 수 없다.' 는 것에 대해, 굳이 B. 러셀이나 N. 하르트만의 철학에 대한 정의를 열거하지 않더라도 그것은 이미 21C를 맞이한 오늘을 살아가는 현대인들에게 있어서는 일반적인 상식이 되어 있는 것이다. "러셀은 철학이 과학과 신학을 잇는 가교" 라고 하였고, 하르트만은 "초월적 존재에 대한 어느 정도의 직관을 갖추지 않은 철학은 철학이 아니다." 라고 말하였다.

사회주의는 종교를 거부한 유물론적 사유인 진화론을 체제의 학설로 선택했으며, 자본주의는 종교의 자유를 허락하였기 때문에 창조론을 체제의 학설이라고 할 수도 있다. 그래서 북쪽은 주체사상이라는 철학중심의 나라가 되었으며, 전 인민이 주체사상으로 무장되어 똘똘 뭉쳐있는데 반하여, 남쪽은 반대로 철학적 사유는 빈약한 반면 종교적 신앙은 타의 추종을 불허할 정도의 맹신에 가까운 종교중심의 나라가 되게 된 것이다.

따라서 통일왕국을 앞두고 먼저 이루어지게 될 '창조적 중립정부' 는 진화론과 창조론을 하나로 아우르는 새로운 창조적 성장론을 탄생시키게 될 것이다. 이것을 예견이라도 하듯이 김지하 시인은 남북분단의 첫 출발지가 지리산이었기 때문에 "남북통일을 위한 새로운 사상은 지리산과 진주에서 나와야한다." 고 했으며, 그리고 재미교포 이홍범 교수와 스칼라피노 교수도 "남북통일을 위해서는 새 사상이 있어야 한다고 말했던 것이다."

지리산은 '빨치산' 의 본거지였다. 빨치산의 어원은 프랑스어로 파르티잔, 즉 동지 도당이라는 의미를 갖고 있는데 제주도 4·3사건을 진압하러 가기 위해서 여수와 순천에 집결해 있던 분단되기 이전의 우리나라 군인들이 반란을 일으켰는데 그것이 군인들에 의한 초유의 남북분단의 공적인 씨가 되었다고 할 수 있는 여순반란사건이며, 그것을 진압하는 과정에서 전투를 피해 비교적 안전하다고 할 수 있는 민족의 큰 산이요, 영산靈山인 지리산에 숨어들어 활동해온, 그러니까 반란사건을 일으킨 무리를 '빨치산' 으로 불렀다. 경제 위기의 근본원인이 철학의 부재로 인한 것이듯이, 이처럼 이념에 의한 분란과 투쟁이 절대가치, 즉 진정한, 완벽한 철학의 부재에서 기인되는 것이다.

창조론과 진화론의 논쟁의 종결에 대한 내용을 간략하게 요약하면 창조적 성장론은 창조론의 특성과 진화론의 특성을 양비론적인 분별의 대상으로 보는 것이 아니라 양미론적 대상, 즉 역할분담의 차원에서 볼 수 있는 새로운 철학적 방법론을 창출하였다. 여기에는 상대적 대립관계가 사라지고 부족한 존재끼리의 상호협력 관계만 존재한다. 그러므로 좌익도, 우익도, 그리고 중도론도 아무런 의미가 없다. 오직 '공생' 의 관계만 있게 된다. 그것이 창조와 재창조에 의한 단계별 성장이론이다. 따라서 '영철학' 은 '제4의 이념' 으로서 '제4의 길' 이라는 '새로운 국가체제' 를 창도하게 될 것이다.

그래서 앞으로 한반도에서는 사회주의 체제 붕괴 이후 방황하고 있는 북쪽의 '우리식 사회주의'와 남쪽의 '천민賤民자본주의' 체제의 부족함을 서로 보충하고 통합하여 사회체제의 질적 대전환을 이룰 '제4의 체제모델' 인 "공존체제"가 새롭게 나타나 남북의 평화적 통일을 선도하게 될 것이다.

3. 제3차 세계 사상·체제대전

제3차 새 가치관 세계사상전과 체제전이 일어나는 근본 이유

수리적으로 3수는 완성수를 의미한다. 굳이 완전하지도 않지만 헤겔의 정반합의 변증법적 3단계발전 과정을 거쳐 완성을 이루게 되는 법칙을 말하지 않더라도, 창조적 프로그램의 재창조 과정에 있어서 앞선 존재와 뒤쳐진 존재와의 사이에는 언제나 어떤 것에 대해서 시기와 질투가 일어나는 법이다. 투쟁의 원인은 욕심, 즉 부족함이다. 세계 제1차 대전이 그랬고, 세계 제2차 대전이 그랬다. 그런데 세계 제3차 대전은 사뭇 전의 것과 다르다.

그것은 물리적인 전쟁과는 달리 부족한 자가 걸어오는 것이 아니라, 넘치는 자가 먼저 제기하는 새로운 방법의 전혀 색다른 전쟁이다. 그래서 그것은 빼앗기 위한 물리적인 전쟁이 아니다. 어린 자식을 보는 부모의 심정과도 같이 상대에게 어떻게 하면 하나 더 줄 수 있을까를 위해서 벌이는 전쟁, 즉 사랑의 전쟁, 화평전쟁, 새 가치관 전쟁이다. 그래서 제3차 대전은 화평을 위한 쟁투, 즉 원효가 외치는 화쟁和諍이다.

창조적 성장이론에 있어서 미완성기와 중간기는 물질과 지식을 상징하는 영토 빼앗기와 이데올로기 싸움의 시대이다. 하지만 완성기는 인격적 가치인 사랑을 전파하기 위한 시대정신을 갖는 시대이기 때문에 용서와 나눔을 실천하지 않으면 안 되는 시기이다.

따라서 1, 2차 세계대전은 빼앗기 위한 물리적인 전쟁이 될 수 밖에 없었던 것이며, 3차 세계대전은 넘침에 의한 나눔의 화쟁으로서 서로를 살리기 위한 사랑의 전쟁인 것이다.

"사랑을 위한 전쟁은 많을수록 가치로우며, 오히려 불러일으키는 자가 주인이 되는 법이다."

화평을 위한 검을 치켜들자!

21C는 문화의 완성기이다. 물리법칙을 중시하던 시대를 지나 사랑이라는 인격의 가치를 숭상하는 시대인 것이다. 그동안 우리 인류는 물리적 싸움이 얼마나 무서우며 인류의 행복을 일순간에 파괴하는 가를 뼈저리게 체험해 왔다.

그래서 이제는 다시는 인류를 불행으로 몰고 가는 물리적인 전쟁이 없게 우리가 먼저 평화를 위한 전쟁을 세계를 향해서 걸어야 한다. 아니 세계보다 먼저 나 자신에게 걸고 이웃에게, 동 · 서에, 그리고 핵실험으로 동포를 불안에 떨게 하고 있는 저 동토의 땅 북녘에게 평화통일을 위한 분란을 일으키자!

그래서 그리스도는 "내가 세상에 화평을 주러 온 줄로 생각하지마라 화평이 아니요 검을 주러 왔노라.(마태복음 10장 34절)" 라고 하지 않았는가? 통일의 분란은 그들의 몫이 아니다. 인격적인 사랑으로 넘치는 우리가 화평전쟁의 주범이 되지 않으면 안 되게 되어 있다.

화평을 위한 분란의 십자가는 분명 우리에게 중생 또는 부활이라는 축복으로 상속되게 될 것이다. 분란을 일으키자! 화평의 검을 높이 치켜들고 평화전쟁을 일으키자! 그것이 천파만파로 확대되어 "세계 제3차 평화대전"이 될 수 있게 '사랑의 전쟁' 을 야심차게 도발하자!

그 전초전으로서 "모든 물건을 서로 통용하고 소유를 팔아 나눠 줌이라 (사도행전 4장32절~35절)" 는 나눔과 창조적 기부 정책을 통하여 예비 전戰을 감행하자!

4. 남북통일은 창조적인 사랑의 자본주의로

다보스포럼[4]

2008년 1월 스위스의 작은 산간 마을 다보스(Davos)에서는「세계경제포럼(WEF)」인 다보스포럼(Davos Forum)이 열렸다. 세계 각국의 정계政界·관계官界·재계財界의 수뇌들이 대거 참가하여 각종 정보를 교환하고, 세계경제 발전방안 등에 대하여 논의하였다. 매년 열리는데 올해에도 어김없이 개최되어 약 1주일에 걸쳐 정치·경제 및 문화에 이르는 폭넓은 분야에 걸쳐 토론을 벌였다.

"자본주의는 빈곤문제를 해결할 수 없으며, 가난한 자의 입장에서 보면 시장경제는 제대로 굴러가지 않는다."라고 뉴욕 월가의 큰 손, 빅셔 해서웨이의 회장인 워런 버핏과 함께 외친 빌 게이츠는 이곳 다보스 포럼에서 "창조적 자본주의"라는 용어를 선택하여 전 세계를 향하여 선언하였다.

4 「매년 스위스의 다보스에서 개최되는 '세계경제포럼' 연차총회의 통칭.」
회의 주체 : '세계경제포럼(World Economic Forum)' 은 1971년 독일 태생의 유대인으로, 현재 제네바대학교 교수를 겸임하고 있는 슈바프(Klaus Schwab)가 설립한 비영리 재단이다. 재단은 법인 회원제로 운영되는데, 현재 유럽과 미국을 중심으로 1,200개 이상의 기업체와 단체가 가입하고 있다. 본부는 스위스 제네바에 있으며, 격월간으로 기관지《월드링크 World Link》를 발행하고 있다. 이밖에도 매년《세계경쟁력 보고서》를 발간한다.
민간 재단이 주최하는 회의이지만, 세계 각국에서 총리, 장관, 대기업의 최고경영자 등 유력 인사들이 대거 참가한다. 매년 3,000명에 가까운 참가자들이 약 1주일에 걸쳐 정치 · 경제 및 문화에 이르는 폭넓은 분야에 걸쳐 토론을 벌인다. 주요 인사의 중대 발언이 나오기도 하고, 극비의 수뇌회담이 열리는 등 국제적 영향력을 가진 살롱의 역할을 한다. 공식적인 의제는 없으며, 참가자의 관심 분야에 대해 자유롭게 의견 교환이 이루어진다.

제3의 길(The Third Way)

사회주의 몰락이후 자본주의의 병폐로 인하여 가치관의 위기를 맞이한 서구 유럽은 새로운 방법을 찾아서 '제3의 길' 을 제시하였다. 영국의 총리인 토니블레어의 업적이었다. 그는 노동당의 씽크 탱크 Demos의 책임자요, 「블레어 혁명(The blair revolution : can new labour deliver?)」의 저자 피터 만델슨(P. B. Mandelson)에게 새로운 경제와 경영의 시스템을 찾아줄 것을 요구하였다.

만델슨은 「좌파와 우파를 넘어서」의 저자 앤서니 기든스(A. Giddens)와 영국 아카데미와 미국 아카데미의 특별 회원, 뉴욕신사회연구원과 버크벡 칼리지 명예 교수 에릭 홉스봄(Eric Hobsbawm), 울리히 빽(U. Beck) 등의 저명한 역사 · 사회학자들의 머리를 열심히 빌려서 제3의 방법을 체계화하였으며, 이를 블레어 정부를 통하여 국정에 반영할 수 있게 했었던 것이다.

'제3의 길' 은 일파만파로 퍼져나갔다. 대륙으로 건너간 제3의 길은 독일의 슈뢰더(G. F. K. Schroder)와 프랑스의 죠스팽(L. Jospin), 이태리의 프로디(R. Prodi)와 손잡고 대세를 구축하기 시작하는 듯하였다. 그런데 얼마 가지 않아 외눈박이 '제3의 길' 이 형편없이 좌초하는 조짐들이 여기저기서 나타나기 시작했다. 경제 분야만으로는 국가를 바로잡을 수도 발전시킬 수도 없었는지 결국 흐지부지 되고 말았다.

어디 국가가 경제만으로 이루어져있는 나라가 이지구상 어디에 있는지 눈을 씻고 찾아보아도 없다. 만에 하나 있다면 그곳은 어시시한 정글의 한 귀퉁이를 차지하고 있는 동물의 왕국일 것이다. 자유의지가 영원히 잠자고 있는 금수의 세계 말이다.

경제의 위기는 철학의 부재에서

"경제의 위기는 철학의 부재에서 기인되는 법이다."

'제3의 길' 이 세상에 빛을 보기 시작하면서 신자유주의, 시장근본주의,

신 중도좌파라는 용어가 횡횡하기 시작했다. 참으로 가소로운 일이 벌어지고 있었다. 아니 그렇게도 고급한 문화와 문명을 가졌노라 자랑하며 5대양 6대주에 해질 날이 없었다던 대영제국과 관념철학의 역사적인 거장들을 수도 없이 배출한 구라파에서 새로운 '제3의 철학' 과 '제3의 경제학' 을 하나 돌출해내지 못하고, 다시 좌파라는 맑시즘으로 2/3쯤 피더 빽 할 수밖에 없었다니, 정말 가소로운 '아규먼트(Argument)' 가 아니고 무엇이겠는가?

제3의 길은 사이비 샛길

헤겔을 역사의 스승으로 두고서도 아니 다시 맑시즘으로 돌아갔다 면서도 왜 그 간단한 변증법적 발전의 의미에 대해 무지한지 진정 그들이 서양철학과 독일의 사변철학의 후예들이 맞는지 다시 생각해봐야할 일이 아닌지 모를 일이다. 그들은 이미 저 찬란했던 사유의 그 때 그 시절의 고뇌하는 소크라테스가 아니다. 배부른 그 무엇이 되어버린 것이다. 그들은 이미 그들의 가까운 형제들로부터 손가락질 받는 처량한 신세로 전락 됐다. "제3의 길은 사이비 샛길이다." 라고 한 노베르토 보비오(N. Bobbio)로부터 말이다. 궁여지책으로 EU라는 블록화를 추진함은 합合의 법칙임은 잘 보았다. 역시 헤겔의 후손답다.

제3의 길은 역사의 끊임없는 존재의 가치추구를 잃어버리고 현실에 안주하고 있지는 않은지 자문자답해 보아야 할 것이다. 그리고 그 결과 스스로를 자연도태의 길로 내 몰아가고 있는 것은 아닌지에 대해서도 뒤돌아보고서 질문해야 할 것이다. 사회복지와 정치는 선진국이었는지는 알 수 없지만 가장 중요한 인간의 심리를 관장하고 주관하는 영성은 제3의 길을 떠나지 못하고 오히려 제1의 길로 피드 빽 하고 있는 것을 방치하고 있는 것은 아닌지도 안타깝다.

또 있다. 그들은 자신들의 영혼이 이미 종교의 신을 산채로 무덤에 생매장 시켜버리고, 철학적 이성의 신과 '3 S' 라는 신이 그들의 주인이 되어 있는 것은 아닌지도 스스로에게 물어야 할 것이다.

그래서 매일 스포츠 축제로 그리고 각종 이벤트를 쉴 사이도 없이 벌이고 있는 것이다. 존재의 전체와 비교할 때 너무나 경미한 자유라는 이름으로 자기를 망가트리고 있는 것이다. 그러고서 어떻게 경제든 국가든 발전할 수 있겠는가? 누가 이웃을 위해서 자기소유를 나눌 수 있겠는가?

어느 나라가 기아에 허덕이는 저 아프리카 오지의 나라에 희생적인 사랑의 정성을 쏟아줄 수 있겠는가? 뿌리지 않으면 열매 맺지 않으며, 베풀지 않으면 돌아오지 않는 법이다. 열매 맺지 않고 돌아오지 않는데 발전하는 법은 이 세상 어디에서도 존재하지 않는다.

종교(영철학) 경제학

빌 게이츠가 선언한 "창조적 자본주의는 사랑의 자본주의와는 다른 이름이다." 이것은 사회주의의 장점과 자본주의의 장점을 적절하게 융합한 새로운 경제의 모델에 대한 첫 걸음을 세계에 제공하게 될 것이다. 뉴욕대학의 클레어몬트 대학원 경제학 석좌교수였던 피터 드러크(P. Drucker)는 제3의 경제학에 대하여 "앞으로 경제학이 존재하지 않을 수 있다. 그러나 다음에 올 경제학은 정치경제학으로서 '공급供給' 에 중심을 두게 될 것이며 결국 인간성 회복回復에 있다." 라고 하였다.

이것은 모든 분야에 있어서의 시스템적 상호 연관성이요, 미래적 가치인 영철학에 의한 '창조적 경제학' 에 대한 필요성을 역설한 것이라고 하겠다.

하지만 그는 미래에 있어서 인간성의 회복이 영성에 의한 인격적 종교에 의해서 가능하리라는 것을 예견하지는 못했다.

영靈철학 경제학은 정치경제학을 넘어 인격적 사랑경제학, 즉 종교경제학만이 궁극의 경제학이 될 것이라고 본다. 왜냐하면 앞으로의 정치가 종교의 정치(양비론에 의한 지금의 종교가 아니라 양미론에 의한 국가적 종교성)가 될 수밖에 없기 때문이다.

그리고 본질적으로 경제학은 존재하지 않는다. 경제학은 기능 학學일 뿐이다. 경제의 위기가 철학의 부재에서 기인한다고 했듯이, 새로운 철학이 세워지면 경제학은 그 철학의 체계에 자신의 지위를 맡길 수밖에 없는 것이다. 궁극에 있어서 경제는 수단이지 목적적 가치가 아니다. 그래서 경제는 기능이요, 경제학은 철학의 젖을 먹고 자라는 자식과도 같다.

철학 또한 존재론에 비하면 이와 같다. 따라서 궁극의 경제학은 존재론 경제학인 영철학적 경제학, 즉 제의 "창조적 경제학"이 될 것이다. 그러므로 남북통일은 '창조적 경제학'에 의한 '창조적 시장경제'에 의해서 새로운 나라를 새롭게 창출하게 될 것이다.

참고

다음의 내용은 필자의 저서와 학술활동 및 포럼을 통해 발표한 평화적 남북통일에 대한 다양한 방법론들을 나름대로 큰 의미를 갖췄다는 것들만을 각자의 논문 또는 저서에서 발췌하여 국내외의 여러 석학들의 의견들과 함께 엮은 것으로서 석학들의 노력과 정성이 묻어있는 훌륭한 단상들이다. 물론 체제가 서로 상이한 국가들끼리의 통일이어서 그 범위나 방법론이 너무 방대하고 심오한 사유를 필요로 하는 것들이기에, 여기에 모든 내용을 다 실을 수는 없지만 그래도 각론과 총론 및 때로는 철학적이면서도 정책적인 빛나는 사유들을 총망라하여 특별한 구분 없이 인물별로 담았다. 본 내용을 통해 한편으로 통일의 길이 광범위한 분야를 하나로 통합하지 않으면 안 되는 험난하고 힘든 노정이라는 것을 인식하는 계기가 될 수도 있겠지만, 의외로 경이로울 정도로 쉬울 수도 있으리라는 것을 느끼게도 될 것이다. 남북의 통일이 결코 그렇게 어렵고 먼 곳에 있는 것이 아니다. 이제 힘을 합해 남북의 평화적 통일을 앞서 준비하자!!

2장 시스템 정책에 의한 남북통일과 그 방법론

01 시스템철학정책으로 제3의 모델(model) 창출

남 · 북한 사회제도의 이율배반에 대한 존재론적 분석

사회주의체제는 존재의 근본을 유물론에 의한 물질주의를 그 근본으로 하였음에도 불구하고, 오히려 경제제도에 있어서는 분배원칙의 종교적 이상사회성을 띤 목적관을 지향하였다.

또한 자본주의체제는 유신론에 의한 종교적 가치와 자유를 그 근본으로 채택하였음에도, 아이러니컬하게 물질추구중심이라는 배금주의를 잉태하여 종교주의를 부정하는 이율배반의 모순을 낳게 되었다.

—최근의 중국은 사유재산제도를 인정하는 물권법을 통과시켰음 / 하버드대학의 신학자 하아비 콕스는 그의 저서「세속의 도시」에서 "기독교회의 적은 자본주의"라 했음

그러므로 북한의 사회주의는 인격의 존엄과 생산生産에 있어서의 소유욕구의 충족을 위한 '사유제도'를 도입(최근 북한은 광산 개발권에서부터 민영화를 시작했음)해야 하며, 남한의 자본주의는 국가와 공생을 위해, 유통流通에 있어서의 '공유제도(윤리 경영)'를 실천해야 할 것이다. 따라서 남북통일의 기반조성에 있

어서는 그 어떤 방식의 흡수도 불가능하며 서로의 장점을 결합한 공존체제를 위한 새로운 '제3의 설계도' 를 창출하지 않으면 안 될 것이다.

> 유물론의 내세來世 부정사상은 천부인권의 파괴로 이어져, 인명경시풍조가 만연하게 되어, 볼세비키 혁명 이후 70여년 동안 약 1억 5천만 명이 학살(숙청)되었음이 이를 반증함 / 오늘의 기성교회에서는 공동체의식과 사랑을 찾아보기 힘들며, 많은 종교가 개인의 죄는 현미경을 대고 찾을 정도로 엄격하면서 사회구조적인 죄악에는 거의 외면한다.
>
> —김대중 옥중서신 중에서—

시스템적 교류에 의한 공존체제 창출

써로우(h.d.thorrau)는 그의 저서 「시민 불복종의 의무에 관하여」에서 "다스리지 않는 정부일수록 좋은 정부이다" 라고 했다. 이는 오랜 세월 동안 점철되어온 인물본위의 강압적이고도 일방적인 독재 권력의 형태를 지양하고, 목적적 프로그램과 정책(청사진)정치, 상호협력과 타협에 의한 시스템(system) 정치를 이루고자 하는 그의 뜻이 내포된 연구 결과라고 할 수 있겠다.

시스템은 상호관련성이라고 상술하였으며, 시스템 철학은 "가설적 연역법" 이라고 하였다. 그것은 정책에 의한, 즉 목적적 프로그램을 설정하여 교류와 협력, 타협과 배려配慮를 위한 정책정치를 뜻한다.

다시 말해 적게는 국민국가 내에 존재하는 정치 · 경제 · 종교가 미완성기의 인물중심에 의해 각각 다른 목적을 추구하면서 파벌싸움으로 에너지를 소진시킬 것이 아니라, 국력소모를 최대한 줄일 수 있는 완성된 시스템적 '제3의 체제' 를 새롭게 창출해야 함을 의미하며, 크게는 사회주의의 붕괴 이후 방황하고 있는 북한의 우리식 사회주의와 금융위기로 어려움을 겪고 있는 남한의 시장근본주의체제의 부족을 서로 보충하는 '제3의 공존체제' 를 새롭게 창출해야 함을 뜻하는 것이다.

02 창조적 중립 정부 구성을 위한 제3의 방법론

창조적 중립정부 구성을 위한 전제조건

도올 김용옥 교수는 삼국통일과 한국 통일에서 "독일 통일의 체험을 능가하는 어떤 새로운 시점의 새로운 인류사의 비전이 한국통일 속에서 실현되어야 하며, 「정 - 반 - 합」의 신테시스(synthesis) 로서의 통일이 아니라, 정正 - 반反 - 합合을 하나로 묶어 그것을 파기시켜버려야 한다." 고 하였으며 김대중 전 대통령도 그의 저서 3단계 통일론에서 "낮은 단계의 연방제" 를 통일을 위한 과정적 방법으로 제시 하였다.

부정 할 수 없는 통일에 대한 열정임에는 분명 하다. 그러나 통일에 대한 이들의 두 견해는 다분히 되어져야 할 철학적 상징성과 이론적 접근에 대한 막연한 단편적 사유의 범위를 벗어나지 못함을 느낄 수 있다.

통일은 그렇게 단순한 인식론(epistemology)적 철학과 형태론적 방법으로 처리 될 수 있는 성질의 것이 결코 아니다. 왜냐하면 적어도 통일은 심원한 존재론적 접근(ontological approach)을 요구하기 때문이며, 양 체제에 대한 정책적 시스템과 절대가치에 의한 철저한 과학적, 학문적 분석을 요구하기 때문이다.

다시 말해 분단을 야기하게 된 초월적 매개항媒介項으로서의 절대정신(absolut geist)의 요구와 분단을 주도한 비 초월적 주체세력들의 이념(소유에 대한 이념을 벗어나지 못함)에 대한 다양한 분석으로 그 근본 원인을 밝혀내지 않으면 안 되는 것이기에 이를 세분하여 보면 다음과 같다.

첫째. 양립할 수 없는 재산의 공유와 사유에 대한 소유 문제를 어떻게 해결 하여야 하며,

둘째. 정치의 독재성과 민주성에 대한 권력의 구조 문제를 어떻게 일치시켜야 하며,

셋째. 사적 유물론唯物論을 바탕으로 하는 주체사상과 유일론唯一論을 바탕으로 하는 종교의 문제를 어떻게 일치시켜야 할 것이며, 또한 각기 다른 세 분야를 삼위 일체적 시스템으로 어떻게 연결시키느냐 하는 과제를 갖게 된다는 것이다.

제3의 방법에 의한 '창조적 중립제도' 의 방안과 그 대안

'제3의 경제학' 에 대하여 뉴욕대학의 클레어몬트 대학원 경제학 석좌교수인 피터 드러크(peter drucker)는 "앞으로 경제학이 존재하지 않을 수 있다. 그러나 다음에 올 경제학은 '정치경제학' 이 될 것이며, '공급供給' 에 중심을 두게 될 것이며 결국 '인간성 회복回復' 에 있다." 라고 하여 이미 시스템적 상호 연관성에 의한 경제학을 역설 하였다.

이를 다른 차원으로 발전적으로 전이시키면, "장래에 올 '제3의 정치학' 은 '종교적 정치경제' 가 될 것이며, '청사진(설계도)' 에 중심을 두며, '공급과 소비를 조화롭게' 하게 될 것이며 결국 절대자에 대한 '존재론적 영

성' 을 요청하게 될 것이다." 라고 할 수 있을 것이다.

또한 이를 학문적 차원으로 바꿔 이해하게 될 때 "다음에 올 '제3의 철학' 은 철학적 신학이 될 것이요, 존재(wesen)와 인식론이 중심이 될 것이며, 결국 절대가치의 설정에 그 초점이 맞춰져야 할 것이다." 라고 할 수 있을 것이다.

따라서 「영靈철학」으로서의 새로운 존재론은 북한의 주체사상과 남한의 신앙信仰을 소통시킬 수 있으며, 상호교류가 가능한 모든 존재는 신테시스로서의 '덤(incentive)' 인 '제3의 합合' 이 무궁히 창조 되어져 나올 수가 있을 것이다 .따라서 제3의 방법론으로서의 시스템(system)적 연관성에 기초하여 각각 상이相異한 양 체제에 대한 '창조적 중립中立' 의 방안을 다음과 같이 그 대안으로 설정 할 수도 있을 것이다.

첫째. 경제적 소유의 공유와 사유의 문제는 '창조적 상 · 하한제' 로 해결하며 (심백강 '제3의 사상' 참조)

둘째. 정치권력의 세습과 민주의 문제는 '왕정 대 민주론' 으로 처리하며 (도올 김용옥 '노자철학 - 이것이다' 참조)

셋째. 유물론적 주체사상과 유일론적 신앙信仰문제는 '영靈철학' 으로 일치 시킬 수 가 있을 것이다. (권추호 '영철학' 참조)

03 경제의 민주화를 통한 창조적 중립정부 수립의 3요소

1. 소득의 재분배에 의한 구제정책
   ㄱ. 실업대책 해결, 사회복지, 사회보험, 사회보장제도의 구체적 대안정책
   ㄴ. 이윤배분을 적정화하는 정책
2. 자본소유의 분산정책 실시
   ㄱ. 주식의 대중화
   ㄴ. 과다한 자본소유를 제한 —소유권의 창조적 상 · 하한제
3. 부분적 공유제도의 도입
   ㄱ. 공익성이 큰 사업의 국유화 정책
   ㄴ. 토지와 주택의 공영제
   ㄷ. 유통의 공 · 사 병형제

【창조적 통일국가 체제의 새 방법론】

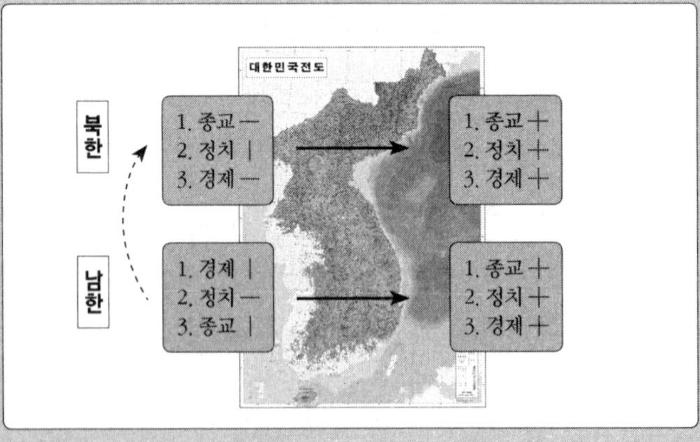

3장 창조적 공존체제를 위한 남북통일 어록 모음

도올 김용옥 「삼국통일과 한국통일 외」

"남북통일은 맹수 촌에서 거행되는 토끼의 재혼 혼례 이다." 따라서 "강대국들의 동의 아닌 축복이 있어야 한다."

정 · 반 · 합의 신테시스로서의 통일이 아니라, 정 · 반 · 합을 하나로 묶어, 그것을 파기시켜 버리는 의미에서의 제2의 논의가 구성되어야 한다.

"통일은 개혁改革(Revolution)이 아니라 개벽開闢(Remaking)이다."

"궁극적인 통일(Unification)이란 사회적 결속(Social integration)이 문제이며, 어떠한 방식으로 사회의 결속을 이루어 낼 것인가"?

"그것은 단순한 남북한이라는 정체政體의 통합統合을 넘어서는 인간의 문제이며, 인간제요소의 새로운 통합을 통한 새로운 인간상의 제시를 의미하는 것이다."

"한반도는 인류사의 판도라 상자이다"

"한국 통일은 세계사적(a world historial event) 사건이다. 왜냐하면 한국의 문제는 한국인이라는 인류의 좁은 범주에 속하는 인종이나 개인의 문제가 아니다. 한국의 역사는 인류의 역사가 체험한 모든 가능성을 포함하고 있는, 특히 한국의 통일이라는 문제는 인류사가 최근 두세기 동안에 겪은, 모든 역사

진행의 다양한 제요소를 압축시키고 있다. 따라서 한국통일은 그러나 제 요소의 모순적 해결을 융화시키는 의미를 내포하고 있다고도 할 수 있다.

"한반도는 동 · 서의 문제, 남 · 북의 문제, 좌 · 우의 문제 등 모든 이념적 문화의 갈등과 역사의 진행에 있어서의 모든 다양한 시간의 가능성이 압축되어 있는 인류사의 판도라 상자인 것이다."

"한국사는 우리 인류사의 압축된 보편사(a compressed universal history)임을 파악할 줄 알아야 한다."

"통일은 단순한 인류사의 지역행사(local event)로 처리되어 버리고 말, 작은 헤프닝이 아니라 우리의 통일이라는 사진이 인류에게 가능성과 희망을 던지는 사건이 되어야 한다. 따라서 인류에게 새로운 희망과 가능성을 제시하는 제3의 제도적 모델(청사진)이 마련되어야 할 것이다."

"독일 통일의 체험을 능가하는 어떤 새로운 시점의 새로운 인류사의 비전이 한국통일 속에서 현현되어야만 한다."

"통일과 통일 이후에는 원효와 같은 거대한 사상가가 나와야 한다."

통일학 대강의 원칙

1. 제1은 세계사의 흐름을 대체적으로 파악해야 한다.
2. 제2는 우리 민족사의 아이덴티티를 규명하는 문제이다.
3. 제3은 제1과 2의 연구 성과를 바탕으로 우리 민족사의 미래의 가능성을 예견 하여야 한다.

"우리 통일론은 모던이즘도 아니요, 탈 모던이즘도 아니다. 그것은 모던이즘 그 자체의 인식론(epistemology)적 전제와는 전혀 다른 담론(디스꾸르)에서 출발하는 새로운 제3의 언어이다."

"통일논의의 어려운 점을 잘 파악해야 한다. 왜냐하면 표리부동한 음흉한 가면의 진위 여부를 분별하기가 여간 어려운게 아니기 때문이다."

—남북의 지도부(에스테블리쉬먼트)와 관료(뷰로크라쉬)들의 이중적 가면—

왕정민주론王政民主論

1. "왕정 대민주론은 한국이라는 국부상의 모델이 아니라 범 인류의 모델이 된다."

2. "왕정 민주론은 궁극적으로 인간학의 인식의 문제이며 인성론에 내재하는 과제이다.

민주란 계몽주의 이래 인류의 현재적 관심일 뿐이며 왕정이란 인류문명사(작위사)를 일관하는 권력 형태이다.

왕정역사는 오히려 복합적인 제도사의 다양성을 수용할 수 있게 된다. 그러니까 존재론적인 도식이 간단하면 할수록 생성론적 제도의 변천은 다양하게 살아난다는 것이며 무절제적 무의 사유가 가능케 된다는 것이다.

왕정민주라는 이원론적 도식이 아니라 왕정王政이라는 일양적 형태일 뿐이다."

권추호「제3의 길과 영철학」

"통일의 궁극적 목적은 절대가치에 의한 인격적인 사랑과, 이상사회에 대한 제도적 모델이어야 한다. 왜냐하면 분단이 상대가치에 의한 지적사랑과 제도의 부분적 절대자를 점유하기 위한, 즉 치기심이 만들어낸 변증법辨證法(dialectic)적 쟁투의 결과이기 때문이다. 따라서 통일 이후 무엇으로 어떻게 '하나가 되어야 하느냐' 를 위해 구체적으로 연구하지 않는 모든 통일

논의는 과정적이요, 주인정신이 결여된 통일지상주의일 뿐이다."

"통일은 단순한 남과 북만의 지리적 공간적 통일이 아니다. 우리의 통일은 내면적 세계의 철학적 가치인 존재(being)와 생성(becoming)의 존재론적 통일이요, 외형적 인류 역사의 다양했던 문화적 파편들을 하나로 묶는, 총체적 문명의 대통일이며, 또한 영성적 우주의 존재론적 존재세계를 하나로 묶는 창조세계의 주인(세계 인류)의 대통일이다."

"한국의 통일은 근원적 본질에 대한 섭리의 통일이다. 따라서 인물에 의해 주도 되는 통일이 아니라, 정책에 의해 창도되는 법과 제도의 통일이다.

한국의 통일은 유비쿼터스(ubiquitous)적 통일이다. 왜냐하면 전 세계를 하나 되게 하는 '제3의 공존모델' 과, 인류의 갈라진 마음을 하나로 연결 시켜줄, '새 가치관' 의 편재(omnipresent)성 통일이기 때문이다."

"햇볕정책은 김대중 전 대통령의 개인철학이요, 전략적 방법론으로써, 종교적 신념의 정책적 통일의 씨를 뿌렸으며, 참여정부는 이를 꽃피웠다. 그러나 이제는 통일철학인 " 제3의 이념" 으로 국민교육을 이뤄내지 않으면, 진정한 통일의 열매를 키울 수가 없게 된다."

"절대가치 부재상태의 통일교육은 오히려 갈등의 골(a gap of discord)을 더욱더 깊어지게 할 가능성이 있다. 따라서 궁극적 존재의 제1원인에 대한 근본을 해명한 과학적 철학과 철학적 신학이 없으면 안 된다, 왜냐하면 전 국민이 용인(容認 : admission)하는 국가주도의 전체교육이 불가능하기 때문이다." —종교단체나 사회단체를 통한 교육은 한계가 있음—

"통일한국은 지식주의를 넘어, 절대적 가치관에 의한, 인성人性주의 사회의 새 모델인 '공존주의 체제의 나라' 가 되게 해야 한다."

“통일은 모순과 부정에 의한「정 - 반 - 합」의 변증법적 통일이 아니라, 미완성과 부족을 채우는「정 - 교 - 합」의 상호보완법(complementary cooperation)적 통일이다.”

“통일은 절대적 사랑에 의한 상생과 부족한 존재를 배려하는 복지福祉의 통일이어야 한다. 그렇지 않으면 통일 이후의 한국의 선진성과 안전을 보장할 수 없다.”

“성서속의 인물인 ‘에서와 야곱의 만남’ 과 ‘그리스도의 먼저 희생함’, 그리고 사도행전의‘소유의 나누어 줌’ 은, 모든 하나됨의 인격적 근본 모델이다. ”

“통일 한국은 새로운 마치 한 생명의 탄생과 같이, ‘물질의 제물’ 과 ‘인격적 제물’ 의 희생과정을 단계적으로 거쳐야 얻어질 수 있기 때문에 고귀한 가치의 통일이다.”

“한국의 통일은 한 쪽의 일방적 흡수에 의한 통일이 아니라, 서로의 장점을 결합한 생활공동체를 요구하는 통일이기 때문에, 서로의 큰 단점을 폐기廢棄하지 않으면 추호秋毫도 불가능한 법이다.”

“재창조의 경제적 관점에서 볼 때 북한의 사회주의체제는 큰 단점 두개와 작은 장점 두개가 있으며, 남한의 자본주의체제는 큰 장점 두개와 작은 단점 두개가 각각 있다.”

북한

a. 소유욕을 차단시켜 발전을 저해하는 생산의 국유화와, 천부인권설을 부정하는 유물론사상으로 인권을 유린 하며, 생명의 가치를 스스로 상대화 시켜버린다. —단점 두개—

b. 물질보다 인격적 가치의 소중함이 형성되어 있으며, 생활공동체적 공

존주의의 분배제도가 형성되어 있다. —장점 두개—

남한

a. 유통의 사유화는 소유욕을 지나치게 불러일으켜 양극화 갈등을 유발하며, 다수결 제도의 수량주의는 절대가치를 오도할 수 있으며, 분란을 야기해 국가를 혼란에 빠트릴 수 있다. —단점 두 개—

b. 애착은 내 것의 산물이므로 소유의 사유화는 경제적 발전을 낳고, 개인의 자유는 인권의 존중과 창조적 활동을 원활하게 할 수 있다. —장점 두 개—

공존체제의 시스템적 모델의 3요소

a.북은 부분적 시장경제(생산)를 도입 / 남은 부분적 분배(유통)제도를 도입.

b.북은 부분적 민주주의를 도입 / 남은 부분적 절대가치에 의한 영적권력을 도입.

c.북은 종교적 신앙제도를 도입 / 남은 철학적 사유체계를 도입.

"남북통일을 가능하게 하는 공존체제는 영적군주제에 의한 왕정제가 유일한 대안이 될 수박에 없다." —사랑에 의한 종교적 가치의 왕과 수상제도—

남북통일은 인류역사의 남성성 중심의 일방적 힘力의 시대에서, 여성성 중심의 나눔愛의 시대로 나아가기 위한, 큰 과정적 시대를 통과하는, 즉 중성적 중립성을 상징하는 모든 협력協力의 시대정신의 뜻함이요, 알림이요, 지상명령至上命令이다. 예) 트래스젠드(Tres-gender)의 시대

"남북통일은 남한의 신神중심에 의한 종교적 신학神學과, 북한의 인간중심에 의한 주체사상哲學을, 동시에 뛰어넘는 '제3의 합(Synthesis)' 으로서의 신본적 인본주의, 즉 철학적 신학이요, 신학적 철학인「영철학」이 나오지 않으면 절대로 불가능 하다."

"한국 통일에 있어서 외형적 제도制度에 의한 공존체제가 수단성을 갖는다면, 내면적 철학哲學에 의한 절대가치의 수립은 목적성을 갖는다."

"주체사상의 철학적, 사회역사 원리의 핵심인 인간 중심론과, 인민대중에 의한 주체론은 '창조적 성장론'의 한부분인 '재창조에 의한 생성(becoming)중심의 사상일 뿐이다.' —창조에 의한 존재(being)중심의 신神중심과 시스템 철학 역사 원리의 상대성 사상"—

이동철 「문화의 과제와 전략 중에서」

"이제 인류에게 중요한 것은 내가 남을 정복하거나 남과 투쟁하여 승리를 거두느냐에 있지 않다. 어떻게 하면 나타남이 더불어 평화롭게 살 수 있고 조화롭게 공존할 수 있느냐에 달려 있다."

"우리 남북통일은 인류에게 그러한 삶의 모델을 제시하는 계기가 되어야 한다."

"한국통일은 분단의 비극을 겪은 하나의 민족이 재결합하는 과정만이 아니다. 그것은 남북한의 체제가 상징하는 여러 가지 문제점을 해소하고 나아가 인류에게 새로운 문명의 패러다임을 제시하는 계기가 되어야 한다. 또한 한국통일은 단순한 남북한의 물리적 공간적 재결합으로 끝나서는 안 된다. 그것은 근 현대이후 서구문명의 충격에 의한 서양화 근대화라는 역사적 과정을 통해 우리가 겪어야 했던 전통문화의 상실과 굴절을 극복하여 새로운 문명의 대안을 제시하는 것이어야 한다."

쿠로즈미 마코트「문명의 관대한 통일」

"한국의 통일 에너지는 동아시아의 희망"

"여러 가지 다양한 문화요소를 배제함으로서 하나로 하는 것이 아니라 오히려 다양한 요소를 합하여 하나로 하는 그러한 통일의 시기가 오길 바란다. 바로 여기에 고귀한 관대의 길이 열리는 것이 아닌가?"

함재봉「근대사상의 해체와 통일 한국이상」

현재 한국 사회에서 일고 있는 통일 논의는 이상을 상실한 것이다. 사회주의 몰락과 서구식 복지국가의 위기는 우리가 이상으로 추구할만한 목표를 앗아가 버렸다. 새로운 이상의 정립을 위해서는 과감한 발상의 전환이 요구되며 이를 위해서는 좌/우의 대립구도와 그것을 뒷받침하고 있는 근대사상의 해체가 선행되어야 한다.

배병삼「세계의 차원에서 본 분단과 통일」

"남북한의 통일은 만드는 것이 아니라 되는 것일 수 있다는 점에 유의하지 않으면 안 된다. 즉, 통일을 하고자 하지만 되지 않고 하지 않고자 해도 될 수 있다는 논리적 모순이 한반도의 상황에서 가능하다는 것이다."

예)

—시장경제 체제로 규정되는 신세계 질서가 미국의 폭력적 힘에 의해서가 아니라 소련의 자체 붕괴에서 비롯되었다는 사실을 간과해서는 안 된다. 독일의 통합도 동독의 자기 해체에서 비롯되었다.

"새로운 모델을 필요로 하는 강대국 스스로의 자멸성 때문에 한반도 통일에 대한 축복과 지지를 전 세계가 일어나서 하게 될 것이다."

—되어지는 통일—

예)

—클린턴 정부는 토니블레이어의 제3의 길을 전폭적으로 지지했음. 미국과 유럽의 강대국들 은 사회체제가 급속히 무너져 가고 있으며, 말기적 증상을 보이고 있음이 단적인 예이다.

김석근 「식민시대 의미에서」

"확고한 의식을 가지고 식민지 시대와 그 역사를 보아야 한다.(주체의 상실 / 주체를 회복하려는 힘의 분열 / 주체의 회복) 급격하게 변화하는 세계의 흐름으로 볼 때 근대에 억매일 것이 아니라 전혀 새로운 문명의 도래를 준비하지 않으면 안 될 것이다.(제시할 수는 없지만)" 냉전질서의 무너짐과 새로운 국제 질서의 태동을 볼 때 강대국들의 이해관계가 아니라 바로 우리의 주체적인 노력과 주도하에서 이루어져야(한국통일)할 것이다. 미국과 일본의 이해를 조정해 낼 수 있는 슬기로움 지혜가 필요에 따라서 대립과 분열을 넘어서 하나로 만들어주는 통합기능을 하는 강력한 통일이념의 필요성이 요구됨. 즉 어떻게 그런 통일 이념을 찾을 수 있는가? 사회주의와 자본주의 같은 이미 낡아버린 이념으로서는 안 된다. 남한과 북한을 감싸 않으면서 하나로 승화시켜주는 그런 이념이 필요하다. 그 이념은 새로운 주체를 형성하고자 하는 노력을 뒷받침해 주는 것이어야 한다."

오항녕 「통일시대 역사인식을 찾아서」

"정치적 시각에서만 바라다보는 누를 범함.

광주사태를 통하여 더 이상 —미국은 방관자적 입장임을 확인하였음— 우리의 우방이 아니다.

철학 역사 등 인문 과학 분야의 통일논의는 저조하며, 사회 과학적 접근만 있다.

우리의 학문이 이제는 근원에 대하여 생각할 때가 되었다.

통일시대는 난세에서 치세로 타율에서 자율로 가는 길목이 될 것이다.

지금까지의 역사는 땅고르기 시간이었다. 이제는 집을 지어야 한다.

심백강 「제3의 사상」

"통일운동으로 전환되기 위해서는 인생관 가치관의 새로운 정립과 아울러 경제 구조상에서의 각종 제도적인 개혁이 이루어져야 한다."

a. 토지 공유, 금융사유제

"자본주의 경쟁 지향적 장점은 살리고 단점은 보완하게 되어, 선의의 경쟁 공정한 경쟁의구도로 갈 수 있을 것이다."

중국 1999년-2007년 (전국 인민대표대회 전체회의의 헌법개정)

"사회주의의 재산 공유를 주체로 하되 다양한 소유제 경제를 함께 발전시킨다. 노동에 따른 분배를 주체로 하되 다양한 분배 방식이 병존하는 제도를 견지한다."

사회주의 공유화를 통한 평등 지향적 정치에, 자본주의의 사유화를 통한 효용 지향적 경제를 접목시켜 보겠다는 의도를 확고하게 명문화 하였다.
—물권법을 통과시킴—

b. 토지 금융 상 · 하한제
"무제한의 사유를 허용하지 않고 적절한 정도에서 이를 제한하고 일정한 선에 미달하는 빈민층에 대해서는 방관하지 않고, 정부가 나서서 적절한 방법으로 보조해 주는 제도이다. 즉, 어느 한도 내에서의 평등만 존재한다."

c. 관 · 상 · 농 · 공 · 토 전업제
"전업만 종사하고 겸업을 할 수 없도록 제한하는 제도를 말한다.
"한무제 때와 당나라 때에 시행 명 · 청말 까지 시행하였다. 제3의 경제 체제가 현실적으로 가능하게 될 것이다.

Norberto Bobbio 「제3의 길은 없다」

"제3의 길은 양자(좌 · 우)를 수용하면서 동시에 억압 한다 그래서 매개된 제3이 아니라 초월된 3항이다. 결과적으로 좌파와 우파라는 다른 두 실체를 먹어치움으로서 자신의 존재를 실현한다. 다시 말해 양비론적사이비 샛길이지 살리고자 하는 제3의 아니다." —포섭적인 중앙 : inclusive middle

"민주주의와 시장경제의 병행발전이나 제3의 길은 더욱 많은 사람들의 합리적이고 균형 잡힌 논의를 거치지 않으면 우리 사회에 또 다른 파국을 불러올 만큼 너무나도 중요한 문제이다."

권터 그라스 와 피에르 부르디

신자유주의 핵심은 무책임성이다.

국가와 기업의 하수인으로 전략할 위험에 처해 있다.
제3의 길 역시 신자유주의를 추구하고 있다고 비난 하였다.
제3의 길도 겉으로만 사회주의를 표방하면서 사회적 책무를 외면하였으며, 이윤 극대화만 추구하고 있다.

이코노미스트 지

제3의 길이 실천적인 내용이 없는 모호한 이념과 정책으로 가득 차 있다고 비난 하였다.

엔서니. 기든스「제3의 길」

기든스 역시 제3의 경제학이 아직 존재하지 않음을 인정함.

제3의 길은 낡은 스타일의 사회민주주의와 신자유주의를 초월하려는 시도이다.

김윤태「제3의 길」—T. 블레어와 영국의 선택

한국적 제3의 길은 무엇보다도 국가주의와 시장주의의 극단적인 대립을 극복해야 한다.

낡은 이데올로기 대립에서 벗어나 평화체제를 지향해야 한다.
분열적 지역주의를 치유하고 국민통합을 이루어야 한다.

현 시대의 국가와 기업의 조직형태와 역할이 새로운 변화와 함께 신 사회운동이 주도하는 새로운 정치의 등장을 주목해야 한다.

자본주의 경제의 대안이 될 수 있는 새로운 정치 철학이 등장해야 한다.

새로운 정치 철학은 더욱 인간적이고 윤리적인 기준에 입각한 이데올로기가 되어야 한다. —사회적 빈곤과 불평등 극복

새로운 정치 철학은 분명 생태적 사고에 기반 두어야할 것이다.
대안적 경제모델은 자본주의를 부정하는 것이 아니라 경제적 합리성과 동시에 중요하게 생각해야 한다.

인간성이 상실된 세계에서 인간성을 발견하는 일이 바로 새로운 21세기 정치 철학의 출발점이다.

김지하 「사상기행」 외

통일을 위해 천부 사상의 현대적 재창조가 있어야 한다.

동양성과 가장 아름다운 뿌리로 부터 발원하는 새로운 문명창조의 희망이 증폭되고 있는 것으로 보인다.

통일을 위한 새 사상은 지리산과 진주에서 나와야 한다.

지리산과 진주야말로 세계적인 마고복본麻姑複本운동의 근거지로서 손색이 없다.

지리산은 제안을 품고 있는 예로부터의 그 풍부한 역사와 문화의 비밀을 세계 앞에 펼쳐놓으리라 생각한다.

진주는 기가 막힌 곳 너무나 아름답고 너무 깊은 문화전통과 민주운동이 너무도 질긴 역 사를 지닌 독특한 도시라 압도될 뿐이었다.

창조적 부활로서 새롭게 복잡화된 음 · 양적 삼극론의 우주론이 현대사상의 모양으로 나타 날 것이다.

중中의 위험과 합合의 유혹과 싸우려면 제3의「아니다 · 그렇다」의 다중적 전개로서 황중론 쉽게 말해서 3에 대해서 싸우는 새로운 3의 논리가 필요하다. 이것이 황중론이다

「아니다 · 그렇다」의 창조적 생성론으로 대중화시키면, 황중론皇中論이 되고 복잡화하고 풍부해진다.

자칭 성인이 나와서 중생과 우주와의 관계를 오류로 끌고 가려고 할 때, 이 성인聖人에 대한 전투를 진정한 성인이 선포해야 한다.

성인을 옛날 컨셉으로 파악하지 말고 오늘날의 문맥에서 인식해야 한다.

3에 대한 3의 대응이며 양극단을 배제하고 중간이 아닌 전혀 새로운 것이 무궁 무진 생성되어 나와야 한다.

조대현 「문명의 진화론과 21세기」

지구화시대의 문명 담론에 있어서는 동양과 서양의 2분법을 벗어나, 우리가 지금 처한 문명적 문제를 안으로부터 바라보는 내재적 시각과 동시에, 이것을 초월적으로 성찰하는 내재적 시각의 결합, 즉 주관과 객관의 통합이 필요하다.

오늘 우리의 문명 담론이 마주하고 있는 과제는 과학적 문화와 이론적 문화가 활발하게 대화를 통해, 종교 · 정신 · 도덕과 정치 · 경제 · 과학이 통합된 새로운 문명을 건설하는 것이다.

동학혁명의 탄생과정이 그랬던 것처럼 동양 사상의 복고적 부활이 아닌 새로운 현실을 기반으로 한 재 창조가 전제 되어야 한다.

오준근 「독일통일의 어려움을 극복할 수 있었던 원동력」

'사회적 시장경제(Soziale Marktwirtschaft)' —자본주의적 시장경제 제도를 기반으로 하면서도 사회적 약자에 대한 충분한 배려를 하는 체제를 말함.

'꼴찌' 를 위한 풍부한 교육과 취업의 기회가 많음.

모든 지방에 '노동청(Arbwitsamt) 노동사무소' 가 있음.

임성빈 「통일을 향한 교회의 비전과 실천」

인간적인 모든 노력으로도 남과 북이 원하는 통일을 달성하기는 어렵다는 현실인식이 가져오는 좌절감의 극복은 신앙적인 차원의 통일준비를 요청한다.

예수님께서는 심지어 예물을 제단에 드리는 것보다 형제와의 화목이 우선임을 분명히 하셨다. —마5 : 23 - 24

분단이라는 지리적, 정신적 허리 잘림은 이산가족을 포함한 많은 사람들로부터 서로 사랑할 수 있는 기회를 앗아가고 있기 때문이다.

분단 상황은 남과 북 양편에 모두 정치경제적 부정의와 그로 인한 사회문화적 왜곡현상을 유발하고 있기 때문이다.

우리가 꿈꾸는 통일공동체는 기본적으로 언약공동체적 성격, 즉 하나님을 중심으로 하는 공동체이어야 한다는 것이다. 그것은 곧 남이나 북 중 어느 한 편의 사람들만을 중심으로 하는 공동체가 되어서는 안 된다는 것이다. 하나님이 사랑하는 피조물로서의 남북한 모든 국민들을 위한 공동체를 지향하여야 한다는 것이다. 또한 이 통일공동체는 남북한 국민들만을 위한 것이 아니라, 동아시아와 아시아, 나아가서는 구약성경에서 증언하듯 전 인류와 우주공동체의 자유와 정의를 담보하는 그것이어야 한다.

교회가 선포하고 교육하여야 할 통일공동체의 비전은 세계공동체를 품는 역사적, 민족적 비전과 함께, 통일공동체 구성원들의 존엄성이 평등하게 반영되는 내용을 담고 있어야 할 것이다.

북한의 '폐쇄적인 주체문화' 도 개혁의 대상이지만 '상업적인 대중문화' , 즉 '상품으로서의 가치' 와 '구매력' 이 만물의 척도가 되어버린 소비주의 문화에 오염되어 있는 남한의 교회와 사회도 각성해야 함.

클라우스 폴러스 —한독 대사

"남북한 모두 양 체제를 포기해야한다"

스칼라피노(Robert A. Scalapino, 1919~)**와 이홍범**(재미동포 교수)

"남북통일을 위해서는 새 사상이 있어야한다"

4장 통일논단

01 기독교 입장에서 본 남북관계

이윤구 박사 (전 대한적십자사 총재)

시작하는 말

한반도의 허리가 잘리고 한민족이 남북으로 분단된 채로 반세기를 넘겼습니다. '이 비인도적이고 반민족적인 현실을 기독교는 어떻게 보고 올바른 대응을 할 수 있을까?' 하는 생각을 해 보는 것이 주어진 과제인 듯합니다. 지나간 20세기의 우리 민족이 암담하고 아픈 역사 속에서 금수강산 반도 삼천리가 분단되는 역사를 되돌아보는 것이 퍽 뜻 깊은 일이라고 생각합니다. 광복의 빛이 잠깐 왔다가 남북이 따로 정부를 세우고 팽팽하게 대치하다가 6.25 전쟁이 일어나고 3년 동안 강산을 피로 물들이고 휴전을 했지만 60년 가까이 비극의 남북관계가 계속되어 왔습니다. 그 현실을 일괄해 보겠습니다.

겨레의 반만년 역사 속에 언제 태평하고 밝은 날이 있었겠습니까마는 20세기는 어쩌면 우리에게 가장 힘들고 눈물겨운 치욕의 100년이 아니었나 하는 생각을 억제하기 힘듭니다. 그러나 그 처절한 민족수난의 현장에 예수 그리스도의 복음이 들어왔습니다. 기독교가 한민족 현대사에 끼친 영향과 못 다한 책임도 되돌아보아야 하겠습니다. 그런 다음에야 우리 기독교회가 두 번째 100년 선교 제2세기를 바르게 맞을 수 가 있을 것입니다.

어쩌면 지난 130여 년의 한국기독교는 21세기의 무겁고 험준한 십자가의 길을 예비하는 과정이었다고 보는 것이 옳을지 모릅니다.

오늘 분단된 조국과 비참한 대치 상태를 기독교와 기독인들이 어떻게 바로 보고 대처해 나가느냐 하는 과제가 참으로 중차대한 까닭이 있습니다. 그것은 21세기의 인류 대가족 69억 속에서 한민족의 역할이 얼마나 큰 가를 예견하고 확신하며, 또한 한국교회가 이 가파른 언덕길을 오르는 민족의 앞길에 최선두에 서야 할 줄 알기 때문입니다.

20세기 한민족과 한반도의 분단

1900년에 시작되는 한민족의 20세기는 생각하기에도 끔찍한 수난과 암흑의 소용돌이였습니다. 나라가 망하고 왜정의 식민지로 전락한 다음 너무도 크고 쓰라린 시련을 겪었습니다. 1945년 '광복과 해방이 왔나' 했는데 몇 년의 이념 대립은 끝내 남북이 따로 정부를 세우게 되었습니다. 비극의 분단역사가 이렇게 시작되었습니다. 1948년 8월과 9월의 일이었습니다.

사실 38선의 분단은 이렇게 시작되었습니다. 1945년 8월 10일 한밤중에 미국 백악관에서 영관급 장교 두 사람이 30분 동안 지도를 펴놓고 성급하게 결정을 했습니다. 일본 패잔군의 무장해제를 위해 소련은 북쪽에서, 미국은 남쪽에서 북위38도 까지 주둔키로 결정했습니다. 눈에는 안 보이는 이 인위적 경계선이 2년후 전쟁이 시작되기까지 남북한의 국경 아닌 국경이었습니다.

분단의 제일 큰 원인은 동서냉전이었습니다. 크레믈린과 시베리아로 몰려온 공산주의의 강한 바람과 백악관에서 태평양을 건너 일본으로 상륙한 서풍西風이 어쩌다가 이 아름다운 한반도 강산에서 격돌했습니다. 우리 민족에게 잘못이 있다면 동방예의지국으로 백의민족으로, 그러나 헐벗고 굶주리고 쇠약해서, 거세게 불어오는 외세에 대처할 힘이 없었습니다. 의지도 없었습니다. 이념의 좌우익이 무섭게 대치했고 겨레 3천만을 갈갈이 찢었습니다.

전쟁과 휴전 반세기의 남북관계

북위38도 선이 이렇게 무서운 전쟁을 시작하는 경계선이 될 줄 누가 알았겠습니까? 8.15해방을 닷새 앞두고 딘 러스크 중령이 졸지에 아무 생각도 없이 만들어 낸 미 · 소 점령 분계선이 얼마나 부자연스럽고, 우리 민족에게 치명적이었는지를 이제는 우리가 알아야 합니다.

75개 계곡의 적고 큰 시냇물과 12개의 강이 잘렸습니다. 181개의 오솔길과 시골길이 끊겼습니다. 15개의 국도도 차단되었습니다. 여섯 곳의 철도가 막혔습니다. 38선은 우리 민족의 허리를 꽁꽁 묶어 버렸습니다.

누구도 예상은 못했지만 38선은 1950년 6월 25일 새벽에 무너졌다. 남북의 통일을 위해서였다면 얼마나 좋았겠는가? 냉전의 십자로였던 우리 강산에 열전이 벌어졌습니다. 그 전쟁을 겪어 본 세대는 압니다. 두 번의 세계대전을 제외하면 우리의 강산에서 20세기에 제일 큰 전쟁이 일어났습니다.

중공군 90만, 북한군 50만, 그리고 유엔군과 국군 18만의 젊은이들이 우리 산에 묻히고 강과 바닷물을 붉게 물들였습니다. 한 보고서는 1,893,100명이 사망했다고 기록했습니다. 전쟁이 극심하면 군인들보다 어린아이들과 노약자 부녀자들이 더 많이 희생을 당합니다. 전쟁은 인간이 만들어 낸 최악의 발명품입니다. 3년의 싸움 끝에 휴전은 성립이 되었지만 6.25전쟁 발발 65주년이 되는 오늘까지 우리 반도강산에는 평화가 없습니다. 총성만 멎었을 뿐 휴전선을 사이에 두고 남북한은 밤낮 총을 들고 전쟁상태에 있습니다.

오늘 이 지구상에서 우리 한반도보다 더 큰 군막軍幕이 없었습니다. 북한에 군인이 105만4천명으로, 세계에서 인구대비 군인 숫자가 제일 많은 곳이 우리 북녘 땅입니다. 우리 남녘에도 67만2천명의 군인이 있습니다. 남북을 합치면 172만6천명으로 세계에서 중국 다음으로 제2위입니다. 미국이나 인도보다 많습니다.

민족공동체로서의 의도적인 비극 한 토막도 생각해 볼 만합니다. 6.25전쟁과 분단으로 가족이 갈라진 비극은 글로나 말로 표현하기 힘듭니다. 너무도 가슴이 아픕니다. 2004년, 제가 적십자사에 봉직하던 때 금강산에 가서 이산가족의 만남을 직접 본 일이 있습니다. 그 통곡하는 상면 현장도 현장이지만 너무도 오랫동안 헤어져 있다가 만나게 되어 식구인 것을 확인하려고 처음에는 무척 조심하는 대화를 가슴이 메어서 차마 들을 수가 없었습니다.

52년 만에 만나서 두 번 밥상을 나누고 네 번의 단체, 개별 상봉을 하고 작별을 하는 울음바다를 보았습니다. 이런 일이 이렇게 가능할까 하는 생각을 억제할 수 없었습니다.

나이 드신 1세대 이산가족이 123만여 명에 이릅니다. 6년 전에 남녘땅에 90세 이상의 노인 이산 인원이 2,426명이 있습니다. 아마 많은 분들이 눈도 못 감고 고향하늘만 바라보며 운명하셨으리라 생각됩니다. 80세 이상이 21,215명이었는데 오늘 현재로는 몇 분이나 살아 계신지 모르겠습니다. 70세 이상이 43,610명이었습니다. 그런데 7차례 걸쳐서 8,000여 명이 상봉하고 2만여 명의 생사확인이 되었을 뿐입니다.

우리나라 여권을 가지고 세상에 못 가는 곳이 5대양 6대주의 거의 없는데 북녘 우리 한반도의 고향 땅, 친지들의 땅, 동포의 땅, 같은 말을 하는 땅에는 왜 자유롭게 오고 가지를 못하는지 모르겠습니다. 철새들은 자유롭게 오고 가는데, 사람들만 휴전선이 막고 있습니다. 엽서 한 장, 전화 한통을 못 보내는 이 남북 관계는 도대체 우주의 어느 위성이란 말입니까?

한독기독교 제 2 세기의 십자가

우리 민족에게 복음은 너무도 늦게 들어왔습니다. 그러나 너무도 중차대한 민족역사의 시기에 우리는 '기쁜 소식' 을 전수받았습니다. 나라가 망해가고 외침은 극에 달하고 있던 19세기 말이었으니까요. 기독교를 빼놓고 한국의 근대와 현대사를 쓸 수 있는 역사학자는 없습니다.

도산 안창호, 백범 김구, 우남 이승만, 월남 이상재님 들이 그렇게 혁혁한 구국 애족 독립운동을 할 수 있었던 혼의 힘은 그리스도 예수의 복음을 제하고 생각할 수 없었습니다. 기미년 독립선언문에 서명한 33인 가운데 기독교인이 다수였던 것도 설명을 필요로 하지 않은 그리스도 예수의 가르침 때문이었습니다.

오늘날 우리나라가 세계 200여 개 나라들 가운데서 경제로만 생각하면 10위권에 들었습니다. 울산광역시는 총생산 액수로만 따지면 개인당 총생산을 합하면 이 세상에서 5위 안에 들어갑니다. 울산이 한 나라라면 그렇습니다. 저는 감히 말할 수 있습니다. 우리는 20세기의 굴곡 많은 민족의 역사를 완벽하게 잘 써 나왔다고 할 수는 없지만 오늘이 있게 하신 하나님의 사랑, 불쌍한 한민족을 향한 놀라우신 섭리가 있었기에 오대양 육대주를 활보하는 국민이 되었다고 확신합니다.

그런데 한 가지, 우리가 못 다하고 부끄럽고 하나님과 민족의 역사 앞에 떳떳하지 못한 일이 있습니다. 그것은 남북의 분단과 대치하고 있는 현실입니다. 동서이념의 소용돌이 속에서 가난하고 국력이 없고, 독립의식도 부족하여 광복의 빛을 잃고, 절름발이 건국을 하고, 38선이 전쟁으로 무너지고, 그 끔찍스런 동족상잔을 겪고, 휴전한지 60년이 가깝도록 총을 내려놓지 못했습니다.

21세기도 첫 번째 10년이 지나가고 있습니다. 20세기의 한국기독교가 헐벗고 굶주리고 병든 나라, 전쟁 대치 속에서도 세상으로 뛰어 나가 국격을 높이고 선진국 대열에 오르는 힘을 제공했습니다. 한국 기독교의 제2세기는 갈라진 강산, 분열된 겨레의 재통합이 최우선 과제라고 저는 믿습니다. 5천만과 2천3백만이 하나가 되지 않고 우리가 세상을 나갈 수가 없습니다.

이를 위해 우리가 지고 일어서야 할 무거운 십자가가 있습니다. 그것은 축복받은 우리 남녘땅의 기독교인 공동체가 2천3백만 북녘 땅의 동포를 굶주림과 실의와 절망에서 구출해야 합니다.

1995년 참혹한 기근으로 300만의 우리 겨레가 굶어서 우리 곁을 떠났습니다. 그 당시 한 기독교 기관이 앞장서서 식량보내기를 시작했는데 100만 톤의 양곡이 북한에 들어갔습니다. 아마 100만 명은 살렸을 것입니다.

2010년 올해도 다시 큰 기근이 북한 땅을 엄습하고 있습니다. 150만 톤이 부족합니다. 방치해 두면 150만 명의 생명이 아사할 수 있습니다. 우리는 너무 많이 먹어서 병이 나는 풍요로운 나라입니다. 북녘 땅은 외국이 아닙니다. 북한동포를 돕는 일은 민족공동체의 피치 못할 책임입니다. 교회가 앞장서서 국민운동을 전개하면 정부도 좌시하지는 못할 것입니다. "너희가 먹을 것을 주라" 고 주님은 오늘도 우리에게 엄명하십니다.

한국 기독교가 이만큼 성장해서 이제는 결심하고 힘만 모으면 남북관계의 개선을 위해 기적 같은 구제와 개발 사업을 할 수 있습니다. 노회별로 북녘 땅의 지역들과 결연을 해서 물건을 보내고 사람이 가고 지역개발에 적고 큰 투자를 해 보는 꿈을 꾸어 봅니다. 허망한 환상이 아닙니다.

지난 2004년, 북한 룡천에서 가공할 만한 폭발사고가 났던 때 저는 평양에 있었습니다. 적십자사의 협력으로 많은 약품을 가지고 가서 적십자병원에 기증했습니다. 그런데 그날 용천에서 사고가 났습니다. 급하게 서울로 돌아와서 정부와 국민이 힘을 모아 300억 원이 넘는 구호와 개발기구를 보냈습니다.

몇 달 후 북한의 초청을 받아 룡천에 갔습니다. 헬리곱터에서 내리면서 저는 "룡천에는 통일이 왔구나!" 하고 속으로 외쳤습니다. 보이는 모든 것들이 다 우리가 보낸 것들 뿐이었습니다. 재건사업을 돌아보고 보건소에 들렀습니다. 폭발사고가 나던 날 공부를 하던 어린 여학생이 침대에 앉아 책을 읽고 있었습니다. 한 쪽 눈을 가리고 있었고 의사의 말에 의하면 실명했다고 합니다. '한 쪽 눈은 괜찮으냐?' 고 물었더니 다행이도 잘 보인다고 답을 하더니 저를 쳐다보며 말했습니다. "남조선에서 보내온 약아 아니었으면 이쪽 눈도 못 보게 되었을 꺼예요!" 얼마나 그 말이 감동을 주었는지 함께 껴안고 울었습니다. 통일은 이렇게 올 수도 있습니다. 와야합니다.

한국 기독교는 반공이념과 북한을 원수의 나라로 생각하고 미워하고 타도의 대상으로만 생각하는 잘못을 저질러 왔습니다. 원수의 나귀도 짐이 무거워서 쓰러지면 일으켜서 주인에게 보내라고 하는 가르침을 우리는 잊고 지내왔습니다. 늦었지만 이제라도 북녘 땅과 북한동포를 위한 기도가 모든 교회에서, 모든 기독교 가정에서 일어나야 하겠습니다. 그리고 그 기도와 함께 행동으로 옮기는 일들이 전개되었으면 좋겠습니다.

맺는 말

한민족은 위대한 족속입니다. 세계에서 제일 못 살고 불쌍한 민족이었던 20세기 중반에서 불과 반세기 만에 세계가 부러워하는 선진국의 대열에 섰습니다. 세계에 이런 나라가 우리 밖에 없습니다. 이 기적이 전적으로 하나님의 은총이었습니다. 21세기의 중반에 가면 우리가 세계에서 3위 안에 들어가는 대국이 되리라고 예언하는 학자들이 있습니다. 저는 그런 말이 허망하게 들리지 않습니다. 그러나 그 길을 우리가 바로 가려면 남북관계가 휴전에서 평화적 재통합을 이루고서야 가능합니다.

남북한 7천 3백만이 다시 하나가 되고 세계에 나가있는 한민족 7백만이

150여개 국가에서 한민족의 대합창에 동참하는 꿈을 꾸고 또 꾸며 삽니다. 69억 인류 가족 공존의 십자가는 우리 한민족과 한국교회가 앞장서서 지고 가야 합니다. 받은 놀라운 사랑을 갚는 길이 화해와 통일의 오솔길 밖에는 없습니다.

교회는 민족통일의 도구입니다. 교회는 세계통일의 도구입니다. '북한 선교는 우선 구제와 개발사업으로 시작해야 한다' 고 저는 믿습니다. 부활하셔서 우리의 구주가 되신 예수님의 엄한 명령이십니다.

02 통일, 하나님나라 운동

이범성 교수(실천신학대학원, 선교학)

통일은 하나님나라 운동이다. 그리고 하나님나라운동은 교회가 이 땅에 존재하는 이유(목적)와 양식(방법)이다. 그래서 통일은 교회의 선교적 과제가 되는 것이다. 통일은 하나님나라의 모양을 추구해야 한다. 하나님나라는 전쟁이 없는 곳이고, 약한자와 강한자가 차별이 없이 사회적 혜택을 누리는 곳이다.

그곳은 평화로운 곳이며, 희망의 노래가 있는 곳이다. 마찬가지로 통일은 사회통합이 경험되는 곳이다. 하나님의 나라는 이 땅의 나라에서도 사회통합이 이루어지는 통일의 현장에서 부분적으로 경험된다. 그리고 이 통일의 사건은 하나님나라가 존재한다는 것을 믿게 만든다. —요 17: 21

세계교회협의회(WCC)의 세상 삶의 주제를 다루는 '삶과 봉사' 위원회와 믿음의 주제를 다루는 '신앙과 직제' 위원회가 각각 추구하는 '통일된 사회' 와 '일치된 교회' 는 서로 가까운 거리에서 동일한 한가지의 주제를 다루고 있다. 통일된 사회가 일치된 교회의 궁극적 목적이 되고, 일치된 교회는 통일된 사회의 모델이 되기 때문이다. 세상의 일과 교회의 일이 두 가지가 아니고 하나다.

교회가 믿는 천지창조는 이 사회가 몸담고 있는 환경에 대한 것이며, 교회가 소망을 두는 그리스도는 이 세상을 위한 소망이고, 교회가 기다리는 종말은 곧 세상이 두려워하는 종말과 같은 종말이다. 교회의 신앙은 언제나 세상의 일에 대한 신앙이다. 최근에 WCC의 '삶과 봉사' 위원회와 '신앙과 직제' 위원회가 합류를 얘기하고 있는 것이 그 이유에서 이다.

정치적 통일은 사회적 통합으로 이어져야 그 사회적 가치가 있다. 20세기 후반에 분단된 4 민족들 중에 21세기에 들어와서도 통일을 이루지 못한 민족은 한반도의 민족뿐이다. 그러나 이미 통일을 이룬 다른 3 민족, 베트남, 독일 그리고 예멘도 여전히 사회통합을 이루기 위해 노력하는 과정에 있다.

만일 한민족이 정치적 통일을 이룬 이후 짧은 기간 내에 사회통합을 이룰 수 있다면 남보다 뒤쳐진 통일도 그리 아쉬울 것이 없을 수 있을 것이다. 왜냐하면 통일은 궁극적으로 통합을 위한 것이기 때문이다. 그렇다면 통합을 위해 통일운동을 해야겠다. 어쩌면 사회통합을 위한 시도들이 통일 이전에도 통일의 기쁨을 미리 경험하게 해 줄 수도 있을 것이다.

한국교회는 한국 민족의 통일문제에 80년대 초부터 깊이 관여하였고, 그 결과 한반도의 긴장을 완화하는 일에 크게 공헌하였다. 1981년 제 4차 한국교회협의회 때부터 한국기독교교회협의회(KNCC)가 민족통일문제에 적극적으로 참여하게 된 동기는 민족주의적 발상에서 비롯된 것이 아니었고, 민주화를 위해 장애가 되고 있는 반공이데올로기를 제거하자는 것이었다.

이후 교회의 통일운동이 진행되는 과정에서 한국교회는 1990년에 독일의 민족통일을 경험하게 되었는데, 독일의 통일과정에서 '통일은 정치적 통일이 전부가 아니고 사회적 통합이 뒤따라야만 온전한 통일을 이루게 된다는 사실' 을 알게 되었다. 결국 통일운동은 정치적 통일운동을 목적 삼는 것이 아니라 기에 수반되어야 하는 사회통합을 목표로 삼는 것이 중요하다는 것을 알게 되었다. 이러한 역사적 관계를 기초로 한국교회는 독일통일의 통일운동에서 사회통합에 '공과 실' 을 가져온 교회의 역할을 배울 수 있다.

독일통일의 과정에서 동서독교회의 역할은 매우 중요하며, 또한 그 역할은 이제 그다지 중요하지 않은 듯 보인다. 사실적으로 독일교회의 역할이 없는 독일통일은 상상할 수 없다. 그러나 그 역할이 충분히 드러나지 않았다. 그 이유는 기독교국가인 독일에서 교회의 역할은 종종 국가나 공공단체의 역할과 구분이 없이 혼용되어 이해되고 있기 때문이다. 적어도 서독의 경우가 여기에 해당된다.

동독의 경우는 그 사정이 달라서 1969년부터 그때까지 동서독국가와 상관없이 유지되고 있던 하나의 교회가 동독정부의 압력에 의해 독일개신교협의회(EKD)로부터 동독개신교연맹(BEK)으로 분리되면서 그 이상 과거에 당연했던 국가교회(Volkskirche)의 사회적 위상을 유지할 수가 없었다. 또 한 가지 이유는 동서독교회가 마련한 통일의 기초를 서독정부가 매우 시기적절하게 사용함으로써 통일이 다만 정치적 기술로 달성된 것처럼 오해되었기 때문이다.

민족통일을 위한 독일통일의 역할은 서독교회의 디아스포라적 파트너십(Diakonische Partnerschaft)과 동독교회의 예언자적 선포(Prophetische kerygma)로서 대표된다. 서독교회는 분단 40년 동안 약 3 : 1의 인구적, 지면적 비율로 우세한 서독교회가 동독교회를 주교회 단위와 노회 단위와 시찰회 단위와 개별 교회 단위에 까지 이르도록 자매결연을 맺고 책임적 원조와 지속적 만남의 관계를 유지해 왔다. 이로써 분단된 두 국가는 한 민족이라는 평화와 일치의 관계가 분단 이후에도 지속될 수 있었다.

동독교회는 스스로를 야당적으로 규정한 적이 없지만, 그 구조적 조건 때문에 사실상 야당적 기능을 부여받을 수밖에 없었고 통일을 위한 민주화 운동의 배양지요 원천이 되었다. 교회지도자들의 정치적 참여가 가장 의미 있게 드러난 것은 원탁회의(Runde Tisch)로서 당시 독일개신교연맹 총무였던 지글러 목사(Martin Ziegler)는 그 기구와 직원들을 통해 원탁회의를 새 정부 조각을 위한 최고기구로서 정상궤도에 올려놓았다. 당시에는 교회만이 유일하게 동독의 모든 정치세력으로부터 신뢰를 받는 단체였던 것이다.

구 동독인의 사회주의에 대한 입장은 동독교회와 마찬가지로 적대적이지 않다. 그들 대부분이 사회주의 이념에 동의하고 있으며, 정부의 실천에 대한 불만 때문에 개혁을 요구했던 것이지 사회주의 자체를 폐기할 생각은 갖고 있지 않았다. 그러나 서독정부가 급속도로 진행한 통일정책은 동독민주화운동의 가치를 인정하지 않았고, 서독디아코니아운동의 성과를 드러내지 않았다. 그리고 동독인들의 대다수는 통일이 진행되는 과정에서 쉽게 자본주의의 약속을 믿었고, 서독인 들과 맺어온 그동안의 자매결연관계를 소홀히 하였다.

서독인들도 이제는 더 이상 도움을 주고받을 필요가 없다는 동독인들의 태도를 그대로 받아들였다. 동독인들이 통일 이후 소홀해진 자매결연관계를 다시 활성화하기 위해 시도한 동독-서독-슬로바키아 삼각결연관계가 자매관계를 돕는 자와 도움을 받는 자가 전제한다는 점에 있어서 동독교회는 아직도 대부대모관계(Patenschaft)를 자매관계(Partnerschaft)로 발전시키지 못한 한계를 보여준다. 그러나 이 구분이 중요한 이유는 사회통합은 대부대모관계가 아닌 자매관계에서만 가능하기 때문이다.

이제 나는 '동화주의' 에 대해 언급하려 한다. 통일된 동서독이 사회통합을 이루지 못하는 이유는 통일을 주도한 서독이 통일의 상대역인 동독의 동등한 자격과 역할을 인정하지 않기 때문이다. 통일은 전혀 새로운 사회구성원을 가지고 있음에도 불구하고 통일된 독일은 새로운 사회를 구성하지 않았다. 다만 서독에 동화되는 것이 사회통합이라고 생각하고 있는 것이다. 우리는 정치적 통일을 삶의 단절이라고 보고 있다.

통일된 새로운 사회에서 통일국가의 국민들은 통일사회를 정치적으로는 하나가 되었지만 문화적으로는 상이한 낯선 세계로서 만나게 되는 것이다. 그동안 살아오던 자신의 사고방식이나 생활방식에 의문이 제기되는가 하면, 이제껏 모르고 지내온 방식을 가지고 낯선 행동을 하는 사람들과 갑자기 한 나라살림살이를 시작하게 되는 것이다. 그런데 남북 예멘의 경우에는 남예멘이, 남북 베트남의 경우에는 남베트남이, 동서 독일의 경우에는 동독이 삶의 단절을 더욱 뚜렷하게 경험했다.

그리고 남북한의 경우에는 아마도 북한이 통일을 삶의 단절로서 더욱 뚜렷이 경험할 것이다. 통일은 통일의 주역보다는 그 상대역에게 더욱 뚜렷이 경험되기 때문이다. 그런데 문제는 통일의 주역에게도 통일은 어쨌든 새로운 사회의 경험이라는 점이다. 제 아무리 통일의 주역이라 할지라도 통일사회를 처음 경험하기는 마찬가지이기 때문이다. 아무도 통일을 미리 경험하거나 적어도 연습한 민족이 없고, 그리고 통일에 있어서는 어느 누구의 예견도 결코 들어맞지 않았다.

통일은 갑작스럽고 당황스러운 것이다. 이러한 와중에 무엇보다 어려운 문제는 통일의 주역이 이제껏 꾸려왔던 사회체제도 새로운 통일사회에는 맞지 않는다는 것이다. 통일의 주역이 가져온 가치체계라고 해서 그것이 그 통일사회에 유효한 것만은 아니라는 것이다. 일반적으로 통일된 사회는 새로운 사회의 가치체계를 필요로 한다. 그럼에도 불구하고 통일의 주역은 스스로를 새 사회의 기준이라고 자처한다.

그리고 그 주역과 함께 통일사회에 들어선 상대역은 스스로를 통일사회에 입문하는 그 사회의 초보자로 인식하게 된다. 통일의 주역이 가졌던 모든 것은 모범 답안이고, 통일의 상대역이 그동안 배우고, 알고, 믿어온 모든 것은 하나같이 틀린 것이 된다. 통일의 주역은 모두 현명하고, 통일의 상대역은 모두 바보인 것이다. 과연 기존의 어떤 가치체계가 다른 새로운 사회에 대해 기준이라고 자처할 수 있겠는가? 정해놓은 모범생과 낙제생만 있는 학교는 참 교육의 현장이 될 수 있는 조건을 이미 상실한 것이다.

마찬가지로 정해놓은 주역과 정해놓은 상대역이 있는 통일은 참 통일이 아니다. 실제로 지난 수십 년간 통일의 주역들은 그들의 통일사회에 모범답안 하나를 제대로 제시하지 못하고 있는 것이 사실이다. 반면에 통일의 상대역에게 통일사회를 위한 파편적 모델들이 찾아지기도 한다. 통일의 상대역만을 통일사회에 입문하는 초보자로 취급하는 것은 잘못이다. 통일의 주역이 서독이든, 남한이든 그것이 정해져 있는 한 통일은 완성되지 않는다.

사회통합이 이루어지지 않고 있는 것은 동독인의 적응능력에서 기인하는 문제가 아니다. 오히려 그 문제의 소재는 서독인들에게서 찾을 수 있다. 서독인들의 부당한 관계 설정, 즉 동독인을 대하는 서독중심적인 기본자세가 사회통합을 어렵게 만들고 있다. 사민당 출신 당수이자 독일 정계의 대부인 슈미트(Helmut Schmidt)는 "무엇보다 자유를 모르고 살아온 동독 주민을 자유로운 사회체제에 정서적으로 적응시키는 일이 아마도 가장 시일이 오래 걸리고 어려운 일이 될 것" 이라고 판단했었다.

그러나 통일 후에 행한 설문 결과, 문제는 새로운 사회체제에 적응을 못하는 것이 문제가 아니었고, 불이익을 당하면서도 동독인이기 때문에 불합리한 처사에 대항할 수 없는 처지가 정작 사회통합을 가로막는 문제였다. 적응의 문제라면, 오히려 동독인들은 지난 십 수 년 동안에 겪은 사회적, 경제적, 인격적 변화에 놀라울 정도로 유연하고 기동성 있게 대처하는 적응능력을 보여주었다. 동독사람들은 시장경제에 뛰어난 적응력을 보여주었다.

새 체제에 적응하는 데에 오랜 시간이 걸리지 않고 그들은 적극적이고 성과를 내려는 의지가 강하고 자주적이며 주체적인 특성을 보여주고 있다. 이러한 그들의 성격은 현실감, 위험부담 감수, 긴장감의 인내, 민첩성, 유연성 등을 가지고 있어서 전혀 다른 경제, 행정, 문화 세계에 단기간 내에 적응하는 데에 어려움을 느끼지 않는 것으로 보고되었다.

지난 20년간 약 1백만 명의 동독인들이 서독으로 이주했는데 그들 모두는 개인적으로나 사회적으로 크게 낙오됨 없이 순탄하게 적응하여 살고 있는 것이 우리 눈앞에 보이는 증거가 될 것이다. 사회통합의 문제는 부적응의 문제가 아니라 부정의의 문제이다. 문제는 일방적 동화주의에 있다는 것이다.

올해 초에 통일과 사회통합을 위한 연구를 위해 독일을 방문했을 때 동독신학자와 서독신학자는 각각 사회통합을 위한 나름의 해법을 제시하였다. 동독신학자 크뢰트케는 세 가지를 얘기했는데, 첫째, 위축되고 있는 현 교회 상황에서 '주목받고 있는 기독교인의 삶' 을 사회에 소개하고, 둘째, 교역자가 아닌 일반 신도들을 선교의 주체로 세워 선교를 위한 부족한 인력을 보충하고, 셋째, 아직 선입견이 없는 젊은 세대에게 믿음과 사랑과 희망을 교회로서 얘기하겠다는 것이다.

서독신학자 몰트만은 사회통합 과정에서 발생한 약자들을 디아코니아적으로 보호 지원하고, 비기독교적인 가치관으로 운영되는 통일사회에서 예언자적 선포를 계속하겠다는 두 가지 해법을 제시하였다. 본인은 발제를 시작하면서 언급하였거니와 교회의 사명과 세상의 사명은 각자 다른 것이 아니라, 하나의 과제를 소유하고 있다. 교회의 과제는 세상적이라는 말이다. 통일운동이 지향하는 사회통합은 하나님나라운동이 지향하는 화해된 일치와 같은 것이다.

네덜란드의 선교신학자 호켄다이크는 교회의 '하나님 나라 운동' 은 봉사와 선포와 친교의 3중직으로 완성된다고 보았듯이, 동독교회와 서독교회는 예언자적 선포와 디아코니아적 봉사로 정치적 통일을 가능하게 만들었다. 다만 이 통일이 사회통합으로 완성되기까지에는 교회의 계속적인 예언자적 선포와 디아코니아적 봉사가 필요하다. 20년간 오히려 후퇴했다고 평가받는 사회통합의 문제가 코이노니아적 친교를 하나님나라 운동의 목표로서 바라보고 있는 교회의 과제가 되어야 한다.

독일의 상황을 보고 통일을 두렵게 생각하는 사람이 늘어가고 있지만, 그래서 통일을 기피하거나, 통일이 되면 경제특구를 만들어서 그들이 내려오지 못하도록 하자는 말들도 있지만, 통일운동은 우리 기독교인들이 당연히 꿈꾸어야 할 하나님나라의 실천운동이라는 점을 분명히 말한다.

하나님의 나라를 실천하는 하나님의 선교를 위해 독일과 한국의 교회는 봉사와 선포를 간단없이 계속해서 화해된 친교공동체를 만들어 가야할 사명이 있다. 정치적 통일이 되면 다 이루게 되는 것이라고 잘 못 생각할 때가 있었다. 화해와 일치의 친교(Koinonia)가 우리가 바라는 통일의 궁극적 목표이다. 우리 한국교회가 '사회통합을 지향하는 통일운동' 을 지속해 나갈 때 하나님의 나라를 경험하게 될 것이라고 확신한다.

03 '선진화와 통일' 위한 정치개혁운동

「경기일보 시론2010. 11. 9. 게재」

이영해 (한양대 교수, 사. 21세기분당포럼 이사장

오늘날의 시대적 정신과 목표는 '선진화와 통일' 이다. 지난 세기 독립의 실패가 근대화의 실패로 이어졌듯 통일이 실패하면 선진화도 실패하게 된다. '김정일 이후' 반드시 통일에 성공해 신동북아 평화 공존의 시대를 열어야 한반도 선진화도 성공한다.

건국의 시대, 산업화, 민주화 시대에는 각각 그 시대의 과제에 대한 역사적 주체세력이 있었다. 이들 주체세력들은 시대적 의식을 가진 정치세력, 정책세력, 시민사회세력, 그리고 이들을 엮어내는 지도자들이다. 그러나 선진화와 통일을 위해 가장 중요한 정치세력이 아직 제대로 형성되지 못하고 있다. 따라서 다음과 같은 노력이 반드시 있어야 한다.

우선 진보적 정치세력은 20세기적 좌파로서 사회주의를 이상으로 보고 사고나 행동을 하는 구시대 좌파와의 관계를 확실히 정리해야 한다. 실패한 역사를 반복하려는 것은 지극히 유해하다. '평등과 균형, 나눔과 인권' 등은 대단히 중요한 가치이지만 그 실현 방식이 사회주의적이어서는 실패한다는 것이 역사의 교훈이다.

포퓰리즘 극복하고 가치 · 원칙 존중

또한 진보는 20세기형 사회민주주의 즉 20세기 유럽식 복지국가 모델을 버리고 글로벌화를 거부하지 않는 21세기형 사민주의의 모델을 개발하고 제시해야 진정으로 '지속가능한 진보'가 될 것이다. 영국 노동당이 추구하는 제 3의 길도 그러한 노력의 하나이다. 대한민국의 역사발전단계와 정치, 경제, 사회, 문화적 현실에 맞는 사민주의 모델을 개발해 제시하는 것이 대한민국의 진보가 갈 길이다.

보수적 정치세력은 현실에 안주하는 과거 세력이 아닌 나라의 미래를 적극적으로 열어줄 세력으로 거듭나야 한다. 20세기적 낡은 사고와 습관, 기득권에의 안주 등에서 과감히 탈피해야 한다. 전통, 자유, 시장, 법치 등의 보수 본래의 가치를 몸으로 던져 실천하는 개혁적 보수, 전투적 보수로 거듭나야 한다. 지금까지 이익 지향의 보수는 많았지만 보수의 진정한 가치를 위해 몸을 던지는 가치 지향의 보수는 적었다.

합리적 진보 · 개혁적 보수 거듭나야

또한 보수는 따뜻하고 건강한 공동체를 발전시키고 재창조하는 데 앞장서야 한다. 이웃과 나누고 역사를 소중히 하고 자연생태를 보호하는 데 앞장서는 따뜻하고 덕이 있는 자유주의자가 돼야 한다. 개인과 기업을 위한 정책만이 아니라 사회, 역사, 자연, 환경 공동체의 발전정책도 함께 제시해야 한다.

여당과 야당이 선진통일세력이 되기 위해 반드시 극복해야 할 공통의 병은 포퓰리즘이다. 이는 대중의 단기적 인기에 영합하고 편승해 국가이익을 저버리고 정파적 이익만을 추구하는 행위다. 포퓰리즘이 존재하는 한 시대의 목표인 선진화와 통일을 위해 요구되는 올바른 제도와 정책을 개혁할 수 없다. 포퓰리즘을 극복하고 가치와 원칙을 존중하는 리더십이 형성돼야 한다.

이러한 노력들이 진행돼 합리적 진보와 개혁적 보수로 거듭나 여야 정당 모두가 '제대로 된 세계관' 을 갖춘 '효율적 국가경영을 생각하는 이념' 과 '가치정당' , '비전과 정책정당' 으로 태어나야 한다. 더 이상 '이익정당'

이나 '지역정당' 이 아니어야 한다. 더 이상 대통령이나 대통령 후보를 중심으로 한 '개인정당' 이 아니어야 한다. 그동안에 지역주의를 통해 정권을 잡았지만 앞으로는 그것이 불가능해야 한다. 정치세력 간의 연대는 오로지 '비전과 정책연대' 를 통해 이뤄져야 한다.

선거는 비전과 정책이 경쟁하는 장이 되고, 정치는 보수와 진보가 서로 선진화와 통일을 위해 어느 비전과 정책이 보다 효과적인가를 경쟁하게 되는 생산적, 국민 통합적 장이 돼야 한다. 진정한 협력 속에서 선의의 경쟁이 가능해 '원칙 없는 야합' 과 '죽기 살기식의 투쟁' 이 없어져야 하며, 국가적 위기가 발생하면 '협치' 가 가능해야 한다. 그러나 현재의 정치세력들은 선진화와 통일의 중추 세력이 되기에는 너무나 부족하다. 정치개혁운동이 활발히 일어나야 할 시점이다.

민주주의 4.0 / 공존주의 1.0

국민생각+

1장 제3의 길

1. 박정희 체제
   —국가형태 : 전체주의 / 경제형태 : 통제된 자본주의
2. 경제민주화
   —국가형태 : 민주주의 / 경제형태 : 자유시장 자본주의
3. 복지국가소사이어티
   —국가형태 : 민주공화국 / 경제형태 : 복지 자본주의
4. 제3의 길(민주주의 4.0 / 공존주의 1.0)
   —국가형태 : 공존주의 / 경제형태 : 창조적 공생주의
   ㅇ공존주의(왕정 대 민주론 「 노자 철학 이것이다」-도올 김용옥 교수)
   ㅇ창조적 공생주의(창조적 시장경제)

위의 내용 중「4. 제3의 길」부분은 필자의 의견을 덧붙인 부분이지만, 다른 1. 2. 3. 부분은「무엇을 선택할 것인가 / 장하준, 정승일, 이종태 쾌도난마 한국경제」라는 저서에서 분류한 것으로 해방 이후부터 우리나라에서 진행되어온 국가체제와 경제제도의 방식을 나름대로 심도 있게 분석한 내용이다. 서론에서 언급했지만 이 책은 한국이 낳은 세계적인 젊은 경제학자 장하준 교수와 정승일 박사, 이종태 저널리스트 셋이서 나눈 경제 관련에 대한 고담준론이 필자가 보기에 매우 깊이 있게 수록되어 있다.

그들은 복지사회소사이어티라는 사회단체를 운영하면서 한국의 경제가 앞으로 어떻게 되어야 하는가에 대한 심각한 고민과 함께, 나름대로 일가

견을 이루고 있는 흔적들이 역역하다고 하겠다. 다만 필자가 보기에 조금 아쉬운 것은 역시 존재의 근본에 대한 철학적 연구의 부족인지, 아니면 요즘 지식인들의 협소하고 편협한 가슴을 생각하면 이데올로기라는 색깔논쟁을 불러올 수도 있을 현실의 벽을 감지하고, 잘 알고 있으면서도 표현의 강도를 지혜롭게 제어하고 있는지는 알 수 없지만, 용어의 창조적 규정부분에 대한 정비가 있었더라면 더 좋았지 않았겠나 하는 조심스러운 바람도 있다.

예를 들어 복지국가는 그렇다고 하더라도, 민주공화국과 복지자본주의라는 용어의 선택에 있어서 그들은 새로운 정치제도와 새로운 시장경제제도를 원하면서도 왜 눈을 조금 멀리, 그리고 높게 들어 남북의 통일에 까지 그 초점을 맞춰 보지 않고, 한정 된 공간인 대한민국이라는 국소적인 내부만의 정치적 경제적 문제해결에만 정신을 쏟고 있는지, 이해가 되지 않는 것은 아니지만 어찌됐거나 다소 소극적인 것 같아서 필자로서는 조금 아쉽다.

세모안의 모든 세포는 세모라는 조직으로 구성되어 있기에 네모가 될 수 없고, 네모안의 모든 세포는 또한 동그라미가 될 수 없듯이, 남북통일을 통해 완성 되지 못하고 아직 미완성으로 남아있는 반쪽의 국가체제 내에서 갖은 방법을 다 동원하고 지혜를 모은다고 할지라도 조금은 달라질 수 있겠지만 결국 근원적인 문제는 해결할 수가 없는 법이다. 민주는 결국 민주요, 자본은 또한 자본일 수밖에 없다. 새로운 세계는 새 개념을 수반하는 법이다. 이처럼 민주주의는 사회주의가 될 수 없고 사회주의 또한 민주주의가 될 수도, 되어서도 안 된다. 만약 그것이 가능하다면 그것은 결국 억지로 끼어 맞춘 중도中途일 뿐이다. 따라서 새로운 세계(민주주의 4.0 or 제3의 길)는 새로운 용어와 개념을 필요로 하는 법이다.

내친김에 복지에 대한 개념도 복지를 실천하게 될 방법론에 따라 그 해석이 달라질 수도 있게 된다. '복지국가' 는 '국가복지,' 와 같은가 아니면 다른가? 두말할 필요가 없다. 다르다. 왜 다른가? 복지국가는 인위적(개인의 힘) 비중이 크며 개체성을 향한 복지요, 국가복지는 결정적(체제의 힘) 비중이 크며 전체성을 향한 복지이기 때문이다.

그런데 제3의 길의 복지는 사뭇 다르다. 이를 테면 국가복지와 복지국가의 장점을 결합한 제3의 복지이다. 제3이란? 정책과 제도만으로 할 수 없는 새 가치관에 의한 인격적 복지가 오히려 더 중심적 역할을 하게 되는 그런 복지이다. 다시 말해 국가의 예산만으로 집행하는 복지가 아니라 잃어버린 기존 종교의 사회적 기능을 되살린다는 의미가 아닌, 전혀 새로운 방식의 '자율적 책임(양심의 회복)의 기부' 와 '의무기부구매복지' 라는 창조적 복지이다.

남쪽의 초가집과 북쪽의 초가집을 동시에 헐고 남북을 합해 고래 등짝 같은 대궐집을 지었는데, 거기에 이름이 초가든 반 초가든 초가의 초자가 끼어들 여지가 없다. 새로운 합으로서의 신테시스(synthesis)는 새로운 이름이어야한다. 그러니까 그것은 전혀 새로운 정치체제와 경제제도여야 한다. 그렇지 않으면 수고한 만큼의 댓가를 충분히 기대할 수가 없게 될 것이다. 발상을 전환해야 한다. 그리하여 역사의 깊은 곳에 숨겨져 아직 드러나지 않은 다른 실체를 파악해서 역사 위로 끌어내어야 한다.

지금 기회가 오고 있다. 국운융성의 기회가 말이다. 주어진 기회를 놓치면 그 기회는 다시 오지 않는다. 6·25 동란 이전의 역사를 보라! 흉측한 총칼을 높이 치켜들고 마치 제집인양 당당하게 들어와 마구 유린하던 이 국토에 전대錢臺에 금은보화를 꼭꼭 숨기고 들어와 전국의 관광지를 찾아 돌아다니며 뿌리는 일이 MB 대통령께서 "국운상승" 을 외치기 훨씬 전의 일임을 국민들이 먼저 인식했어야 했듯이, 정치도 좋고 경제도 좋지만 역사철학에 대한 관심을 보다 더 많이 가져야 미래를 명확하게 선견先見할 수 있을 것이다.

2장 역할분담 경제론

01 자본주의 유통[금융]의 공유화

세계는 지금 사회주의의 붕괴 이후 자본주의의 위기까지 동시에 맞이하여 경제문제에 대한 새 방법론을 찾지 않으면 안 될 절체절명의 상황에 직면해 있다. 2012년 다보스포럼(WEF)은 "소득분배 불공평으로 인해 현재의 자본주의체제가 위기에 처해있다" 라고 설파하면서 "자본주의의 위기 새 모델을 만들자!" 세계사회포럼(WSF)도 브라질의 포르투알레그레에서 "자본주의의 위기 사회 · 경제적 정의" 를 동시에 선언했다.

우리나라의 대표적 두 여 · 야 정당도 양극화 해결을 위한 '경제의 민주화' 를 정강정책으로 채택했으며, 동아일보는 "공존의 자본주의' 에서 길을 찾다." 라는 제목으로 12회에 걸쳐 특집으로 연재했는데 '유통 공용화의 폐회' 는 물론이요 그중 마지막 12회는 "대기업의 윽박지르기로는 상생 어려워… 제도 먼저 갖추자" 라고 했다.

경제의 본질적 3요소는 생산 · 유통 · 소비이다. 생산生産(production)은 선의 경쟁성을 갖기에 보편적인 '사유화' 의 근본 틀을 유지해야 한다. —물론 공공성이 큰 것은 공유(공사)성을 가져야 하지만— 유통流通(distribution)은 전달과 조절기능을 갖기에 보편적으로「공유화[5]」가 정석이다. 왜냐하면 유통의 사유화는 유통의 단계가 복잡(3~4단계)하게 분화되면서 중간 마진이 눈덩이(생산)처럼 불어나게 되는데, 그 피해는 결국 소비자인 시민의 몫으로 남게 된다. 금융의 규제완화, 즉 금융의 자유화 또한 공공성을 이탈하여 '생산적 투자' 로 내어몰리게 되면, 경제의 공공성을 심각하게 해치게 된다. 2008년 미국 발 금융의 위기와 유럽 발 재정의 위기(디폴트)가 이를 잘 증명한다.

자본주의의 장점은 생산의 '사유화' 인 개인의 '선의 경쟁' 이며, 사회주의의 장점은 유통의「공유화」즉 '국가로 부터의 분배(생산에 참여한 분배-분배는 유통의 다른 이름)' 다. 그리고 자본주의의 단점은 '유통의 사유화' 이며, 사회주의의 단점은 '생산의 공유화' 다. 사회주의와 자본주의 경제의 장 · 단점의 구체적 분석 부재가 결국 사회주의체제를 해체하게 만들었으며, 또한 자본주의를 작금의 위기로 내어 몰게 된 원인이다.

MB는 2011. 7. 20 물가관계 장관회의를 열어 "발상을 전환하여 유통구조의 제도적인 부분까지 연구하여 그 대안을 제시하라" 고 지시했으며, 김정식 연세대 경제학부 교수는 '다보스 포럼의 경고' 라는 동아일보 칼럼에서 "먼저 양극화를 해소하려면 현행 경제체제를 보완할 필요가 있으며, 우리가 소비하는 제품의 상당수는 독과점 업체가 공급하고 있다" 고 유통부분의 폐해를 역설했다.

—북한의 김정은 노동당 제1비서가 2012. 1. 28 "자본주의식 방식을 포함한 경제개혁 방안을 논의할 것을 노동당간부들에게 촉구했다고 일본 마이니찌 신문이 4. 16자 1면에 보도했으며, 2012. 6. 26일자 동아일보는 '협동농장의 사유화" 선언 기사를 내기에 까지 이르렀다.—

경제의 한 축인 유통과 금융의 구조를 시급히 개선해야한다. 그러기 위

5 별첨 - 284p

해서는 과감히 유통과 금융의 사유화 및 자유화를 폐지하고 공공성, 즉 '유통과 금융의 공유화' 를 위한 '유통과 금융공사를 새롭게 창설, 또는 농수산유통공사(AT)를 재창조' 하여 직거래 통로를 만들어야한다. 은행 또한 이미 민영화된 것들을 공유화 하는 '금융규제 조치' 를 해야 한다.

'유통과 금융구조의 공유화를 이루지 못하면 신 시장경제인 '창조적 시장경제(공생경제 ; 공생주의 -사회주의와 자본주의 의 장점을 결합한 제3의 경제체제)' 와 윤리경영은 결코 불가능한 법이다.' 따라서 '유통과 금융의 공유共有화를 이루지 못하고는 양극화 및 사회갈등의 해결은 결코 요원할 것이며, 자본주의의 위기를 더 키워 결국 민주주의와 모든 구성원의 공멸을 초래하게 될 것이다.'

그러므로 '유통의 공유화' 정책으로의 대 전환은 북한이 생산의 사유화라는 사상초유의, 아니 실로 경이로운 새로운 방식의 '경제 관리체제' 를 선택하게 될 수밖에 없듯이, 우리 남한도 모든 '유통의 공유화' 로의 대 변신은 불가피한 현실임을 깊이 인식해야 한다.

그리고 '유통의 공유화' 는 대 · 중소기업의 역할분담론과 함께 자본주의 시장경제에 놀라운 결과를 가져오게 할 것이다. 먼저 유통의 사유화로 인해 생산과 유통의 두 축을 한꺼번에 거머쥐고, 이미 시장 질서를 정글로 만들어버릴 수밖에 없었던, 경영방식이 사그라지고, 진정한 윤리경영이 새롭게 살아나 대 · 중소기업과의 사이에서 발생되는 모든 불협화음(납품, 하도급 관행, 노조, 비정규직문제 등…)을 한꺼번에 해결함과 동시에 서로 다투지 않고 오히려 공생하게 되는 놀라운 일들을 전제로 성립되는 개념임을 깊이 인식해야 한다.

'금융의 위기'[6]를 불러온 근본 원인은 금융시장 규제완화를 통한 금융 자유화인 금융의 사유화' 이다. 그리고 "대형 마트(SSM)의 의무휴업일보다 더 강력한 장치가 필요하다." 는 「경남일보」의 사설은 새로운 방법으로서의 유통과 금융의 공유화, 즉 국가적 규모의 새 유통과 금융의 공유화의 필요

6 별첨 - 288p

성을 절실히 요청하고 있다고 하겠다.

'사회주의의 몰락' 이 시장경제의 장점인 '생산의 사유화' 를 채택했듯이, '자본주의 위기' 를 타개할 수 있는 근본 대안은 오직 '유통과 금융의 공유화' 에 있다. 유통과 금융은 조절기능일 뿐, 생산기능이 아님에도 불구하고 대형유통과 SSM, 그리고 월스트리트의 글로벌 금융은 생산적 투자를 일삼으며 시장경영의 이기심을 양산하는 주주자본주의를 확장시켜 전 세계기업의 식민화를 위해 아직도 개발도상국의 투자처를 찾아 배회하고 있다.

어디 그 뿐인가? 한 - EU, 한 - 미 FTA라는 유통의 고속도로가 새롭게 뚫렸다. 걸음마를 겨우 졸업한 우리 경제가 건장한 청년의 선진국들과 경쟁하기 위해서는 유통과 금융구조 개선이라는 강력한 새 자동차를 이제는 준비하지 않으면 안 된다. 재래식 지게나 달구지로 굽은 오솔길을 낑낑거리며 걸어서 다닐 때가 아니다.

02 생산과 유통의 새 역할

'생활 공동체경제 —Oikonomia'

인류의 역사는 한 인간이 부모에 의해 탄생해 성장하는 것과도 같아서

'창조(신神)와 재창조(우주宇宙) 그리고 성장(인간人間)' 이라는 법칙에 의해 지상에 출현하여 그 완성(목적)을 향해 부단히 발전해 왔다. 따라서 21C는 인류문화의 청년기이자 상속기요, 결혼의 시기이므로 모든 분야에 있어서 가치전환의 시대다.

사회주의체제의 붕괴 이후 새로운 대안을 모색하고자 '제3의 길(The Third Way)' 이[7] 미국의 클린턴 민주당 정부의 도움을 받으면서 영국의 토니 블레어 노동당 정부에 의해 시도되었지만 '제3의 경제학' 과 새로운 가치관의 부재로 인하여, 전 세계인의 욕구를 충족시키지 못하고, 2008년 미국과 유럽(EU)의 잇따른 금융대란과 재정(디폴트)위기로 자본주의 신자유주의 시장경제체제 또한 심각하게 표류하고 있는 실정이다. 따라서 세계는 지금 구舊시대적 냉전이데올로기(Ideology)를 넘어, 「평화공존과 상생相生:結婚」에 의한 새로운 국가체제를 수립하지 않으면 안 되는 절체절명의 시대를 맞이하였다.

"새로운 제3의 길"을 찾아야!

사회주의적 진보 경제도 자본주의적 보수 경제도 궁극에 있어서는 과정주의 일뿐 결코 목적적 이상을 완성한 경제제도는 아니다. 왜냐하면 사회주의적 계획경제는 '생산의 공유화共有化(commoing)' 로 인하여, 사유화私有化할 때에만 발생되는 개인의 창조력을 차단시켰으며, 자본주의적 시장경제

7 〈제3의 길〉은 토니 블레어 영국 총리의 정책브레인으로 잘 알려진 영국 사회학자인 앤서니 기든스(Antony Giddens)의 저서. 앤서니 기든스는 〈제3의 길〉이란 저서에서 신자유주의와 사회민주주의를 모두 반대하고 `제3의 길`로 불리는 새로운 사회발전 모델을 주창했다.
〈제3의 길〉은 기본적으로 전후 세계정치를 주도해온 전통적 사회민주주의와 신자유주의를 극복하자는 것이다. 사회민주주의와 신자유주의를 극복하는 제3의 길은 정치적으로 자본주의와 사회주의를 실용적으로 결합하는 중도좌파적 노선을 택하고 경제적으로는 무한경쟁으로 인한 시장경제의 폐단을 막기 위해 정부가 간여하는 신 혼합경제를 추구한다는 것이 골자이다. 〈제3의 길〉은 출간되었을 당시 영국 토니 블레어 총리의 '신좌파노선'과 독일 슈뢰더 총리의 '새로운 중도'의 중심이론으로 떠오르며 전 세계적인 열풍을 일으켰으나, 좌파와 우파를 적당히 섞어놓은 것에 불과하다는 비판도 받았다.

는 '유통流通을 사유화' 함으로 인하여 유통비용을 고스란히 소비자가 떠안게 되는 문제가 있기 때문에, 양자兩者 모두 '생활 공동체경제(Oikonomia)' 인 창의적 경제에 의한 '완성된 경제체제 —양兩체제의 장점을 결합' 를 아직도 창출하지 못하고 있기 때문이다.

김정은 "자본주의식 개혁 논의하라" 2012. 1. 28.

"협동농장 사유화 선언" 2012. 6.

김정은은 "경제 분야 일꾼과 경제학자가 '경제 관리를 이런 방법으로 하면 어떻겠느냐' 고 제안하면 색안경을 끼고 '자본주의 방식을 도입하려 한다' 고 비판하는 사람이 있다" 고 지적했다. 김정은은 또 "이런 사람 때문에 경제 관리에 대한 방법을 갖고 있어도 말하려 하지 않는다." 고 말했다. 경제 개혁 전문가들이 그동안 색깔 논란을 우려해 위축돼 왔다는 지적이라고, 그리고 "북한 최고지도자가 그동안 금기시돼 온 자본주의 방식을 직접 언급한 만큼 북한이 대대적인 경제개혁을 실시할 가능성이 높아졌다" 고 신문은 분석했다.

유통의 블루오션[8]

8 블루오션(Blue Ocean)이란? 프랑스의 한국인 김휘찬 교수와 르네 마보안 교수에 의하여 제창된 가치혁신(value innovation)과 함께 기업의 경영전략으로써 레드오션(Red Ocean)에 대한 상대적 개념을 갖는 것을 뜻한다. 블루오션을 창출하기 위해서는 "가치혁신" 이 강조 되는데, 이는 새로운 가치를 제공하지 못하면 새로운 시장을 만들 수 없기 때문이기도 하며 시장수요는 경쟁이 아니라 창조에 의하여 얻어지기 때문에 발상전환이 요구되기 때문이기도 하다.

또한 블루오션은 아직 시도된 적이 없는 광범위하고 깊은 잠재력을 가진 시장을 비유하는 표현인데, 게임의 법칙이 아직 정해지지 않았기 때문에 경쟁은 무의미 하며, 높은 수익과 빠른 성장을 가능케 하는 기회가 존재한다. 따라서 큰 그림과 함께 동기부여와 공정한 절차인 참여(engagement), 설명(explanation), 명확성에 대한 기대(expectain clarity)를 매우 중요시 한다.

역사는 '창조父 (생산)와 재창조母 (유통)에 의한 성장子女(소비)' 이라는 메카니즘을 갖고 부단히 발전하는 법이기에 모든 분야에 있어서 내적가치(휴머니티)와 투명성 및 공생과 상생을 위한 나눔과 배려의 유기체적 관계를 요구하는 법이다.

빌 게이츠 회장은 스위스 다보스포럼(Davos Forum)에서 경제제도에 대한 "창조적 자본주의" 를 선언(2008)했다.

2012 세계경제포럼(WEF : 스위스 다보스)과 세계사회포럼(WSF : 브라질 포르투알레그레)에서 '자본주의의 위기' 라는 주제를 놓고 동시에 막이 올랐다.

—"대전환-새로운 모델을 만들자" / "사회 · 경제적 정의"—

MB대통령은 지난 7월 20일 물가 관계 장관회의와 8 · 15 광복절 경축사에서 "이전에 물가 당국이 했던 것처럼 단속, 점검 등 통상적인 방법이 아니라 발상의 전환을 해 기본적으로 물가 구조체계를 개선할 수 있는 방안을 발굴, 검토하고, 민간의 자율적인 경쟁, 그리고 유통구조상 또는 지금까지 있었던 제도적인 방안에서 개선점은 없는지, 관습과 제도를 바꾸는 방안을 찾아보라" 라고 지시했다.

8 · 15 광복절 기념사에서 "기존의 시장경제가 새로운 단계로 진화「탐욕경영에서 윤리경영으로, 자본의 자유에서 자본의 책임으로, 빈익빈 부익부에서 상생번영으로, 이념의 정치에서 생활의 정치로 변화」해야 한다." 라고 설파했다.

지구촌경제가 심한 몸살을 앓고 있으며 그 여파로 인한 우리나라 물가상승의 끝이 안 보인다. 자본주의 시장경제에 있어서 정치에 끼치는 경제의 역할은 절대적 요소라 할 것이다.

월가를 점령하라!(Occupy Wall Street!)

역사는 우리를 위하여 언제까지나 기다려 주지 않는다. 세계의 젊은 이들은 지금 전 지구적으로 1%와 99%라는 슬로건을 걸고 길거리로 뛰쳐나와 새로운 경제체제를 창출해 줄 것을 요구하고 있으며, 「대붕괴(Great disruption) 대 전환(Big shift)」이라는 용어가 연일 언론의 지면을 채우고 있다. 하루 빨리 세계경제와 우리 경제의 혼란을 극복할 수 있는 새로운 대안을 찾아 세워야 한다.

생산의 사유화, 유통의 공유화(소비주권)

자본주의 시장경제는 '유통의 공유화', 즉 모든 부분의 '유통에 있어서의 최소 이윤(윤리경영)' 정책을 가일층 전개해야 한다. 왜냐하면 생산生産은 '창조적 선의 경쟁' 을 갖지만, 유통은 '재창조적 조절기능' 을 갖기 때문이다. 그리고 우리나라의 자유주의 시장경제체제하에서 '유통의 공유화' 를 위한 과정적 방법론으로서는 후술하게 될 일명 '창조적 복지' 를 위한 '생필품 유통流通법인' 을 제1차로 설립해야 한다. 그렇지 않으면 결코 '소비주권' 을 확립할 수 없으며, 소비자가 그 주권을 확보할 수 없는 시장경제는 결과적으로 궁극에 있어서 서로 공멸의 길을 재촉할 뿐이라는 사실이다. 이것은 "창조적 자본주의" 와 '창조적 경제' 또는 '공생 유통' 그리고 '영리한 소비' 가 될 것이며 '제3의 유통의 블루 오션(Blue Ocean)' 이 될 것이다. 그리고 연이어 2차 3차로 공산품과 금융까지로 그 범위를 확대해야 한다.

'새 국가체제' 의 창출

따라서 '창조적 유통' 은 '자본주의 시장경제' 에 있어서 '유통의 사유화' 로 인한 '양극화' 와 '사회주의 계획경제' 에 있어서 '생산의 공유화' 로 인한 '빈곤' 을 동시에 해결할 수 있는 유일한 대안으로 손색이 없을 것이며 이것이 정책화의 과정을 통하여 제도화, 즉 '새 국가체제' 를 창출하게 된다. 그렇게 되면 모든 사회적 소통과 경제제도의 차이로 갈라진 남북한 국가체제의 대립을 바로잡을 수 있기 때문에 —전쟁으로 인한 갈등을 용서라는 헌신적 가치관에 의해 해소시키고— '한반도 통일' 의 근본 기재器材로 작용할 수 있으며, 나아가 이것은 영구적 세계평화를 위한 모델이 될 것이다.

라즈 파텔은 그의 저서「경제학의 배신」에서 "더 정의롭고 지속 가능한 세계로 가려면, 전 지구적 정의의 이름으로 사유재산의 경계에 도전하는 직접적 행동이 필요하다는 점에 의문의 여지가 없다. 이 역시 그리 급진적인 것은 아니다." 라고 했다.

"어떤 부분에서 자본주의는 자기 파괴적이며, (개혁 없이)이런 상황이 계속된다면 두 번째 대 공항이 발생할 수 도 있다." —누리엘 루비니 (뉴욕대 교수)

* "은행들의 탐욕이 지금 겪고 있는 끔찍한 경제 상황의 원인" —애써 에덜먼 (전 기업사냥꾼)

* "미국의 실업문제를 해결하기 위해서는 고루한 정치적 이념이나 과거 통설을 잊어버리고 세계경제환경변화에 대응한 보다 창조적이고 유연하며 실용적인 대안들을 찾아야 한다. —마이클 스펜스 (2001. 노벨경제학수상자)

북한은 생산의 사유화, 남한은 유통의 공유화

경제는 경세제민[9]의 준말이다. 이는 경제의 성장만을 뜻하지 않고 모든 분야에 대한 조화로움, 즉 적절한 조절의 의미를 내포하고 있기도 하다는 것을 간과해서는 안 된다. 경제에 있어서 사회체제인 국가의 제도를 깊이 관조해 보면, 장점 못지않게 많은 문제점 또한 수없이 안고 있음을 볼 수 있다.

자본주의 사유화는 생산生産에 있어서 생산의욕을 극대화 시켜 시장의 성장을 활성화 시키는 큰 장점이 있지만 유통流通에 있어서의 지나친 이윤 추구는 비非 윤리를 양산하고 결국 인간성을 황폐화하며 비극적인 양극화를 심화시키게 된다.

그리고 사회주의의 '소유의 공유화'는 생산의욕을 감퇴시키는 큰 단점이 있어서 빈곤의 악순환이 되풀이 되어 결국 붕괴될 수밖에 없지만 유통(분배-국가가 유통을 담당하게 되어 주민들은 그 비용을 물지 않음)에 있어서는 치열한 다툼이 발생되지 않기 때문에 인간적 윤리가 살아있는 장점이 있다.

서론에서 생산生産은 창조성, 남성성, 투쟁성을 갖기에 '자본주의 시장경제'의 '선의 경쟁'이 이상적이며, 유통流通은 재창조성, 여성성, 분배성을 갖기에 조절기능으로 작용해야 효과적이며, 시장경제의 생산처럼 무한경쟁의 대상이 되고 유통과정이 복잡하게 되면 '유통비용'으로 인해 결국 소비자들에 대한 유통업자와 대기업들의 횡포 및 합법적 수탈이 횡횡하게 될 뿐, 건전한 유통질서를 결코 형성할 수 없게 된다. 그 결과 국가 경제의 한 축이 뒤틀리게 되어 결국 민심이 흉흉하게 되는 것이다.

따라서 자본주의 시장경제에 있어서 '유통'의 지나친 '사유화 구조'는 사적 이기심을 극대화(대형마트, SSM)시켜 유통의 새로운 대안인 '유통의 공유

9 세사를 잘 다스려 도탄에 빠진 백성을 구함. 경국제세라고도 함.
경제는 이의 준말.

共有' 를 절박하게 요구하고 있다.[10]

연세대학교의 김정식 교수는 "소비제품의 상당수는 독과점 업체가 공급하고 있으며, 경쟁시장을 유지하고 있는 업종도(이익집단을 구성해) 독과점과 같이 가격을 책정하고 있다." 라고 말해 우리나라 유통의 폐해를 지적했다.

그러므로 '분야 별 유통공사의 창설' 은 궁극에 있어서 효율적 물가관리와 양극화의 치유 및 사회혼란을 통합으로 인도할 수 있으며, 마케팅, 즉 판로개척의 부담을 획기적으로 줄일 수 있어서 중소기업과 새 창업자들이 자력적 창조 의지를 마음껏 발휘할 수 있는 '제3의 방법론' 으로 기능하게 될 것이다.

「유통산업 발전법(유통법)」

한, EU FTA발효를 앞두고 "재래시장 1Km이내에 기업형 슈퍼마켓(SSM)의 입점을 제한하효를 앞산업 발전법을 2011년 7월 국회가 처리했다.

「FTA협정문 12.4조(시장접근 보장의 의무)」

경제적 수효심사에 따라 특정지역에서 대형마트, SSM등 서비스 공급자의 수를 제한하는 것을 금지하고 있다

외국인 투자자가 상대방 국가의 서비스 시장에 접근할 수 있도록 보장해야할 의무가 있다.

10 지난번 배추 값 파동(**유통구조의 복잡성이 가격의 75%를 차지함 - 서울시가 개입하여 배추 값을 안정시켰음**)을 겪으면서 대통령께서도 유통구조의 혁신을 2번이나 강조했음.

*롯데마트의 치킨 할인판매에서 뿐만이 아니라 대형마트와 재래시장간의 갈등, 혹세무민하는 각종 유통업체와 '다단계' 의 난립은 새로운 '유통공유에 의한 유통공사' 창설의 필요성과 정보화 시대의 New Marketing에 있어서 '경영 질서'의 '창조적 재정비'가 시급함을 웅변하고 있다.

「외교통상부」

SSM규제법이 FTA와 충돌할 가능성을 인정함.

「대안」

생필품 유통공사 창설로 전통시장을 현대화(**종합쇼핑센터-직거래-윤리경영**)하여, 전국, 전세계로 진출해야 함.

창조적 복지정책

한정된 국가예산을 통한 비생산적 복지가 아니라, 유통구조를 개선함으로 인하여 발생하는 유통의 편익은 물론이요, 소비자들에게 돌아가는 그 이익을 적절하게 활용하여, 즉 불균형을 바로잡아줌으로 인하여 차별을 해소하는 '창조적 복지' 를 새롭게 창출해야한다. —(278page 참조)

가. 유통구조의 불합리가 갖는 폐해, 그리고 기업의 역할분담경영

윤리성을 결여한 대부분의 재벌은 생산과 유통[11]은 물론이요, 대・중소기업의 납품과 하도급 관행[12]에 있어서도 막강한 힘과 시장경제체제라는

11 최근 우리나라의 재벌들은 생산뿐만 아니라 유통업까지 진출하여 골목상권까지 무자비하게 장악했는데, 가격결정에 있어서도 소비자의 의사가 반영되지 않은 상태에서 생산자와 유통업자들에 의해 일방적으로 가격결정(**롯데마트 치킨 사건**)이 이루어져 그 피해는 고스란히 영세 상인이 지게 된다. 뿐만 아니라 재벌들에 의한 유통의 횡포는 무분별한 다단계(**약 90만명**)가 만연하는 온상을 부채질 하고 있다.

12 이경만 저 - 『거래의 7가지 함정』 21세기 북,
1) 전속거래의 유혹, 2) 핵심기술의 유출, 3) 핵심인재의 이탈, 4) 단가인하의 함정, 5) 거래담당라인의 교체,
6) 대기업의 중소기업영역 진출(**사자가 달려든다**), 7) 1원 입찰로 사업가로채기(**좀비기업이 설치는 함정**)

제도를 등에 업고, 상대적으로 힘이 약한 중소기업과 자영업자 및 일반 소비자들을 교모하게 수탈하게 되는데, 이에 대해 무지한 대부분의 상대적 관계의 약자들은 제대로 한번 힘써보지 못하고 마냥 당할 수밖에 없는 게 현실이다. 그리고 대기업과 중소기업의 관계처럼, 중소기업과 관련된 자영업자 또한 마찬가지임을 간과해서는 안 된다. 이는 자영업자와 소비자와의 관계에서도 그대로 적용 된다고 하겠다. 왜냐하면 서로 속이기는 매일반이기 때문이다. 그 결과는 결국 보다 약자로서의 신세타령과 사회에 대한 불평과 불만으로 가득 차게 됨은 물론이다. 그리고 그것의 본질에 대한 무지는 재벌과 유통업(SSM) 중소기업 자영업 종사자도 마지막 종착역인 소비자도 또한 같다고 할 것이다.

따라서 이와 같은 부정적 관행을 개선하기 위해서는 새 가치관과 함께 새로운 방법론[13]의 창출이 시급한데, 새로운 방법론으로서 기업의 역할 분담 경영론을 제시하고자 한다.

예)

대기업은 건장한 장수將首나 특공대와도 같기 때문에 내수와 중소기업을 상대로 경쟁(**경쟁은 체급이 같아야 진정한 대상이 될 수 있음**)할 것이 아니라, 해외시장개척과 글로벌 기업을 상대로 횡(**수평**)적인 선의의 경쟁을 치열하게 전개해야 흥미로운 게임을 펼칠 수가 있게 될 것이며, 그래야 영혼이 있는 진정한 기업이라 할 것이다. 물론 형님 기업으로서 때로는 내수시장의 위계질서와 품질의 질적 업그레이드를 위해 부분적인 관여(**30%-중소기업 부재 제품 예외**)는 필수적이어야 종(**수직**)적인 선의 경쟁(**보호**)을 통한 입체적인 시장을 형성할 수 있어야 다양하면서도 풍성한 시장이 될 것임은 자명하다.

13 장하준 저 - 『나쁜 사마리아인들』 부키, 〈문화의 재발명 307p〉 경제 발전에 도움이 되는 행동 특성을 장려하기 위해서는 이데올로기적인 설득과 경제 발전을 증진하는 정책 수단, 그리고 바람직한 문화변화를 촉진할 제도의 변화를 결합시켜야 한다. 이것들을 적절하게 혼합하는 것은 쉬운 일이 아니다. 하지만 일단 적절한 혼합에 성공하기만 하면 문화는 일반적으로 인식되는 것보다 훨씬 빠른 속도로 변화할 수 있다

나. FTA 협정과 양극화 및 남북통일, 그리고 세계경제위기의 대안으로서의 유통개혁

FTA의 채결과 발효로 인한 유통의 필요성은 절대성을 갖는다. 자원의 원만한 수급조절을 위한 모든 분야에 있어서의 유통구조 개선은 물론이요, FTA라는 '유통의 새 고속도로' 를 힘차게 달리기 위해서라도 새 자동차인 유통개혁은 시급하다. 따라서 '제3의 길' 로서의 유통구조개선 없이는 결코 양극화 문제의 해결과 FTA에 대한 국내 유통의 원활한 대처 및 경제적 자립기반의 구축을 위한 지방분권, 그리고 정신적인 국민통합과 선진화, 그리고 남북통일은 요원할 것이다. 자본주의 시장경제체제에 있어서의 모든 새로운 길은 유통의 혁신에 있다. 더군다나 중소기업과 지방경제자립의 활력 넘치는 생산의 원동력으로서, 마케팅의 안정성을 보장하게 될 마지막 보루로서의 '유통의 공유화' 는 「자본주의 4.0」의 구체적인 방법론일 뿐만 아니라 세계경제의 위기를 기회로 일대 전환시키는데 한 획을 긋는, 즉 경제체제의 완성을 위한 경제방식의 한 축을 놓게 될 것이다.

다. 유통구조의 단순화와 역할, 그리고 유통공사 창설

유통공사를 창설하여 유통을 공유화 시켜, 기존의 유통의 복잡성을 단순화(직거래)시키면 30%~40%의 유통가격을 획기적으로 줄일 수 있어서 소비가 소비자에게 소득으로 되돌아가게 된다. 뿐만 아니라 이중, 삼중의, 시너지효과와 함께 놀라운 '유통구조 개선편익' 이 발생하게 될 것으로 예상 된다. 그리고 그 힘은 21세기 서비스산업문화의 패러다임을 새롭게 바꿀 것이다. 더군다나 FTA 발효로 인하여, 지금 당장 농, 수, 축, 제약업계는 큰 타격을 피해갈 수 없다. 그 대안으로서 유통의 대리로서의 유통공사의 창설은 시급하다. 특히 우리 한반도는 4계절의 영향으로 토양이 게르마늄화가 되어 있어서, 이 땅에 서식하는 모든 생물은 품질이 높으며, 그 우수한 제품으로 차별화 하여, 오히려 해외 시장을 공략하게 되면 위기가 기회가 될 수 있다. 유통의 공유화를 통해 유통의 체질을 대규모화 시키면 세계시장을 우리의 무대로 삼을 수 있다. 어쩌면 자유무역으로 피해를 보는 업종들의 걱정이 기우일 수도 있는 것이다.

그리고 내친김에 자본주의 경제방식의 문제점에 대해 집고 넘어가지 않으면 안 될 일이 하나 있다. 물론 생산과 유통에 관한 부분이다. 생산과 유통의 역할은 위에서 논했지만, 이해를 돕기 위해 좀 더 구체적인 분석이 필요한 것 같다. 생산의 사유화와 유통의 공유화의 문제가 아니라 역할분담 부분이다. 이것은 생산과 유통의 사유와 공유의 문제처럼 중요한 부분이다.

존재의 궁극 법칙은 창조와 재창조에 의한 성장이라고 했다. 이것은 이 법칙을 기초로 성립하는 것이다. 남성의 씨(창조)를 여성이 받아 키우(재창조)며, 농부는 씨를 뿌리고 가꾸지만 그 씨를 받아 키우는 일은 전적으로 밭(田)의 목이다. 이와 같이 기업은 제품을 생산(창조)하고 유통업은 그 제품의 판매를(재창조) 도맡아 처리해야 하는 것이 가장 이상적이다. 그런데 왜 사회주의의 계획경제는 모든 기능을 국가가 다해야 하며, 자본주의 시장경제는 또한 왜 생산자가 유통까지 이중 일을 동시에 해야 하는 지, 이렇게 볼 때 사회주의체제의 국민인 각각의 개인은 무엇이었으며, 자본주의체제의 국가는 과연 그 무엇이었는가?

이는 여성이 남성의 일까지 다하는 것과도 같고, 남성이 여성의 몫까지 다 하는 것 같아서 비효율적이고 비능률적이며, 더군다나 보기에도 썩 좋지 않다. 이것은 잡탕이며, 중성처럼 보여 심한 울렁증이 일어난다. 자칫 잘못하면 토할 것만 같다. 이것은 분명 문제가 있다. 이래서는 안 된다. 안 되는 일은 안 되는 것이다. 시쳇말로 하늘이 두 쪽이 나도 말이다. 사회주의가 그 종언을 선언하고 뒤이어 '자본주의의 종언' 을 선언하지 않을 수 없는 사건들이 글로벌 경제위기라는 이름으로 나부끼고 있지 않은가? 그 말이다. 이제 무엇을 선택할 것인가? 가 아니라 무엇을 해야 하는가?가 문제이다.

다시 본 내용으로 돌아가자. 반도의 나라 우리나라는 70%가 산山이다. 산업화 시절을 지나면서 한 때 우리는 산 때문에 경작지가 줄어들 수밖에 없다고 산의 많음을 한탄했다. 산이 미웠던 것이다. 그러니까 산의 위기였다. 이 위기에 놓인 산을 기회로 바꾸는 발상의 대 전환을 시도해 보자! 이상하게도 21세기 초엽부터 우리 동양의 의학이요 의술인 한방이 서구 유럽의 중요한 치료분야로 자리를 잡기 시작해 지금은 이미 전 세계화가 되어 있는 것이다. 유통의 체질을 개선해서 그 범위를 넓힌다면, 얼마든지 산에서 생산되는 고품질의 약초들을 세계시장으로 진출시켜 세계인의 건강 증진을 돕고, 우리의 시장도 늘리는 일석이조를 동시에 거둘 수 있다. 건강(health care)은 필수산업이 아니라 절대산업이다. 좋은 약초를 캐어낸다고 할지라도 판로를 개척하지 못하는 환경 때문에 미래의 특화산업이 될 수 있는 약초산업이 활성화 되지 못하고 중국의 저급하고 값싼 약초의 도전으로 고사위기에 놓여 있는 것이다.

유통의 공유화는 농 · 수 · 축산은 물론이요, 우리나라만의 특화 전략이라 할 수 있는 약초산업을, 21세기의 새로운 중심산업으로 각광받고 있는 '신新생약산업 전략' 을 수립해 규모 있게 시행한다면, 엄청난 인력의 수요가 발생 되게 될 것이다. 이것은 대도시의 인구 과밀 현상을 지방으로 대대적으로 분산시키는 효과를 유발하게 될 것이다. 유통의 공유화는 유통경영뿐만 아니라, 21C 미래 경제의 블루오션이다.

이것은 또한 대기업과 중소기업을 동시에 살리는 새로운 경영전략이다. 중소기업은 유통망의 확보로 인해 내수를 중심으로 하는 생산의 활기를 위해, 그 대신 대기업에게는 세계시장으로의 원활한 진출을 위해 유통의 공유화전략은 중요하다.

그뿐만 아니다. 유통의 공유화로 인해 국가기준의 검증을 통과한 모든 생산에 대해 —일정부분에 대한 책임과 함께— 유통공사가 마케팅을 대신해 준다면, 그 판로에 대한 부담이 줄어들게 되면서, 지방경제의 활성화는 놀랍게 이뤄지게 될 것이다. 왜냐하면 판로에 대한 부담이 획기적으로 줄게 되면, 대도시 중심의 생산방식에 변화가 일어나게 되어, 지방으로의 생산설비와 인구이동이 급격히 진행되게 될 것이기 때문이다. 이렇게 되면 이제 더 이상 '지방분권' 과 '국가균형발전법' 을 크게 걱정하지 않아도 될 듯싶다. 이것이 경제적 방법의 지방분권전략이다. 물론 이것만이 유일한 것은 아니다. '민주주의 4.0(공존주의 1.0)' 이 말하는 국가복지도 가담하게 될 것이다.

유통의 공유화는 화이트칼라와 블루칼라 까지도 공생할 수 있는 생산과 유통, 대기업과 중소기업, 국가와 시장의 역할분담론을 창출하는 새로운 경제학의 한 방법론이며, 우리나라가 제1의 선진국으로서 세계사를 주도하는데 빼놓을 수 없는 수레의 한 바퀴가 될 것이다.

A. 칼레츠키의 저서 「자본주의 4.0」에서도 제시되지 않은, 아니 꿈조차도 꾸지 못한 새로운 경제학의 한 방법론이다. '생산의 사유화' 와 '유통의 공유화' 에 대한 새로운 경제방식의 역할분담론이 제시되지 않는다면, 아무리 탁월한 그의 분석이라 하더라도, 즉 그의 말대로 "정부와 시장이 불완전하지 않고", 비록 완전하다고 할지라도 그것은 또한 반쪽 일 뿐이다. 그리고 그것은 유통의 공유화는 물론이요, 민주주의 4.0을, 또 그리고 절대가치로서의 '제4의 이념(영철학)' 을 필요로 한다. 이것은 한반도라는 특수한 상황에서 몸부림쳐보지 않고서는 도저히 만들어 낼 수 없는 그런 '복잡계 시스템이론' 이라 할 수 있을 것이다.

유통공사 창설을 위한 재원 마련 전략

우선 공과 사를 적절하게 조화시켜야 도덕적 의지를 지속시킬 수 있음과 동시에 그 책임을 물을 수 있으며, 창조적 아이템을 끊임없이 재창출함과 동시에 국가의 예산만으로는 불가능한 자금력(**공채발행. 부분적 해외동포 자금 유치 및 국민 참여를 통한 애국적 투자**)을 확보 할 수 있다. 그리고 창조적 아이템을 무궁무진하게 창출할 수 있다.[14]

03 유통을 통한 창조적 기부운동

미완성자에 대한 완성자의 도움은 선택이 아니라 절대적 의무이다. 왜냐하면 부족한 존재는 능력자의 보호가 절대적으로 요구되기 때문이다. 그러나 민주주의는 개인의 주인주의主人主義이기 때문에 사회주의처럼 국가가 사회복지의 전 부분을 아우를 수 없다. 따라서 부족하고 소외받는 계층에 대한 관심을 종교의 사회적 기능과 능력 있는 개인이나 봉사단체에서 가져야 하는데, 그 수의 부족과 종교의 사회적 기능의 상실 그리고 자본주의의 이기심(**사회적 죄에 대한 무관심**)으로 인해 그 힘이 매우 미약하다.

유사 이래로 풍요속의 빈곤이라는 사회적 혼란이 지혜의 부족으로 지속

14 국내의 투자자는 물론이요, 성공한 해외동포들을 통한 자본유치가 가능한 시대에 가까이 왔다. 이는 몇몇의 정황들을 통해 확신할 수 있다.(**경제의 글로벌화, 국운의 상승, 모국으로의 귀화의지, 경남은행 민영화를 위한 재일동포들의 3000억 투자유치 성공 등**)

되어 21C를 맞이한 작금에도 우리나라와 전 세계가 총체적위기를 맞이하고 있다. 따라서 모든 분야에 있어서 전체와 개체를 조화롭게 이끌 수 있는 새로운 '제3의 방법론' 이 나와야 할 것이다.

따라서 개인과 사회단체 및 국가제도까지 새로운 방법론을 창출하여 보다 더 많게 그리고 골고루 혜택 받는 사회를 만들지 않으면 안 된다.

민주주의에 있어서 모든 국가제도의 변혁은 민간이 주인이기에 민간으로부터 촉발 되는 법이라고 시스템철학은 웅변하고 있다. 민간의 민간에 의한 민간을 위한 사회복지의 대 변혁을 기부운동이라는 새 방법을 통하여 힘차게 일으키자!!

먼저 경제적 방법을 통하여 그 기반을 조성하고 그리고 정책적으로 제도에 의해서 종교가 책임 못하는 사회봉사, 즉 초종교적 방법에 의한 완전한 사회를 새롭게 창출해야한다. 그것은 다음과 같다「도표 1 참조」

04 창조적 H-mart

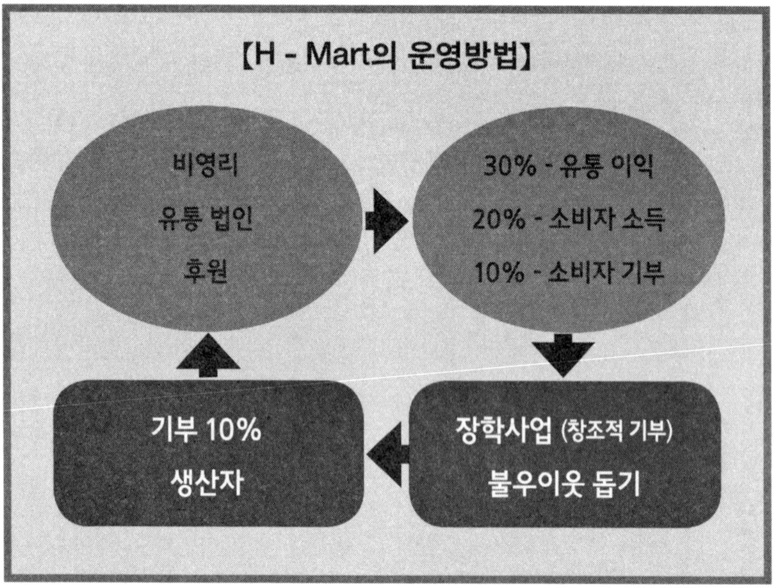

도표 1

생필품 유통 법인(Happy- Mart) **전국 · 전세계 창설**

'생필품 유통법인' 인 H-Mart를 창설하여 현실에 맞게 디자인한 후, 이것을 '롤 모델화' 하여 전국 그리고 전세계로 확산시켜야 한다.

가. 개인 및 사회봉사 단체가 후원하여 비영리로 운영하는 [H-Mart]를 설

립하게 되면 일반 마트(E-마트, 홈플러스 등)에서 남기는 유통의 경영 이익 30% ~ 40%를 소비자들에게 소득으로 돌려주고, 그 대신 소비자가 얻게 되는 그 소득의 10%를 적립하여 소비자의 이름으로 직접 불우이웃을 돕는 새로운 기부운동을 펼치면 모든 소비자, 즉 전 국민이 소비자(최소 1000만 명)이기 때문에 제도에 의해 의무적 기부문화가 이 땅에 뿌리내려지게 되는 '제3의 방법론' 이 될 것이다.

—생산자로 부터도 '유통의 편익' 에 대한 기부를 의무화 할 수 있다.—

나. '생산은 창조적 남성성' 을 갖지만 '유통은 재창조적 여성성' 을 갖는다. 따라서 대부분의 여성회원을 상대로 '제3의 경영방식' 을 통한 새 가치관 교육과 여성의 사회적 역할 및 여권신장으로 새로운 여성문화운동을 일으켜 그 역량을 업그레이드하게 되면 모성본능에 의한 배려와 사랑의 경제정책을 통하여 정치적 제도변혁을 가능하게 할 것이다. 그리고 이것을 디자인해 전세계로 수출(최첨단 서비스 산업)하게 되면 요원의 불길처럼 번져가게 될 것이다. 그리고 경제방식의 새로운 방법론과 형식, 그리고 제도가 되어 가공할 힘으로 변해 세계경제위기를 바로잡는 계기가 될 것이다.

3장 자본주의 4.0에 딱 맞는 한국

「자본주의 4.0」은 러시아 출신 미국인 A. 칼레츠키의 저작물이다. 저자는 이 책에서 이제는 자본주의 4.0의 시대이며, 자본주의 4.0은 신자유주의를 대체할 새로운 경제 패러다임이 될 것을 설파했다.

> "2008년 9월 15일에 발생한 금융위기로 무너진 것은 단지 하나의 투자은행이나 금융시스템이 아니다. 그날 무너진 것은 정치철학과 경제 시스템 전체이며, 이 세상을 바라보는 방식이다. 2007~2009년 금융위기는 정치와 경제학을 지배했던 시장근본주의 이데올로기 때문에 나타났다. 이제 더 자유로운 시장과 더 작은 정부가 필요하다고 생각하는 시대는 끝났다.
> 자본주의는 위기를 통해 진화하는 적응력 있는 사회 시스템이다. 자본주의 1.0은 자유방임의 시기였다. 자본주의 2.0은 정부가 주도한 수정자본주의의 시대였다. 자본주의 3.0은 시장이 주도한 신자유주의 시대였다. 자본주의 각 단계는 구조적 위기가 발생하면 환경에 더 적합한 새로운 버전으로 진화해 왔다. 2008년 금융위기로 마침내 자본주의의 네 번째 시스템 전환이 시작 되었다. 바로 자본주의 4.0이다.
> 자본주의 4.0은 유능하고 적극적인 정부가 있어야만 시장 경제가 존재할 수 있다는 인식에 기초한다. 자본주의 4.0은 정부와 시장이 모두 불완전하며, 오류를 저지르기 쉽다는 인식에 기초한다. 자본주의 4.0은 세계가 예측하기 어려운 복잡성과 불확실성을 본질로 하고 있다는 인식에 기초한다.

시장은 사유성을 갖고 정부는 공유성을 갖는다. 공유성과 국유화는 다른 개념이다. 자본주의 4.0이 그동안 시행된 자본주의 시장경제라는 환경을 기반으로 연구되고 분석되어 보다 더 새로운 과정으로 나아가기 위한 진지한 연구의 결과는 결국 사유와 공유의 적절한 믹싱에 대한 것이다. 필자는 여기에 더해 생산은 사유성을 갖고 유통은 공유성을 갖기에 생산과 유통의 적절한 역할분담에 의한 원활한 교류가 있어야 하며, 여기에 더하여 대기업은 대외업무를 맡고, 중소기업은 내수업무를 주로 관장하는 임무를 각각 수행하는 시스템으로 전환하게 된다면 이상적일 수 있을 것이다.

더불어 '자본주의 4.0' 이 제대로 기능하기 위해서는 경제의 심장과도 같은 '금융체계' 가 '공유화체제' 로의 대 전환이 일어나지 않으면 안 된다. 왜냐하면 금융은 궁극에 있어서 엄연히 유통의 한 분야이기 때문이다. 공유성을 갖는 금융이 금융파생상품을 생산하여 자유화라는 미명하에 민간시장으로 내려와 투기를 일삼으며, 건전한 시장 질서를 유린한 결과 끝내 공공성 까지 파괴하는 상황으로 치닫고 있는 현실을 무엇으로 설명할 수 있을지 걱정이 앞선다.

뉴욕대학의 닥터 둠 누리엘 루비니는 "지금 세계는 금융위기로 불거진 불평등의 심화가 정치 · 사회적인 위기로 옮아가는 단계에 놓여있다"라고 해 금융의 중요성을 강조했다. 따라서 금융은 생산성을 갖는 본질적 기능이 아니라 조절기능, 즉 전달기능을 갖는 에너지원소일 뿐임을 깊이 인식해야한다.

존재에 대한 정학한 연구와 역할 규명 이것이 철학이다. 노벨경제학 수상자 조셉 스티글리츠(Joseph E. Stiglitz)는 "민간 시장이 언제나 자신의 이익을 사회의 이익과 일치시키려고 노력 할 것으로 기대할 수는 없으며. 특히 기술적으로나 정치적으로 급변하는 상황에서는 더욱 그렇다." 라고 해 '사유화' 의 놀이터인 시장만능주의의 위험성을 경고하고 있다.

다음은 A. 칼레츠키의 「자본주의 4.0, 16장 자본주의 4.0의 경제정책」에 대한 의견이다. 이 탁월한 분석의 의미와 금융의 공유화의 개념과는 어떤 차이점과 그리고 어떤 유사성이 있는지를 심도 있게 분석해보기를 바란다.

리먼브라더스가 파산할 때까지 30년 동안 대부분의 정부와 중앙은행들은 거시경제정책에서 한 가지 공식적인 목표만 인정했다. 바로 인플레이션만 통제하는 것이었다. 통화량과 인플레이션의 관계는 공식적인 슬로건보다 훨씬 더 미묘하고 섬세하다는 것을 늘 알고 있었지만, 중앙은행들은 한결같이 오로지 인플레이션에만 초점을 맞추었다. 통화주의 경제정책 때문에 총수요 관리정책을 펼칠 수 없는 가운데 거시경제정책의 성공 여부를 판단하는 데에는 오직 한 가지 기준만 남아 있는 것 같았다. 바로 물가 안정이었다. 재무장관과 중앙은행들은… 완전고용 달성 · 생산성장 극대화 · 무역수지와 재정수지의 균형 유지를 무역정책 · 산업 · 정부 예산 편성과 같은 미시경제를 담당하는 하급 책임자에게 위임했다.

자본주의 4.0에서는 통화주의와 실물경제, 인플레이션에 대한 책임과 실업에 대한 책임, 거시경제 목표와 미시경제 목표 사이의 이런 극단적인 구분은 더 이상 의미가 없다. 정치인과 국민들이 정책 목표의 모든 측면들은 상호작용한다는 것을 깨달았으므로 모든 경제 목표들은 더 복잡한 방식으로 다루어져야 한다.

중앙은행이 금융위기 이전의 경제사상의 관점에서 대답한다면, 그것은 시장근본주의자들이 일관성 · 투명성 · 공무원들의 재량권을 제한하기 위해 만든 준準 계약적 규칙에 집착했다. 그러나 자본주의 4.0은 이런 순진한 추상적 사고방식에서 벗어날 것이다. 그리고 중앙은행들도 경제활동의 복잡성과 애매모호함을 받아들이게 될 것이다. 인플레이셔과 명목 GDP, 혹은 다른 어떤 한 가지 경제 목표만 통제하는 대신에 중앙은행은 여러 가지 경제 목표를 추구해야 한다. 최소한 전 세계의 중앙은행들은 적정한 수준의 경제성장률과 고용만이 아니라 낮은 물가 상승률이라는 목표도 달성해야 한다. 중앙은행들은 또한 신용을 적절히 확대시키고, 다른 주요 경제국의 책임 있는 기관과 협력해서 환율과 무역불균형을 적정선에서 조율해야 한다.

정부는 국제적으로 경제성장의 균형을 유지하는 역할을 해야 한다. 정부는 미국과 영국 · 유럽 주변국들에 대한 수출을 늘리고 중국과 독일 · 일본의 소비를 늘리도록 해야 한다. 또한 정치인들은 금융시스템을 안정시킬 책임이 전적으로 정치인들 자신에게 있다는 것을 인정하고, 금융규제의 궁극적 책임을 시장이나 민간 신용평가사 · 국제 관료들에게 맡겨서는 안 된다. 게다가 정부는 공공지출과 부채를 빠른 속도로 줄이면서 새로 맡은 이런 포괄적 경제 관리의 책임을 져야 한다. 더 복잡하고 더 폭넓은 정치적 책임과 더 엄격한 제약은 자본주의 4.0 시대 경제정책의 전형적인 특징이 될 것이다.

이렇듯 유통성을 갖는 모든 분야는 '공유화체계' 로의 일대 변신을 시도해야한다. 이것이 정치가 해야 할 중요한 역할, 즉 정치경제이다. 그런데 자본주의 4.0 못지않게 중요한 4.0이 하나 또 있다. 일명 새로운 '제3의 길' 로 불리는 '민주주의 4.0 · 공존주의 1.0' 이다. 그동안의 민주주의는 1.0, 2.0, 3.0의 민주주의, 즉 인물중심과 중앙집권, 연고, 혈연, 학연 등의 패거리주의에 의한 청사진 부재의 정치 일색이라 해도 과언이 아니다. 자본주의 4.0에 못지않은 민주주의 4.0은 정책중심, 지방분권, 능력, 배려, 소통, 공감 등의 국민이 국가의 주인의식으로 거듭나 미래를 걱정하는 책임민주주의인 '제3의 길(민주주의 4.0 · 공존주의 1.0)' 을 이제는 이 땅에 화려하게 피어나게 해야 할 것이다.

별첨

5 국영화를 해야 하는 이유

앞에서 나는 국영기업이 부진한 성과를 내는 원인이라고 열거되는 이유들이(정도는 다르겠지만)하나같이 소유권이 분산되어 있는 대규모 민간 기업에 대해서도 적용된다는 사실을 지적했다. 나는 또한 좋은 성과를 내는 공기업들이 많이 있다는 것을 확인할 수 있는 사례들도 제시했다. 그러나 아직 중요한 이야기가 남아있다. 경제 이론적으로 볼 때도 공기업이 민간 기업보다 우월한 상황들이 존재하기 때문이다.

그 중 한 가지 상황은 장기적으로는 성공 가능성이 있지만 위험도가 높은 것으로 판단되는 모험적인 사업에 민간 부문의 투자자들이 자금을 대지 않으려고 하는 경우이다. 자본시장은 자금의 빠른 회전력을 최대한 이용하기 위해 대개는 단기적인 수익을 향해 몰리는 특성이 있다. 회임 기간이 길고 위험한 대규모 사업을 선호하지 않는 것도 그래서이다. 자본시장이 이렇듯 지나치게 신중하여 실현가능성이 있는 사업에 자금을 대지 않을 경우, 즉 경제학자들이 말하는 '자본시장의 실패' 가 발생할 때에는 국가가 설립한 국영기업이 그 일을 맡을 수 있다.

자본시장의 실패는 발전의 초기 단계, 즉 자본시장이 성숙하지 않아 시장의 보수성이 강할 때 더욱 두드러진다. 따라서 역사를 살펴보면 각국은 경제발전의 초기 단계에서 국영기업에 의존하는 경우가 많았다. 2장에서 논의한 바와 같이 18세기 프리드리히 대제(1740~1786) 치하의 프러시아는 직물(그 중에서도 린넨), 금속, 무기, 도자기, 견직물, 그리고 제당 산업과 관련하여 수많은 '시범 공장' 을 설립했다. 19세기 후반 메이지 시대의 일본도 프러시아를 모델로 해서 조선, 제철, 채광,(면직, 모직, 견직 같은) 직물, 군비 산업을 비롯한 많은 산업에서 국영시범공장을 설립했다. 일본 정부는 이들 기업이 자리를 잡자 곧 민영화 했지만 일부 기업들, 그 중에서도 특히 조선업체는 민영화된 이후에도 막대한 보조금을 지원 받았다.

한국의 제철 회사 포스코는 자본시장의 실패로 인해 설립된 국영기업의 현대적인, 그리고 보다 극적인 사례이다. 여기서 얻을 수 있는 보편적인 교훈은 명백하다. 흔히 생각하듯이 공기업은 자본주의의 폐지를 위해서가 아니라 자본주의적 발전의 시동을 걸기 위해 사용된 경우가 많다는 것이다.

국영기업은 '자연독점' 이 있는 분야에도 설립될 수 있다. 자연독점은 기술적인 조건 때문에 공급자를 하나만 두어야 시장의 요구를 가장 효율적으로 충족시킬 수 있는 상황을 이르는데, 전기 · 수도 · 가스 · 철도 그리고 전화 같은 것이 자연독점의 사례라 할 수 있다.

—역사를 살펴보면 선진국들은 이런 산업들에도 처음에는 수많은 소규모 생산자들이 경쟁하는 형태로 시작하였으나, 나중에는 대규모 지역 독점, 혹은 국가 독점 기업으로 합병되었다.(그리고 대부분 국유화 되었다.)

정부가 국영기업을 설립하는 세 번째 이유는 국민들 사이에서 형평성을 유지해야 하기 때문이다. 민간 기업들에게 맡겨 둘 경우 외진 지역에 사는 사람들은 우편 · 수도 · 교통 등의 서비스를 이용하기 어려워진다. 예컨대 스위스에서는 외딴 산간 지역의 주소지로 편지를 보내는 비용은 제네바의 주소지로 보내는 비용보다 훨씬 높다. 이윤에만 관심이 있는 기업이 우편 업무를 맡을 경우 이렇듯 산간지역으로 보내는 우편요금이 올라가게 되고, 그러면 그곳 주민들은 우편 서비스 이용 횟수를 줄이거나 아예 이용을 중단할 수밖에 없다. 따라서 정부는 모든 국민들이 마땅히 누려야하는 핵심적인 서비스에 대해서는 손실을 감수하고라도 공기업을 세워 그 사업을 운영하겠다는 결정을 내릴 수 있다.

—「나쁜 사마리아인들」 장하준 지음 / 이순희 옮김 도서출판 부키

---

6 금융 위기 저금리 때문이 아니다

장하준 : 전 세계적으로 금융 위기가 자주 일어나게 된 건 1980년대 중후반부터입니다. 그런데 그 시기는 바로 금융 자본주의가 전 세계적으로 확산된 시기와 겹쳐요. 시장주의자들은 금융자본주의처럼 시장의 자유가 보장되는 시스템에서는 큰 사고가 일어날 수 없다고 맹신했습니다.

—중략

결국 세계 금융위기는 시장경제 맹신이라는 문화적 분위기 속에서

금융자본주의라는 구조적 요인에 저금리정책까지 기세하면서 터진 사건이라고 봅니다.
더 범위를 넓히면 1990년대 초중반부터 각국의 금융 시장 규제완화와 대외 개방의 흐름을 타고 월스트리트 금융 자본이 여기 저기 돌아다니면서 거품을 만들어 냅니다. 그런데 그 거품이 꺼질 때마다 금융 위기가 터졌어요. 예컨대 1997년 말 우리나라와 동아시아에서 금융위기가 발생하자 월스트리트 금융자본이 대거 빠져나가 IT와 인터넷 기업으로 몰려갑니다. 그 결과 1999년을 전후해 엄청난 IT 거품이 발생했다가 2000년 초에 붕괴해요. 그러자 이번에는 미국의 모지기 대출 시장으로 몰려간 거예요. 그린스펀은 2001년 IT 거품 붕괴의 충격을 막기 위해 금리를 낮췄는데 그게 결국 새로운 거품, 즉 부동산 버블을 만든 겁니다. 저는 이걸 '거품을 거품으로 돌려막기' 라고 표현해요. 어처구니없는 금융 거품이 생겼다가 터졌는데, 그걸 제대로 처리하는 게 아니라 또 다른 금융 거품을 만들어 해결하니까요.
〈금융 자본주의는 위기를 몰고 다닌다〉

이종태 : 그렇다면 이번 세계적 금융 지진의 진원지인 금융 자본주의라는 건 도대체 뭡니까?
장하준 : 흔히 실물경제가 몸통이고, 금융은 꼬리라고 하잖아요. 그런데 1980년대 이후 최근에 이르기까지 미국에 서는 금융이 몸통이 되고, 실물경제는 오히려 꼬리로 퇴락하는 이상한 과정이 전개되어 왔어요.

그러니까 금융자본주의란 금융이 몸통이 되어 실물경제라는 꼬리를 흔들어 대는 자본주의라고 할 수 있겠죠.

이종태 한갓 꼬리에 불과했던 금융이 몸통으로 신분 상승하려면 경제 제도나 구조에 많은 변화가 있어야 할 것 같은데, 구체적으로 어떤 제도적 구조적 변화가 있었나요?

장하준 : 그게 바로 금융 시장 규제 완화인데, 그 시작은 1980년대 미국에서입니다. 당시 미국에서는 저축대부조합(S&L)이라는 작은 금융 기관이 전국 곳곳에 있었어요.
—중략
그런데 1980년 레이건 대통령이 이런 규제들을 모두 풀어버려요.

정승일 : 저축대부조합 위기가 남의 나라 일이 아닙니다. 우리도 저축은행들이 대거 파산한 게 작년(2011)과 재작년(2010)인데, 그 양상이 저축대부조합 사태와 비슷해요. 저축은행들이 프로젝트 파이낸싱이라고 하여 상업용 부동산에 위험한 대출을 많이 해 주다가 그게 부실화 되면서 저축은행까지 부실해진 거니까요.
—중략

정승일 : 이어 그다음 해인 2000년에는 이른바 금융 현대화법으로 파생금융상품에 대한 규제를 대폭 완화하죠. 이번 글로벌 금융 위기의 주범으로 불리는 CDO(부채담보부증권) 같은 극히 위험한 신용파생

상품이 만들어질 수 있었던 게 그 덕분이고요. 또 2000년대 중반에는 골드만삭스나 리먼 브라더스 같은 투자은행들이 사실상 무제한으로 돈을 차입해 '고위험 고수익(high risk, high return)' 투자를 감행할 수 있도록 규제를 풀어줍니다. 그 결과 자본금 100억~200억 달러의 투자은행이 무려 1조 달러를 차입해 투자 자금으로 운영하는 일까지 벌어져요. 어마어마하죠? 1조 달러면 세계경제 11~13위권인 우리나라의 총 GDP 규모예요.
—중략
이렇듯 글로벌 금융사들은 단순한 시장 참여자가 아니라 시장의 지배자에요. 이런 규제완화를 통해 많은 돈을 차입할 수 있게 된 월스트리트는 고위험 고수익 상품에 투자해 막대한 수익을 올리게 되죠. 금융위기 발발 직전에는 심지어 미국의 전체 수익 중 40퍼센트 이상이 금융 산업에서 나왔다고 하더군요. 엄청난 거죠.

장하준 : 재미있는 건 금융에서 엄청난 수익이 나니까 제조업체까지 직접 금융업을 시작했다는 겁니다. 그래서 겉으로는 제조업체이지만 전체 수익 중 금융업의 비중이 더 큰 회사들이 생기는데 GM이나 포드, GE 같은 미국 대기업의 경우 이미 2000년대 초반부터 금융에서 버는 이윤이 본업에서 나오는 이윤보다 더 커집니다. --중략--
한마디로 제조업체가 기술 혁신으로 좋은 상품을 만들려 하지 않고 금융으로 한몫 보려다가 망한 거죠.

〈중앙은행 독립? EU의 경험을 새겨라〉

이종태 : 시장개혁과 경제민주화를 주장하는 분들은 정부가 외환시장이나 금융시장에 개입하고 규제하는 걸 아주 싫어한다. 또 그래야 경제민주화가 달성된다고 생각한다는 얘기네요. 그런데 그분들이 요구하는 유일한 정부 정책인 금리인상도 엄밀하게 따지면 정부 개입이 아닌가요?
—중략

장하준 : 진정한 민주주의 국가라면 관치를 하는 게 맞습니다.

정승일 : 생각해 보면 한국은행의 금리결정을 좌우하는 금통위 인사들 중에 국민이 민주적으로 선출한 사람이 단 한 명도 없어요. 대한상공회의소나 은행연합회처럼 친기업적, 친금융 시장적인 인사들은 들어가 있지만요. 스웨덴 같은 경우 노조 대표가 금통위에 들어갑니다. 금리 결정이 자칫 잘못될 경우 가장 타격을 받는 게 노동자들이니까요.

장하준 : 시장개혁을 주장하는 분들 요구대로 하면 결국 1996년 전경련 보고서처럼 되는 겁니다. 그 보고서에는 민간 부분이 할 수 없는 외교와 국방 빼고는 전부 시장에 맡겨라. 기업에 맡겨라 그래요. 민주화 투쟁을 해서 집권하면 뭐합니까? 정작 국민의 운명을 결정하는 통화정책은 한국은행이 독자적으로 결정하겠다고 하는데요.

그래서 유럽에서는 이른바 좌파라는 사람들이 중앙은행 독립에 절대 반대하는 거예요. 통화정책이 얼마나 중요한데 그걸 민주적 통제 밖에 둘 수 있느냐는 거죠.

그리스 사태에서 보듯이 유럽의 경제 위기가 심각해지면서 요즘도 가장 많이 비판받는 게 유럽중앙은행(ECB)의 독립성입니다. EU 어디에도 유럽중앙은행을 민주적으로 통제할 장치를 만들어 놓지 않은 거예요.

―「무엇을 선택할 것인가」 장하준, 정승일, 이종태의 쾌도난마 한국경제 중에서 도서출판 부키

국민생각+

지은이 권추호
발행인 노승택
발행처 도서출판 다트앤
디자인 문찬영
제1판 1쇄 펴낸날 2012년 8월 27일

서울시 종로구 익선동 34 비즈웰 오피 621호
TEL 02) 582 9369
FAX 02) 522 2185
출판등록 1998년 9월 15일 제22-1421호

값 12,000원

ISBN 978-89-6070-088-8

